Mein Weihnachten

Mein Weihnachten

40 Ansichten
zu einer un-heiligen Jahreszeit

Mit 15 Schwarzweißabbildungen

Herausgegeben
von Brigitta Rambeck

2000
Buchendorfer Verlag

Für Aurel, Benjamin
und Guido

Umschlag vorne: Tomi Ungerer, aus: Weihnachten
einmal anders, Editions Ronald Hirlé, 1999
Abb. S. 2: Brigitta Rambeck:
Die Heilige Nacht, Bas-Relief

Satz und Repro: SatzTeam Berger, Ellenberg
Druck und Bindung: Wiener Verlag, Himberg
Printed in Germany

ISBN 3-934036-26-0

Inhalt

Vorwort

Mein Weihnachten ist noch lange nicht dein Weihnachten

Am Thema »Weihnachten« scheiden sich die Geister. Da gibt es die einen, die am 24. jeden Monats aufseufzen, man habe jetzt nur noch 11, 10, 4, 2 Monate auszuharren bis zum Fest, und dann gibt es die anderen, die gar nicht böse wären, wenn nur der Schalttag – alle vier Jahre – auf den Heiligen Abend träfe. Denn gnadenlos schnell kehrt sie wieder und wieder, die Gnaden bringende Weihnachtszeit, und nicht jedem beschert sie Jahr um Jahr die verheißene fröhlich-selige Besinnlichkeit.

Vierzig Kenner der »fünften Jahreszeit« – Dichter, Erzähler, Zeichner, Publizisten und Politiker – geben Einblick in ihre Ansicht zum Fest der Feste. Erlebtes und Erfundenes kommt da zu Wort oder Bild, Gereimtes und Ungereimtes, mal mit spitzer Feder scharf umrissen, mal mit dem Weichzeichner kindheitsseliger Erinnerung pastellig hingeschummert.

Nikoläuse werden abgeschafft und wieder zurück gewünscht, von e. o. plauen über Georg M. Oswald bis Axel Hacke erweisen sich Geben und Nehmen als Seligkeit oder alljährlich wiederkehrende Pein. Wenn Hubert von Ranke sein großbürgerliches Kinderweihnachten am Anfang des 20. Jahrhunderts schildert, wenn Michael Skasa die Entstehung von Ludwig Thomas »Heiliger Nacht« nachvollzieht, die seither zumindest im süddeutschen Raum dominant Weihnachtsstimmung zaubert, wenn Asta Scheib und Werner Schlierf das karge Fest in der »schadhaften Zeit« um den Zweiten Weltkrieg heraufbeschwören und Doris Dörrie die absolute Unverdaulichkeit der Weihnachtsgans in unseren Tagen beschreibt, dann lässt sich Stück für Stück ein Spiegelbild der emotionalen Bedürfnisse und Frustrationen eines Jahrhunderts erkennen – in impressionistischen Bildern hingetupft.

Die ursprünglichen Inhalte des Christfests haben sich inzwischen weitgehend verabschiedet, erscheinen nur noch als Symbolträger wie bei Herbert Rosendorfer oder in liebenswürdig-ironischer Brechung – so bei Gert Heidenreich und Urs Widmer. Die Begleiterscheinungen der Feiersaison beherrschen das Feld, vom grotesken Konsumzwang bis zur Gabenverwertung, satirisch aufbereitet von Sarah Camp und Klaus Peter Schreiner.

Und doch bleibt etwas jenseits aller kritischen Distanz: eine Erinnerung, eine Sehnsucht, ein Duft, der sich niederschlägt in einem Gedicht von Sarah Kirsch, in Fabienne Pakleppas fast unfreiwilligem Bekenntnis zum ansonsten sorgsam gemiedenen Schoß der Familie und in einem Begleitbrief von Ingrid Noll, in dem sie ihren »nicht besonders besinnlichen« Beitrag zu dieser Anthologie mit einer persönlichen Randnotiz entschärft, die den Lesern ihrer deftig-erotischen Weihnachtsgeschichte nicht vorenthalten bleiben soll: »Ganz privat feiern wir Weihnachten mit Glanz und Gloria, buntem Baum, fetter Gans und allen erwachsenen Kindern samt Partnern, meinen Schwestern, Neffen, meiner Mutter usw. Immer gibt es Empfindlichkeiten, aber alle wollen es im nächsten Jahr wieder genauso haben. Und ich fluche dann leise vor mich hin und beziehe Betten …«

Brigitta Rambeck

SARAH KIRSCH

Punschverkäuferinnen

Ein kalter eisglitzernder Abend und
Hundert Krähen und Dohlen
Über den Himmel geblasen der
Lichtergeschmückten Kleinstadt
Von deren angestrahltem Kirchturm
Choräle ausgesandt werden.

Der Schnee sinkt zitternd aus den
Tiefen aufgerissenen Wolken
Eiswind küßt die Laternen die scheuen
Jungfraun darunter erstmals geschminkte
Schulmädchen die sichs
Weihnachtsgeld fröhlich verdienen.

Die letzten Karusselle fliegen man trinkt
Glühpunsch an jeder Ecke. Dunkelblau
Geht dann die Nacht auf. Es streben
Eilige Schritte über den Marktplatz
Und schiefgetretene Schuhe bevor die
Lichter verlöschen hierhin und dorthin.

TOMI UNGERER

Eine genaue Untersuchung

Aus Deutschland erhielten wir einen Adventskalender, einen von diesen modernen. Früher enthüllten die 24 kleinen bunten Fenster ein Bild, der neue Kalender aber war aus Plastik, und in jedem Fenster lag ein kleines Stückchen Schokolade.

Wir haben drei Kinder, eine neunjährige Tochter und zwei Söhne, fünf und sieben Jahre alt. Da wir nur einen Kalender hatten, durfte jedes Kind alle drei Tage ein Fenster öffnen.

Mitte Dezember machten wir eine schreckliche Entdeckung: Alle Fenster waren geöffnet, und die Schokoladenstückchen fehlten. Jemand hatte den Weihnachtskalender geplündert. Dieser Vorfall erforderte eine neue Untersuchung.

Ein schlimmes Verbrechen war geschehen. Folgende Todsünden waren begangen worden: Diebstahl, Gefräßigkeit und Rücksichtslosigkeit. Nach dem Abendessen wurden die Kinder befragt und einem scharfen Verhör unterzogen. Aber niemand gab etwas zu, alle schauten mich mit reinen Unschuldsmienen an. Die Untersuchung wurde in meinem Arbeitszimmer fortgesetzt. Einer nach dem anderen wurde befragt.

»Sieh mal, dies ist eine ernste Angelegenheit, aber hab keine Angst. Wenn du mir die Wahrheit sagst, wirst du dich gleich besser fühlen.« Aber auch mit dieser raffinierten Taktik kam Vater Poirot keinen Schritt weiter.

Dann ging es wieder an den Eßtisch, der in der Zwischenzeit abgeräumt worden war. Freunde hatten uns eine Pralinenschachtel geschenkt. Ich nahm diese Schachtel und öffnete sie. »Hmm! Seht nur diese herrlichen Süßigkeiten! Echte Schweizer Pralinés. Es gibt in der Welt keine besseren.« Ich nahm ein Praliné und hielt es zwischen Daumen und Zeigefinger gegen das Kerzenlicht; drei gierige Augenpaare verschlangen es beinahe. »Und jetzt«, sagte Vater Poirot, »wer mir jetzt die Wahrheit sagt und zugibt, daß er die Schokolade aus dem Kalender geklaut hat, den werde ich mit einem Praliné belohnen. Das ist wohl das erste Mal, daß eine Freveltat in aller Öffentlichkeit belohnt wird.« Es wurde still. Dann brach ein lauter Streit zwischen den beiden Jungen los: »Ich habe mehr genommen als du!« – »Nein, ich habe die meisten genascht.« Und sie zeigten auf jedes Fenster, das sie aufgebrochen hatten. »Hier, die habe ich geöffnet. »Und die habe ich genommen.« Der Krach ging eine ganze Weile weiter.

Vater Poirot verwandelte sich in König Salomon und sagte mit lauter Stimme: »Seid endlich ruhig! Dies ist ein friedliches Haus. Wir wollen nicht streiten und uns zanken. Da jetzt klar ist, daß ihr zwei Jungen die schändliche Tat begangen habt, wird jeder von euch ein Praliné bekommen. Hier, nehmt sie.«

»Und unsere brave Tochter, hier in der Ecke – sie bekommt die ganze Schachtel mit den köstlichen Pralinés, die so auf der Zunge zergehen.«

Mutter applaudierte, die Buben aber heulten vor Wut. Der eine warf sich in hysterischem Zorn auf den Boden, und der andere stampfte wütend mit den Füßen auf den Boden, während er einen Strom von Tränen vergoß.

Ich persönlich mache mir nichts aus Süßigkeiten. Irischer Whiskey ist meine große Schwäche. Und mit einem kräftigen Schluck aus dem Glas beendete ich den Fall und trank auf das kommende Fest, den Frieden und auf die immerwährende Gerechtigkeit auf Erden.

Urahn, Großvater, Vater und Kind. Zeichnung von e. o. plauen

ZÉ DO ROCK

Weihnachten

Den ganzen tag gearbeitet, normalerweise würd ich als workaholic mindestens noch bis mitternacht durchmachen, aber heute is ja nich normalerweise, es is der 24. dezember. Alle meine freunde feiern bei den eltern oder mit den kindern oder irgendwelchen verwandten. Sonst find ich immer ein par typen, deren verwandte zu weit wek wonen oder die inen einfach zu unangeneem sind, dann zin wir zu dritt oder zu virt durch das gemütliche münchner weinachtsleben.

Aber dismal sind auch dise freunde nich da. Also alein gen. Weinachten soll die nacht der libe sein, vileicht treib ich noch was fürs bett auf. Ich schau mal beim kafee Kleinenwan vorbei, die ham an weinachten immer eine nette ente, oder war das pute? Egal, vileicht find ich auch noch some chicks, wie die amis immer sagen.

Ein par chicks sind shon drin, aber soo besonders shaut da keine aus, andrerseits shau ich selber nich so besonders aus, also würd es passen. Aber sie sind mit iren freunden und freundinnen gekommen, und es sit nich so aus als wären sie heiss darauf, das ich mich zu inen setz. Ich ge liber an die bar. Die is zimlich ler, ganz rechts sitzt ein lonesome cowboy, ich könnte mich neben ihn setzen und mit ihm mal palavern, aber bei so einer leren bar wenn ich mich neben ihn hinsetz wird er womöglich denken das ich shwul bin. Ganz links kann ich auch nich sitzen, das sit dann auch lächerlich aus, shon fast demonstrativ. Also setz ich mich in die mitte. Die ente (oder is es eine pute?) sit nich schlecht aus, wenigstens wird in der richtung was gen.

Ich hol mir ein ententeller vom büfee, und bei der gelegenheit frag ich gleich was das is, es is pute. Na gut, dann pute. Als ich zurük zu meim platz komm, sitzt ein weinachtsmann neben meim hocker. OK, dann unterhalt ich mich mit dem weinachtsmann, das passt ja zum datum. Und shwul kann er mich nich nennen, ich war shon vorher da.

»Halo.«

»Halo.«

Es is ein älterer typ, noch älter als ich, wenn man sich so was überhaupt vorstellen kann. Naja, eigentlich is es

13

shwer zu sagen, wegen dem weissen bart und so. Aber ich hab eine gewisse empatie mit ihm, weil ich auch shon mal weinachtsmann war. Nikolaus eigentlich. Gut, ich eröffne das spil, shau ma mal was da kommt.

»Und, harter tag heute?«

»Ja, irgendwi shon.«

»Ich hab das 2 mal gemacht. Beim ersten mal war das fast shon peinlich. Ich wollte das nich machen, aber ich hab ein freund mit 2 buben, und der konnte sonst nimand finden, naja, am ende hab ich gesagt, warum denn nich, du wirst dir doch nich in die hose sheissen wegen disen hosensheissern, das krigst du shon irgendwie hin. Ich musste die kinder manen, warnen und inen die geshenke geben, aber ich bin nich der typ dazu, weisst du, so mit dem autoritären gehabe, na. Also ich komm an, zi mich im vorzimmer richtig an, und dann sagt mir die frau von meim freund das eine freundin noch 2 kinder mitgebracht hat, so das ich 4 kinder manen und beshenken musste, das war für mich shon eine richtige herausforderung, weisst du? Das ich da nicht durcheinander komm. Ich nem den bishofsstab und das buch, wo alle ire taten drin sten und was sie als geshenk verdinen, geb mal ein par laute shritte von mir und betreet das wonzimmer, wo die kinder warten. Sie shaun mich alle mit shrekerfüllten augen an, das mit dem »von draussen im walde komm ich her…« hab ich noch gut geshafft, dann war noch das probleem das ich keins der kinder kannte, dann musst ich sie aufrufen und inen sagen, sie sollen zu mir kommen. Also fang ich an mit dem ersten kind, les alles vor, was für untaten das mädchen begangen hat, und dann sag ich »trotzdem, ein geshenk hast du shon verdient«, und dann will ich ir das geshenk geben und merk das ich den sak mit den geshenken im nebenzimmer vergessen hab! Aah, so was peinliches. Naja, ich hab dann gesagt, also du krigst gleich dein geshenk, ich muss es nur holen gen. Gut, das is alles etwas drunter und drüber gegangen aber ich habs geshafft. Dann

14

hab ich mich verabshidet, tshüss kinder, ich hab noch mehr kinder zu beshenken und far gleich mit meim shlitten los, der auf dem dach geparkt is. Dann bin ich vershwunden.

Ich bin runter und raus aus dem wonhaus, hab meine kaputze runter getan und mir gemütlich eine zigarette angezündet, plötzlich hör ich von oben die stimmen der kinder: »Tshüss, Nikolaus! Tshü-üs!« Sheisse mann, und ich one kaputze, one schlitten und dazu noch eine Camel rauchend, wie hat denn das ausgeshaut?«

Der weinachtsmann zündet eine zigarette an und seufzt resignirt:

»Ein amatör ist halt kein profi.«

Naja, das wort amatör klingt nie so richtig gut, aber amatörweinachtsmann, das is für mich nich beleidigend. Offensichtlich machts der typ öfter und verdient noch mit dem zeug. Sein wisky kommt jetz, man sit, jetz gets ihm shon besser. Er fragt noch nach:

»Und wie wars beim zweiten mal?«

»Da war ich etwas professioneller, das war bei andren freunden. Ich hab alles richtig gesagt, und alles hat gestimmt. Nur eines nich, und deswegen ham mir die kinder nich abgenommen, das ich der Nikolaus war: statt stifeln hatt ich turnshue an. Da sist du in was für einem früen alter die kinder modebewusst sind!«

»An mich glaubt auch keiner mer.«

»Ja, aber dein auftritt is doch zimlich perfekt.«

»Mich sit man aber normalerweise nich. Ich bring die geshenke wenn grade keiner da is. Aber allmälich werd ich arbeitslos, weil wer nich an mich glaubt, krigt auch keine geshenke von mir.«

Aha. So einer is er.

»Und wie kommst du überhaupt in die häuser rein, wenn nur noch so wenig häuser kamine ham?«

»Ich kann mich auch unter einer tür durchquetshen, das is nich das problem. Das problem is, das die leute nich mer an mich glauben, nur noch ganz kleine kinder, aber das is zu wenig!«

Ich bestell mal noch ein wein, weil es weinachten is.

»Ja, das is shlimm«, sag ich. »Die erwaxenen belächeln die kinder und meinen, sie wissen was sache ist, wärend die kinder jeden sheiss glauben, den man inen erzält. Aber erwaxene sind genauso, sie glauben alles, was man inen erzält. Es is nich so, das kinder irgendwann durch logik drauf kommen, das es weinachtsmänner nich gibt, nein, irgendwann erzält man inen, das das alles ein shmarrn is. Früer ham erwaxene an alles geglaubt, dann ham sie nich mer an den weinachtsmann geglaubt, aber immer noch an Gott, weil man inen gesagt hat, das der weinachtsmann nich existirt, aber Gott shon. Heutzutage erzält man den leuten das Gott nicht existiert, und jetz glauben sie auch daran. Früer hat man der religion geglaubt, weil alle an die religion geglaubt ham, jetz glaubt man an die wissenshaft. Aber nich weil sie funkzioniert sondern weil die meisten einfach die wissenshaft als warheit annemen.«

»Nun ja, nun ja«, beshwichtigt mich der weinachtsmann.

OK, dise filosofishe diskussion sheint nich sein tema zu sein.

»Sag mal«, shwadronir ich weiter, »ich komm aus Brasilien, und dort is weinachten im hochsommer, da musst du zimlich ins shwitzen geraten, oder?«

»Ja.«

»Und deine rentire auch, oder?«

»Auch.«

»Warum zist du nich eine badehose an und nimmst dir dort ein par tapire?«

»Das wär völlig unprofessionell. Die leute trinken dort auch keine eiskalten koktäls, sondern glüwein und so, als wären sie in Skandinavien. Warum soll ich mich auf tropish umstellen? Ausserdem hab ich normalerweise nich vil zeit, du weisst ja, ein par miliarden menshen mit ge-

16

shenken an eim einzigen abend zu versorgen, das krigt nich jeder hin…«

»Ja, ja, das is hart…«

»Aber heutzutag hab ich nich mer so vil zu tun…«

»Ja, weinachten. Weinachten sollte das fest der kristlichen libe sein, aber das is es shon lang nich mer. Bei mir zuhause in Brasilien, als ich klein war, is immer vil gefeiert worden. Mein vater hat nie was getrunken, aber an weinachten ham wir eine ganze flashe malzbir zusammen geleert. Und mein vater hat immer so laut gesungen, er wollte das die ganze familie zusammen singt, auch die tanten und onkels, aber keiner konnte die texte so richtig und dafür hat mein vater umso lauter gesungen, bis die nachbarn die polizei gerufen ham, aber die polizei hat sich nie reingetraut.«

»Ach, das war der Edu, ge?«

Na, wie weiss der den namen meines vaters?

»… sag mal, woher kennst du den namen von meim vater?«

»Weil ich ihn immer belifert hab. Bist du der eltere oder der mittlere son?«

»Ich bin der mittlere.«

»Zé hast du geheissen, oder?«

»Ja… ich heiss immer noch Zé.«

»Shaust aber nich mer so jung aus.«

»Naja, es is shon ein weilchen her. Aber wiso du mein namen und den namen meines vaters weisst…?!«

»Ich brauch halt ein ser gutes gedächtnis, damit ich den kindern nich immer wider die gleichen geshenke mitbring. Aber jetz brauch ich bald nix mer. Dise welt braucht mich nich mer.«

Er stet auf, trinkt den rest wisky aus, sagt »Bleib sauber!« zu mir und get raus. Na so was. Was war denn jetz los?

Ach, da is noch ein sak neben seim sitz, das wird der sak mit den geshenken sein. Das da alles reinpasst, was er der menshheit lifern muss… Ich will den sak rausbringen, aber ich krig ihn einfach nich hoch, als würden 100 tonnen da drin steken, da kann ich machen was ich will. Also renn ich raus, um ihm zu sagen, das er den sak vergessen hat, aber keine spur mer von dem mann. Von oben hör ich ein flattern, ich shau rauf, und sihe da, ein shlitten mit rentiren fliegt weit hinauf in den himmel. Von der andren richtung kommt jetz ein flugzeug, wenn beide ire richtung beibehalten, könnt es zu einer kolision kommen. Nein, mann, das darf ja wol nicht war sein, pass auf, weinachtsmann, nein, nein! NEEEEEEEEIIIIIIINNNNN!

Doch. Ein risiger feuerball explodirt. Sheisse mann, ich hab ihn auch nich so richtig aufgebaut. Der weinachtsmann is tot und kaum einer wird es merken.

Ich ge zurück in die kneipe, jetz brauch ich auch ein wisky.

Weihnachtsmann aus »Weihnachten einmal anders« von Tomi Ungerer

Eugen Skasa-Weiss

Der knallbunte Christbaum

Wir hängen jedes Jahr das altgediente Bethlehemlaternchen mit der Jugendstilschnörkelei an den Weihnachtsbaum. Auch auf unseren angerußten Wattestorch und Hänsel und Gretel im Glitzerhäuschen sollen die Buben nicht verzichten, das wäre sonst kein rechtes Weihnachtsfest.

Von unserem Hexenhäuschen glaube ich, daß es gleichzeitig mit der »Gartenlaube« auf die Welt gekommen ist, etwas nach 1850 und noch zu Blütezeiten der Gebrüder Grimm, als Hänsel und Gretel so frisch wie eine Nachricht waren. Jetzt ist das Hüttchen baufällig und zerknautscht, die Silberfäden hängen aus seinem Dach wie gesprungene Zithersaiten, Hänsel hat Stockflecken und Gretel ist verbogen wie das wattierte Dampfschiff, das ich Jahr für Jahr zwischen die gedrehten Kerzen hänge. Dieser alte Christbaumschmuck ist ein Familienschmuck; als er aufkam, waren Dampfschiffe noch so aufregend wie die jungen Eisenbahnen. Mein Urgroßvater war ein fortschrittlicher Mann, und die Dampfschiffe auf dem zeitgenössischen Christmarkt entließen Engelshaar aus Goldschloten. Außerdem erwarb sein Sohn, der mein Großvater wurde, eine daumengroße Cancantänzerin mit rosablättrigen Christrosenrüschen. Für die fröhliche Weihnachtszeit war sie seinerzeit ein gewagter letzter Schrei. Heute wirkt ihre zappelige Puppenlaune fast schon wieder engelhaft.

Die vier Buben haben beim Baumputzen jahrelang mitgeholfen und sich an diese christkindfernen Gehänge ohne Widerspruch gewöhnt. Das alte Dampfschiff wurde sogar verehrt und seine Watte mit der Gabel untersucht.

Eines Tages aber sahen sie ein blitzmodernes Weihnachtszimmer, mit nichts als Grün und Stil und elektrischen Glühbirnchen. Beim Christbaumputzen im näch-

19

Vier von sieben Skasas. »Unsere kleine Welt von damals. Mit dem hohlwangigen Vater, der spindeligen Großmama, der einsamen Weinflasche, immerhin, zum Feste. So war's, wie's uns allen noch gut ging, als es uns noch schlecht ging.« (Michael Skasa)

sten Jahr kam die Erinnerung an diese feingepflegte Baumrevue ans Kerzenlicht.

»Komisch«, murmelte der Stefan und hielt die orangerote Plüschkarotte mit der grünen Krause zweifelnd hoch, »nur wir hängen jedes Jahr so ein Glump auf den Baum. Die anderen haben nichts wie Silbernes.«

Ich saß dabei und las die Zeitung. Irgendein Kind in mir fand modern geputzte Weihnachtsbäume kalt wie eine Hundeschnauze. »Weihnachtsbäume«, sagte ich gepreßt, »sind für euch Kinder. Sie müssen also bunt und möglichst lustig sein.« Die Buben schwiegen eine Weile und fanden unseren Baum vermodert lustig. Die seriöse Lustigkeit bestand für sie aus großen Silberkugeln. Dann sagte Frank rebellisch: »Wir sind doch Kinder. Wir mögen so was nicht. Wenn einer kommt, dann lacht er uns bloß aus.«

Wortlos blickte ich aus der Zeitung hinüber zu Konstanze. Was hier zu sagen war, war im Augenblick nicht ganz am Platz: »Was Kinder gerne mögen, überläßt nur uns. Davon versteht ihr nichts. In meiner Jugend war ein bunter Baum das Allerschönste, schöner als Geschenke. Er mußte pausbäckig sein und vor Buntheit nur so knallen.«

Doch das verbiß ich mir. Michael hielt eine glasgeblasene Butterbirne hoch, mit scharlachroten Kokosflocken auf dem gelben Bauch, und lachte schallend. Er lachte unsere Birne aus, ohrfeigenreif vom Scheitel bis zur Sohle! Stefan griff das Nürnberger Zwetschgenmännchen spitzfingrig aus dem Koffer und hängte es hinten ins Dickicht. »Äh«, schnaubte er angeekelt, »wie das schon pappt!«

»Drüben bei Meßners«, flüsterte Ruprecht abfällig, »haben sie auch einen kindischen Christbaum, aber ohne Glump. Die haben Vögel aus richtigem Silberglas und rote Quecksilberglocken mit Schwengeln. Das haut hin.«

»Und bunt ist das schon lang, saubunt«, brannte der Michael nach und starrte auf unseren angeklecksten Papagei im Silberdrahtkäfig, der wie ein gemästeter Puter zurückblickte.

Unser uralter Christbaumschmuck hat ein Jahrhundert in den Silberhaaren. Die Bomben gingen an ihm vorbei, an ihm allein, dem Zerbrechlichsten unter allen zerschmetterten Dingen. Mehr ist von der guten alten Zeit bei uns nicht mehr da. Die stanniolumwickelten Zuckerbären sind zerfallen, die Schweinchen aus abgestorbenem Marzipan wurden teils von den Mäusen, teils von den Buben angeknabbert. Aber die Plüschkarotte mit der grünen Häkelkrause, über die sich der Stefan gerade totlacht, wird in den nächsten tausend Jahren als Christbaummotiv kaum mehr aufkommen.

Es wird Zeit, daß sie selber Bäume gründen, wartet nur, balde. Sie mögen sich eines Tages Hochfrequenzröhrchen zwischen die Zweige hängen – aber wenn alles gut geht, lacht unsere biedermeierliche Plüschkarotte eines fernen Jahres von einem Polyester-Fichtenast ins Land Utopia.

WINFRIED ZEHETMEIER

Der charakteristische Christbaum

Da hat meine Mutter einmal einen Christbaum gekauft. Das war um das Ende des Krieges herum. Also schon ziemlich lange her.

Wenn man von dieser Zeit erzählt, dann schauen sich die Jüngeren gegenseitig an und sagen: »Mei, is der scho so oid?« Und wenn sie einen mögen, dann denken sie sich: Der schaut do no gar net so oid aus! Wenn sie einen aber nicht mögen, dann denken sie oder sagen's auch laut: »Jetz werd a langsam senil und merkt net, daß uns de oid'n G'-schicht'n nimma interessiern. Die Geschwätzigkeit des Alters! Und dann wundern sie sich, daß ihnen keiner zu-hört.«

Also, der Christbaum, den meine Mutter gekauft hat, passender und richtiger wäre: Das Christbaamerl, das war, obwohl sehr klein, von großer Häßlichkeit. Es war eine Fichte, oder sollte wenigstens eine werden, wenn es nicht in früher Jugend die Axt eines Waldarbeiters geschlagen hätte.

Der Waldarbeiter war damals mit ziemlicher Sicherheit ein »Polack« oder ein Ruß oder, wenn das Baamerl Glück gehabt hat, ein Franzose, wie man sie eben damals im zer-kriegten Europa zusammengefangen hat, damit sie uns Herrenmenschen beim Überleben hülfen.

Warum dieser Holzfäller gerade dieses Baamerl ge-schlagen hat, wer weiß das schon. Wahrscheinlich hatte er schlicht und einfach den Auftrag: »Du Unterholz abha-cken!« Oder so ähnlich, wie man in einer multikulturellen Landschaft halt miteinander redet. So in einer Art Dep-perl-Esperanto.

Und der Holzhacker aus dem Donezbecken oder aus Myslenice oder Auxerre oder sonstwoher hat sich ge-dacht: »Warum du so komisch reden mit mir, warum nicht

»Kriegswinter 43/44. In dieser Zeit kam der ›charakteristische Christbaum‹ ins Haus. Und gegen die Unbilden der Zeit halfen nur Hoffnung und eine Schneehöhle.« (W. Zehetmeier)

deutsch reden? Ich nicht wollen verstehen Feind, aber verstehen deutsch gutt!« Und dann hat er gottergeben das Unterholz gelichet und ausgeputzt. Und auch das Baamerl mußt es eben leiden.

Es wäre aber auch denkbar gewesen, daß der Holzhacker ein Philosoph war. Wo doch auch der Heidegger Holzwege gegangen ist. Und daß den Holzhackerphilosophen aus dem Donezbecken das häßliche, gerade hüfthohe Stammerl gedauert hat. Und er hat sich gedacht und er hätte gesagt, wenn er es auf deutsch sagen hätte können: »Aus dem wird nix mehr. Der hat nix Bessers zu erwarten als wie ein gräusliger Mensch, den im Leben keiner mag. Ramma ma'n liaba glei weg!«

Und dieses Baamerl hat meine Mutter gekauft. Entweder beim Holz- und Kohlenhändler Wank, der aus den übriggebliebenen Christbäumen immer gleich Anzündholz gemacht hat, oder beim Gärtner Falk, der die entästeten mageren Stämmchen im nächsten Jahr ins Beet gesteckt und die Tomaten daran angebunden hat. Oder beim

23

Düngemittelhändler Gottfried, bei dem wir immer die lattenversteiften Torfmullballen einkauften, die er dann mit seinem ächzenden Tempo-Dreiradler anlieferte. Ich weiß es nicht mehr. Und meine Mutter kann ich nicht mehr danach fragen.

Auch nicht mehr den Wank und den Falk und den Gottfried.

Wir Kinder lachten uns bucklig und krumm und schimpften und lästerten über das Baamerl. Ein, zwei Jahre früher wäre das undenkbar gewesen, weil damals noch das Christkind den behängten, kerzenbesteckten Christbaum durch nicht zu entdeckende Ritzen der Wagner- und Kastenfenster oder gar durch das Schlüsselloch ins Weihnachtszimmer brachte. Unerklärlich auch dies, weil doch der Schlüssel von innen steckte und nach kindlichem Ermessen dem Christkind eigentlich den Durchschlupf ebenso verwehrte wie uns Kindern den verbotenen verstohlenen Blick ins geheime Reich.

Jetzt aber, wo wir den Streumist vom Feld stehlen, um daheim das Gemüse zum Wachsen anzutreiben, jetzt, wo die Haut unserer Knie durch die schütteren oder zerrissenen Strümpfe schien und die Mutter gesagt hatte: Wenn wir sterben, wollen wir alle zusammen sterben, jetzt war auch die Sache mit dem Christbaum entblößt. Man stahl ihn oder man kaufte ihn. Und man machte den Kleinen noch ein bisserl was vor.

Wir lachten uns bucklig und krumm, schimpften und lästerten über das Baamerl. Ja, das durfte es doch nicht geben! Wenn dieser Baum auf unseres Vaters verwaistem Schreibtisch stand, und es sahen ihn die Freundinnen der Schwestern oder die Freunde von uns Buben! Ärmlich, armselig, erbärmlich! Gewiß, wir hatten nicht viel. Es reichte gerade zum Überleben. Aber einen solchen Christbaum hätt's net braucht. Das war demütigend. Mir standen die Christbäume in den Häusern der Freunde vor Augen. Sie reichten vom Boden bis zur Decke.

24

Beim Roser Beppi stand der Baum im engen, eiskalten Wohnzimmer, das nie genutzt und nie geheizt wurde. Das Leben spielte sich in der Wohnküche ab. Da war es warm vom Kohlenherd. Und da wurde uns ein dünnes Marmeladebort geschmiert, wenn wir der Kriegsspiele am Erdhügel auf der anderen Straßenseite müde waren. Selbsteingekochte Marmelade aus selbstgezogenen und -gepflückten Johannisbeeren, direkt aufs Brot. Butter gab es nicht.

In diesem eisigen Wohn-Hinterzimmer stand der Baum. In der Wärme hätte er die Nadeln schon nach zwei, drei Tagen verloren. Ein eisiger Baum im eiskalten Zimmer. Ein silberner Baum mit weißsilbrigen Kugeln und gläsernen, von innen silberbedampften Tannenzapfen. Der Glasbläser hatte ihre Samenschuppen mit einer Art Waffelmuster angedeutet.

Und Lametta. Silberne Lamettafäden, Lamettagespinst.

Wir kannten Lametta. Das Jahr über fiel es vom Himmel, wenn die dumpf röhrenden Bomberstaffeln die Stadt überflogen, bei Tag und bei Nacht.

In der Dunkelheit setzten sie ihre »Christbäume« aus langsam niederschwebenden Leuchtbomben und markierten ihre Ziele. Welches Glück, wenn die Christbäume, hunderte Meter hoch, fern standen, über den Bahnhöfen.

Und bei Tag warfen sie diese in dunklen Schwärmen herniedertrudelnden Metallstreifen ab, um das Radargerät abzulenken. Ich weiß nicht mehr: Vielleicht taten sie es auch nachts, um die steil in den Himmel stechenden Scheinwerfer zu täuschen.

Aber an diesem gefrorenen Eiszapfen-Christbaum im totenstarren Hinterzimmer hing das Lametta wie betautes, glitzerndes Spinngewebe, regungslos und verzaubert.

Mir erschien es damals als Inbegriff eines unerreichbaren Luxus.

Aber dieses jämmerliche Bäumchen, das meine Mutter heimgebracht hatte! Etwa ein Dutzend mittelgroßer, verschiedenfarbiger Kugeln hatten wir und einfache Kerzenhalter, keine mit drehhbaren Kugelgelenken, in denen die Kerzen auch auf hängendem Zweig senkrecht standen.

Wenn ich damit den Riesenbaum im sanitätsrätlichen Haus verglich, der in der weiträumigen Witwenstube des Hauses Lacher an der Würmtalstraße stand, wo die silberhaarige, straff zum Knoten hin gestrählte Frau Sanitätsrat inmitten der Söhne, Töchter und Enkel wohnte! Am Ende des Krieges, als aus Schulen Lazarette und Flüchtlingslager geworden waren, versuchte die feine, alte Dame, uns Ausgeburten wüster und trister Zeit, uns Heidenkindern etwas von Gott zu erzählen. Sie tat es so lieb und fein, daß wir immer schrecklich lachen mußten. Aber heimlich und hinterher.

In diesem Zimmer stand, umringt von großbürgerlicher Sippe, der dunkeltannige Baum, reich behängt mit Kunst und Erinnerungen. Denn die Familie war mit den Kösels aus Kempten verwandt. Wer auch immer das war.

In diesem Zimmer – der Baum war noch nicht aufgerichtet – stand ich an einem fünften Dezember in knöchellangem weißen Gewand mit goldenen Borten und leuchtete mit einer Stallaterne auf die Seiten des Nikolausbuches, weil meine Mutter mit ihrer angelaufenen Brille schlecht sah. Sie las mit hohler, knarrender Stimme den Kindern der Lacher-Sippe die Leviten. Ich zitterte vor Aufregung und Glück, wie ich da die Bankerten stammeln und stottern hörte, dieses verachtete, freche Volk der kleineren Geschwister meiner Freunde und Feinde.

Ja, dieses Vorweihnachtszimmer, das nach Christi Wundertaten und nach Anis roch, in dem weiße Spitzendeckchen einen ehrfurchtsvoll auf den Sesselkanten sitzen hießen, und in dem die schlohweiße Sanitätsrätin wie die leibhaftige Erlösung von allem Bösen umherging und uns verwilderte, Bombensplitter sammelnde Rüpel mit ihrer Verzeihung milde umfing.

Dieser Christbaum! Wie aus Andersens Märchen.

Überhaupt die Christbäume der Kindheit! So fern und

so nah wie der gelbe Kanarienvogel, der, bald nachdem er ein kleines taubes Ei gelegt hatte, tot im Käfig lag, wie das schwarze Meerschweinchen namens Ratzi, das eines Tages seine rosigen, seit einiger Zeit bis aufs Fleisch offenen Fußsohlen nach oben reckte und das wir in einem mit Pelikankleber zusammengeklebten Papiersarg unter dünnen Kränzen von Gänseblümchen bestatteten.

Unser Bäumchen war eine Schande. So etwas, das nicht einmal fünf Asterl hatte für fünf Stearinkerzen, wie sollte das die Heilige Nacht in dunkler Zeit erhellen? Es war eine Beleidigung. Es degradierte uns noch in dieser Armenhausgesellschaft.

Wenn der Vater da gewesen wäre und nicht in irgendeinem Bunker an Telefonen die Wege der Bomber verfolgen, die Lage durchgeben und die Sirenen hätte auslösen müssen, dann wäre er vielleicht auf seinem Adler-Fahrrad in den dämmrigen Gräfelfinger Wald hinausgefahren und hätte ein buschiges Baamerl abgeschnitten mit einem schmalen Fuchsschwanz, den man im Mantelärmel verstecken konnte, wie es die anderen Väter machten.

Meine Mutter hatte nichts zu lachen mit ihrem Christbaum. Wir verlachten sie, wir, die wir sie brauchten, fürchteten und verachteten, böse, wie Kinder sein können. Wir lachten und schrieen laut und hysterisch. Wir verspotteten Baum und Käuferin.

Und unsere Mutter lachte schließlich mit.

Es sei eben ein »charakteristischer Christbaum«, sagte sie. Und er habe ihr leid getan, wie er so in der Ecke lag, von allen beiseite geräumt und abgetan.

Der »charakteristische Christbaum« ist in unserer Familie zum geflügelten Wort geworden. Später, viel später als ich auf der Universität versuchte, die Literaturepochen auseinanderzuhalten, da hörte ich auch, daß das Wort »charakteristisch« das Gegenteil von »klassisch« bedeute. Die Klassik liebe das Ideale, Vollkommene, Allgemeine, die Romantik das Besondere, Ungewöhnliche, Charakteristische. Die Randexistenzen, die Irren und Wirren, die Träumer, Unglücklichen, Verwachsenen.

Meine Mutter hat das erbärmliche Baumgeschöpflein heimgetragen und wie einen fast erfrorenen Waldschratt ins Warme geholt.

Jetzt behänge ich jedes Jahr eine deckenhohe Nordmanntanne. Ebenmäßig sprießen aus den Jahreswirbeln die Äste, tragen an die hundert Kugeln in allen erdenklichen Farben, Wachskerzen auf kugelgelenkigen Haltern, Wachs- und Zinngruß, Holzfigürlein, Strohsterne und Schokoladenringe, bestreut mit Liebesperlen.

Aber eigentlich liebe ich nur den kleinen, verachteten »charakteristischen« Christbaum unserer Mutter.

Der Weihnachtsbaum spricht

Von drauß vom Walde komm' ich nicht,
sonst wär' mein Nadelkleid mehr licht
und nicht von solcher grünen Wucht –
ich komm von drauß aus einer Zucht,
wo man uns Fichten routiniert
auf Weihnacht hin domestiziert,
damit wir dann im Lichterglanz,
bestückt mit buntem Firlefanz,
mit Engelshaaren zart verziert,
von Weihnachtsliedern malträtiert,
verloren in der Ecke stehn
und alles ruft: »Ach, ist der schön!«
Da hat man ja nun nichts dagegen,
man bleibt verschont vorm sauren Regen
und hat es trocken, wohlig warm,
die Leut' sind freundlich und voll Charme,
nur Eintracht herrscht und Harmonie
und Friede bis zur Idiotie –
die Menschen werden immer bräver,
das fürcht' ich mehr als Borkenkäfer.
Das geht so gut bis nach Neujahr,
dann kräuselt sich das Engelshaar,
und eines Tags wird man getadelt,
weil man schon vor Dreikönig nadelt.
Dann plötzlich wird man vorgerückt,
von rohen Händen abgeschmückt,
vors Haus gestellt, wo's frostig nieselt,
von Hunden wird man angebieselt,
mit ganz profanem Müll verwechselt
und von der Müllabfuhr zerhäckselt.
Drum wär ich lieber – wenn's denn sei –
im nächsten Leben ein Bonsai.

Weihnachten

Opi und Omi Kobell wohnten in einer Mietwohnung im dritten Stock der Giselastraße 23 in München. Für uns war immer ein Zimmer gerichtet. Opi, der im bayerischen Infanterie-Leibregiment gedient hatte, war General außer Diensten und bekleidete ein Hofamt als Kammerherr des Prinzregenten Luitpold und als Kornett der königlichen Leibgarde der Hartschiere. Er war ein stattlicher Mann von großer Herzensgüte und der Abgott von uns Kindern. Saß er an seinem sicheren Schreibtisch, den Dackel Bürschi auf dem Schoß, so durfte ich in den Schubladen kramen, denen ein besonderer Duft, gemischt aus dem Geruch von Siegellack, vergilbtem Papier und Leim entströmte. In der obersten Schublade lagen Schokoladenplätzchen für mich versteckt. Aß ich noch soviel davon, nie war das Schubfach leer und immer wieder fand ich neue. Kam der Großpapa von einem Hoffest beim Prinzregenten nach Hause, so zogen wir ihm Knallbonbons aus den hohen Schaftenstiefeln, die weit über die Knie reichten und aus den Taschen der weißen, silberbesetzten Uniform der Hartschiere. Auch im Futter seines riesigen Kürassierhelms mit der langen Spitze waren Konfekt und süße Ananasbonbons verborgen. Ich kletterte auf einen Stuhl, um dem Opi unter den Helm zu langen. Dabei lachte er mich aus seinen guten kurzsichtigen Augen hinter dem Zwicker freundlich an, während ich ihn an seinen Schnurrbartspitzen zupfte. Dann führte er mich an seinen Schreibtisch, nahm die graue Bronzemaus vom Stoß des schön aufgeschichteten gelblichen Papiers und las mir das von ihm verfaßte Gedicht vor, das ich zum Weihnachtsfest für meine Eltern aufsagen sollte.

Einmal führte er mich ans Fenster, schob die roten Plüschvorhänge beiseite und zeigte mir ein Fenster im vierten Stock des gegenüberliegenden Hauses. ‹Da drüben, in der Giselastraße 26 bist Du zur Welt gekommen. Später soll dort an der Wand eine Tafel hängen, aus Marmor, wie bei den berühmten Männern: ‹Hier wurde am 24. September 1902 Hans Hubert von Ranke geboren.›

Ich glaubte den weißen Fleck an der Mauer zu sehen und die Tafel darauf. Guter Opi, nie wird der Ruhm Deines Enkels dort verkündet sein. In der Lotterie des Lebens hat er eine Niete gezogen. Die Kraft der Geschlechter nimmt ab von Generation zu Generation, bis wieder einmal im Kinde vielleicht, dem all unsere Hoffnung gilt, die Lebensfackel neu und hell aufflammt. Der Name der Kobells ist heute fast erloschen.

So wie die Rankes, haben sie große Gestalten in der Geschichte hervorgebracht. Wilhelm von Kobell, mein Urgroßvater, ist ein berühmter Maler gewesen, der die Technik der plein-air-Malerei als Erster zu seiner Zeit angewandt hatte.

Auch Wilhelm von Kobells Vater Ferdinand war ein großer Künstler. Die schönsten Bilder der Beiden hängen in München in der Neuen Pinakothek. Der liebste der Kobell'schen Ahnen ist mir Franz von Kobell, der Adlerjäger und Nationaldichter bayerischer Mundart. Opi hat uns viele schöne Geschichten von ihm erzählt aus der guten alten Zeit des Königs Max Joseph. – Steigt nun wieder herauf aus Eurer Schattentiefe, traute Bilder der Weihnachtszeit:

In den Tagen vor dem Fest war die Tür zu Opis Schreibzimmer versperrt. Sonderbare Laute: Hämmern, Rascheln und das Kreischen der Laubsäge drangen an mein ans Schlüsselloch gepreßtes Ohr. Opi hat mit dem Christkind zu tun, sagte mir die Grete, die Köchin der Großeltern. Ich schlich mich leise auf den Zehenspitzen weg, den langen dunklen Flur entlang und sieh, da lag auf dem Gang ein leuchtendes Goldhaar. Mein Herz zitterte vor Glück und Erwartung. Am Abend zuvor hatte ich den

Wunschzettel vors Fenster gelegt, auf den fein säuberlich geschrieben war:

›Liebes Kristkinderle, bitte bring mir eine Menascheri mit einem Dromedar und einer Schiraffe und einem Löwen mit Pudelschwanz – Dein braver Hans Huberti.‹

Heute morgen war der Zettel verschwunden – ein Engel hatte ihn abgeholt. Die Menagerie, das war mein großer Traum, seitdem ich mit den Großeltern im Münchner Zoo den Raubtierkäfig bewundert und die wilden Tiere hatte füttern dürfen. Vielleicht berät jetzt der Opi mit dem Christkind, ob ich brav genug war, um das schöne Geschenk zu bekommen. Mir fielen alle meine Sünden ein. Freilich, ich hatte ein gutes Zeugnis nach Hause gebracht. Der Opi hatte mir sogar einen Lorbeerkranz aufgesetzt, und am ersten Tag der Ferien hatte ich meine Lieblingsspeise, Würstl mit Linsensuppe, zur Belohnung essen dürfen. Aber alle diese blöden Streiche, die ich im Laufe des Jahres gespielt hatte, konnte die das Christkind vergessen?

Erst gestern hatte ich in Omis Sofapolster die Hutnadeln meiner Mutter gesteckt, damit sie sich recht picken sollte... O Gott, der Tante Else hatte ich sogar Brausepulver ins Nachttöpfchen getan. Dem Fräulein, das immer unters Bett leuchtete, wenn sie schlafen ging, eine mit Opis schwarzem Rock angezogene Kleiderpuppe drunter gelegt und dem Bürschi ein Knallbonbon an den Schwanz gebunden, worauf die chinesische Vase kaputtging. Liebes Christkind, sei nicht bös, ich wills bestimmt nicht wieder tun. Und auch die javanische Perlschlange, die ich unter Gretes Bettdecke gelegt habe, will ich gleich wieder wegholen, das heißt, ich lass sie doch lieber dort liegen, die Gute hat eine so schreckliche Angst vor Schlangen.

Die Tür zum Salon ist auch zu. Mein Vater putzt dort mit lauter Stimme, wahrscheinlich mit einem anderen Weihnachtsengel am Christaum herum. Sogar die Küche ist uns heute verboten. Es riecht dort herrlich nach Zimt und Süßigkeiten. Morgen, morgen ist Weihnacht! Nur noch ein Kreidestrich am Bett!

Abends sechs Uhr des festlichen Tages! Die Flügeltüren im Salon öffnen sich weit, der Baum strahlt im Lichterglanz, feierlich nimmt uns Mutti bei der Hand. ›Stille Nacht, heilige Nacht‹ spielt die Omi auf dem Klavier; Papa fällt ein mit dröhnendem Baß. Die Grete schluchzt in ihre Schürze, und der Dackel bellt auf, weil er die Wurst entdeckt hat, die für ihn an den untersten Ast des Christbaums gebunden ist. Meine Augen irren hinüber zu den Geschenktischen. Dort steht ein großes Etwas, o Gott, vielleicht ist das die Menagerie! Papa gibt mir einen kleinen Klaps, ›Sing ein bißchen lauter, Bub, ich weiß nicht mehr wie es weiter geht‹, und dann fallen wir alle wieder in den Chor: ›Alles schläft, einsam wacht‹. Bei den letzten Tönen ›Schläft in himmlischer Ruhu, schlähäft in himmlischer Ruh‹ sind wir Kinder nicht mehr zu halten.

Richtig, da steht die Menagerie, zwei Etagen hoch, mit Gitterstäben und Klapptürchen vor jedem einzelnen Käfig! Löwen, Elefanten, Giraffen, Bären, alles ist da, sogar ein Seehund, und in einem Käfig sitzt die bronzene Maus. ›Die Menagerie habe ich im Auftrag vom Christkind eigens für Dich geschreinert‹ sagt mein Opi und eine Träne quillt unter seinem Zwicker hervor. ›Ach Opi, lieber Opi‹ – ›Da hast Du noch etwas‹, und er gibt mir ein schön gerahmtes Pergament mit verschlungenen Schnörkelbuchstaben drauf. ›Das ist ein Mutungsschein, den müssen die Bergleute haben, wenn sie in der Tiefe graben wollen. Du bohrst doch immer so tief in Deiner Nase herum‹…

Der riesige Kuchenteller da ist von Omi. Mandarinen, Quittenstücke, Zimttörtchen, Schokoladenplätzchen, Nürnberger Lebkuchen, Marzipanschweinchen, was für eine Pracht! Meine Mutter führt mich zur kleinen Krippe unter dem Baum. Ein altes Gemäuer aus Pappmaché ist Bethlehems Stall. Kerzen leuchten hinter den roten und grünen Gelatinepapieren an seinen Fensterchen. Um die

Wiege steht der heilige Joseph und die Mutter Gottes, die süßen geschnitzten Tiere und die drei Könige aus dem Morgenland. Darüber leuchtet der Stern. In der Wiege liegt das Christkindl aus Marzipan, herzig nackt, aber ohne Beine, weil ich es im vergangenen Jahr nach der Bescherung angeknappert hatte. ›Die Dame ohne Unterleib‹ konstatiert mein Vater. Meine Mutter wirft ihm einen warnenden Blick zu: ›Harry, take care before the children und sei doch nicht so prosaisch, Du kannst doch nicht so frivol über unsern Herrn Jesu daherrreden!‹

Inzwischen haben meine Großmutter und Grete die mit Äpfeln und Dörrpflaumen gefüllte Weihnachtsgans aufgetragen. ›Kinder, zum Essen, zum Essen‹! Am Weihnachtsabend ist es erlaubt, auch während der Mahlzeit mit den Geschenken weiterzuspielen, und so baute ich all die Tiere meiner Menagerie um den Teller mit dem Braten herum auf, damit sie auch etwas Gutes riechen sollten. Ins Bett finden wir erst sehr spät an diesem Abend. Nachts, wenn alles schon schläft, stehle ich mich aus dem Kinderzimmer in den Salon unter den dunklen, so süß duftenden Baum, in dem die roten Kugeln aufglänzen, wenn das Mondlicht durch die Scheiben fällt. Ich spiele mit meinen Tieren und nasche und nasche von dem köstlichen Kuchenteller.

Am nächsten Morgen hatte ich eine arge Magenverstimmung, die sich viele Jahre hindurch an jedem 25. Dezember wiederholte.

Für diesen ersten Feiertag war der Besuch bei den Großeltern Ranke vorgesehen. ›Margot, Du mußt ein strengeres Kleid anziehen‹ sagte Papi zu Mama, ›und Hans Hubert hat wieder seine Haare nicht gebürstet. Wo ist mein Zylinder, zum Donnerwetter‹, und dann zogen wir los zum alten Haus in der Sophienstraße neben dem Glaspalast. Wir kamen als Letzte zum Essen, weil Mutti wie üblich nicht rechtzeitig mit ihrer Toilette fertiggeworden war. Der Großvater Ranke zog mahnend seine goldene Uhr. Er war ein riesengroßer Mann mit einem breiten Gesicht, weißem buschigem Backenbart und herrischen blauen Augen.

Meine Großmutter in violettem Faltenkleid lächelte unendlich gütig unter ihrer schwarzen Spitzenhaube uns Kindern zu, es tat uns wohl, dieses liebe Lächeln, denn der Großvater flößte uns große Angst ein. Beim Essen saßen wir mucksmäuschenstill um den langen Familientisch herum, um den die vielen Geschwister meines Vaters und alle Vettern und Cousinen versammelt waren. ›Du isst ja nichts, Hans Hubert‹, sagte mein Großvater. Mir war noch schlecht von der Weihnachtsgans, aber das wagte ich nicht einzugestehen.

›Mir tuts beim Schlucken weh, Großpapa‹.

›Dann schluck halt nicht, aber iß‹, orgelte die Antwort.

Der Großvater Ranke war ein weltberühmter Kinderarzt, Universitätsprofessor, Geheimer Rat und ehemaliger bayerischer Landwirtschaftsminister. Als junger Student hatte er am Aufstand des Jahres 1848 mit den Burschenschaftlern teilgenommen.

Die Truppen des Königs von Preußen wollten ihn als Rädelsführer verhaften, weil er um Haupteslänge über die auf dem Schloßplatz in Berlin für die Verfassung demonstrierende Menge hinausragte. Er mußte aus Preußen fliehen, setzte seine Studien in England fort, wo er meine englische Großmutter heiratete, und kam erst 1859 nach Deutschland zurück, um sich in München niederzulassen. Während des Krimkrieges nahm er als Arzt in englischen Diensten an der Belagerung von Sebastopol teil. Er erzählte uns von der Tapferkeit der englischen Offiziere, die sich, eine Zigarette rauchend und ohne die Wimper zu verziehen, die Beine abschneiden ließen. Dabei säbelte er mit seinem Bratentranchiermesser in der Luft herum. Mir machte das einen bleibenden Eindruck, und ich wurde mir meiner Minderwertigkeit angesichts der Tapferkeit dieser englischen Offiziere schamvoll bewußt. Wie hatte

ich doch geheult, als man mir die ersten Mandeln heraus-
geschnitten hatte.

Der Großvater erzählte gerne von seinen Vorfahren.
Leopold von Ranke, der Geschichtsschreiber, der die
Schule der kritischen Quellenforschung begründet hatte,
war der bekannteste unter ihnen. Als er schon über 80
Jahre alt war, fing er an seine Weltgeschichte niederzu-
schreiben. Er starb mit 91 Jahren, die Feder in der Hand,
im Augenblick, als er die letzten Zeilen des letzten Ban-
des seines Lebenswerkes beendet hatte. Sein Wahlspruch
war: labor ipse voluptas – die Arbeit selbst ist das höchste
Vergnügen. – Gotthilf Heinrich von Schubert, der Großvater von Opi Ranke, war ein bedeutender Astronom
und Naturfoscher. Ein Berg auf dem Mond ist nach ihm
benannt. Auch die Tiaks, die Familie der Großmutter
Ranke, weisen große Männer auf. Ein Tiak hatte in zehn-
jähriger Einsamkeit die so gerade wie ein Strich verlau-
fende Grenze zwischen den Vereinigten Staaten und
Canada vermessen. Ich habe seine Aufzeichnungen gesehen, alle geschrieben auf Birkenrinde und verwahrt in einem großen Koffer mit schweren eisernen Beschlägen.
Am liebsten von den Rankes hatte ich den Onkel Johan-
nes, den Bruder des Großvaters. Er war der berühmte An-
thropologe, aber mir ist er hauptsächlich deshalb in Erinnerung, weil er eine riesige Kollektion von Bleisoldaten
hatte, mit denen ich nach Herzenslust spielen und
Schlachten aufstellen durfte.

Der Großvater Ranke war ein Mann von festem, gera-
dem Charakter und unerschütterlichem Mut, aber das
wußten wir Kinder nicht zu würdigen, uns flößte er nur
Schrecken ein, mit seiner hohen Gestalt, dem wehenden
Backenbart und den blitzenden Augen. Als er im Jahr
1909 schwer an Krebs erkrankt war, versammelte er die
Schar seiner Kinder um sein Schmerzensbett. Er zog die
große goldene Uhr und sagte: ›Jetzt ist es Mitternacht,
morgen früh um 10 Uhr bin ich tot.‹

Dann ließ er sich aus der Bibel vorlesen bis zum Morgen. Dabei hielt er immer die Uhr in der Hand und verfolgte am Ablauf ihrer Zeiger die Minuten und Sekunden in der Nacht seines schweren Sterbens, mit dem letzten Triumph des Arztes, der seine eigene Diagnose richtig und fehlerfrei gestellt hat.

Die Mutter meines Vaters, an die ich mich nur noch aus Anlaß dieses Weihnachtsfeiertages erinnere, war aus weicherem Holz. Sie sprach mit stark englischem Akzent. Ihre Güte und Unschuld kannte keine Grenzen. Mein Großvater mußte jeden Sommer die Betten in seinem Schloß Laufzorn neu anschaffen, weil die Großmama sie im Herbst an Bedürftige verschenkt hatte. Einmal bat sie ein Bettler um das Geld zur Überfahrt nach Amerika. Sie gab es ihm, und als sie ihm ein paar Wochen später wieder begegnete, zahlte sie ihm die Reise ein zweitesmal. Ein drittes Mal konnte sie es nicht tun, weil ihr Tod sie an dieser edlen Tat verhinderte.

Zur Zeit, als sie noch lebte, schickte sie uns jedes Jahr aus Laufzorn unzählige Töpfe herrlichen Gelées, das sie selbst nach einem englischen Rezept zubereitet hatte. Ich sehe noch ihre zierliche Schrift auf den Pergamentdeckeln der Einmachgläser oben auf dem Schrank, in die ich, ach so gern, mit dem Finger ein Loch bohrte, um ihn mit Lust abzuschlecken.

Am letzten Tag unseres Münchner Weihnachtsaufenthaltes kam meine erste Kinderfrau Therese, die ›Kinderthes‹, zu uns zu Besuch. Sie zeigte mir ein kleines abgegriffenes Heftchen, in das sie auf der ersten Seite hinter meinem Namen, vor den Zahlen meiner Größe und Gewichte, den Satz eingetragen hatte: ›Bei seiner Geburt salutiert mit 231 Kanonenschüssen‹.

Mein Vater, der zur Zeit meiner Geburt im Manöver war, hatte in der Tat, als er ein Telegramm aus München erhielt, vor Freude seine Batterie mit Kartätschen Salut schießen lassen.

Bevor die Thes von mir Abschied nahm, zog sie ein ge-
knüpftes Taschentuch aus ihrem ausgefransten Beutel,
breitete es sorgsam auseinander und brachte einen silber-
nen Kinderlöffel hervor. ›Das ist Dein erster Breilöffel,
Bubi, mit dem habe ich dich gefüttert. Wenn ich ganz alt
bin, dann kaufe ich mir dafür ein Grab.‹ Unter der Brille
rollten ihr dabei zwei Tränen die faltigen Backen herunter,
und auch ich weinte und betete zu Gott, daß die Thes
nicht sterben sollte.

Dann kam der Abschied von München. Wir fuhren alle
zur Bahn. Opi und Opa standen am Fenster und winkten,
bis der Wagen um die Ecke der Ludwigstraße verschwunden war.

Und jetzt kamen wieder Erlangen und die Schule.

ASTA SCHEIB

Weiße Weihnacht

Am Heiligabend 1944 fiel die einzige Bombe, die unsere
Stadt getroffen hat, auf das Krankenhaus. »Eine schöne
Bescherung«, sagte meine Großmutter, und ihre Tochter,
die meine Mutter war und außer uns Kindern auch noch
die Großmutter erziehen mußte, sah sie strafend an. »Und
bitte, Mutter, geh nicht mit den Kindern zum Krankenhaus. Sie sind noch zu klein für so etwas Entsetzliches.«
Meine Großmutter ließ uns das Entsetzliche dann doch
ansehen – aber zuerst muß ich noch erzählen, warum uns
meine Mutter am Heiligen Abend allein ließ.

Meine Mutter hätte uns Kinder und die Großmutter am
liebsten ständig unter Kontrolle gehabt. Doch es half
nichts, sie mußte noch einmal auf Hamstertour, damit wir
für die Festtage wenigstens soviel Lebensmittel hatten,
daß ein Weihnachtsessen auf den Tisch gebracht werden
konnte. Bei ihrer gestrigen Hamsterfahrt war meine Mut-

ter mit dem Bauern Engel, der ihr sonst gewogen war, nicht einig geworden. Teppiche hatte er doppelt und dreifach in seinem Haus liegen, und so mußte meine Mutter unseren Wohnzimmerteppich, von dem sie sich im Tausch eine Gans und Eier erhofft hatte, auf dem Bollerwagen wieder mit heimnehmen. Die Bäuerin hatte erzählt, daß ihre Älteste heiraten werde, einen richtigen Doktor mit vornehmer Verwandtschaft, man brauche festliche Kleider für alle Töchter, ob meine Mutter so etwas habe.

Und so fuhr sie denn diesmal nur mit einer Tasche belastet hinauf zur Belmicke. Sie hatte ihr Verlobungskleid aus blauer Spitze darin, an das ich mich sehr gut erinnere, weil an seinem Gürtel merkwürdige ornamentverzierte Schließen waren. Auch das cremefarbene Hochzeitskleid meiner Mutter mit dem Spitzengeriesel am Ausschnitt habe ich noch genau im Gedächtnis. Sogar den Duft, denn meine Mutter hatte die Angewohnheit, in ihre festlichen Kleider geöffnete Parfumfläschchen zu hängen.

Als sie sich zu ihrer Hamstertour von uns verabschiedete, sah ich, daß in ihren seltsam dichten und starren Wimpern Tränen hingen. Ich sah auch, daß meine älteren Geschwister sich betreten anschauten, und sogar meine Großmutter wandte sich stumm ab.

Trotz der Bitten meiner Mutter nahm unsere Großmutter uns drei Kinder mit zum bombardierten Krankenhaus. Mein Bruder, meine Schwester und ich mußten schwören, niemals und nirgends zu erzählen, daß wir doch das Entsetzliche gesehen hatten. Dann gingen wir entschlossen die Hauptstraße hinunter, nahmen die Abkürzung durch das steile Schmittenloch, wo wir alle drei die Großmutter zugleich stützen und abbremsen mußten. Meine Großmutter, die in unserer Familie wegen ihrer beachtlichen Körpergröße und aufrechten Haltung »der General« genannt wurde, nahm am Fuß des Schmittenloch wieder würdevoll Haltung an und rief mich an ihre Seite. Jetzt ging es noch einen kleinen Hügel aufwärts und das Krankenhaus würde vor uns liegen. Mein Bruder, der schon zehn Jahre alt war, nahm meine Schwester bei der Hand. Das tat er sonst nie, er machte sich nichts aus Weibern. Doch jetzt hielt er sich eng zur Großmutter. Mir wurde immer beklommener zumute, je näher wir dem Krankenhaus kamen. Wir sahen, daß in den Bäumen und Büschen weiße Federn hingen. »Seht ihr, jetzt haben wir auch ohne Schnee weiße Weihnachten«, sagte meine Großmutter, doch sie sah dabei nicht fröhlich aus. Überall lagen die Federn, auch auf einer grauen Decke, die meine Großmutter vorsichtig hochhob. Ein Soldat lag darunter, stumm, kalt. Er hatte den Helm auf, ich sah, wie ein Ohr abgeknickt unter dem Rand des Helms hervorlugte. Es tröstete mich, dies Ohr. Mein Bruder hatte es auch oft so abgeknickt unter seiner Mütze. Wir trafen viele Leute vor dem Krankenhaus. Fast alle unsere Nachbarn aus der Oberstadt waren zur Stelle. Sie gruben fieberhaft im Schutt, versorgten die verschütteten Kranken mit Decken und Essen. Vorndammes Karl transportierte schon gerettete Patienten mit seinem Leichenwagen, den er etwas ausgepolstert hatte, nach Derschlag ins dortige Krankenhaus.

Beckers Friedchen stürzte sofort auf unsere Großmutter zu, berichtete, daß die Bombe mitten beim Herausoperieren des Blinddarms von Emma Ochel in den OP eingeschlagen sei. Dr. Mundt und sein Assistenzarzt Vierkötter, drei Schwestern, alles perdu. Beckers Friedchen, die schon uralt war und sich immer wieder rasch die schmalen Lippen leckte, wieselte herum, hob Matratzen auf, Decken, unter denen Tote lagen. Obwohl Friedchen hier nichts zu suchen hatte, ließ man sie gewähren, zu groß war der Schock.

Meine Großmutter hatte uns offenbar vergessen. Sie schloß sich einem Trupp Nachbarn an, die dabei waren, im Seitenflügel Steine und Schutt beiseite zu räumen, nach Verschütteten zu suchen. Als die Männer merkten, daß meine Großmutter wortlos das Richtige tat, drückten sie ihr Arbeitsgerät in die Hand, und ich sah, wie sie kräftig schaufelte und dabei doch behutsam vorging. Meine Geschwister und ich begannen, hinter der Großmutter Steine beiseite zu tun, damit Platz war für Neues. Plötzlich stieß meine Großmutter einen Schrei aus. Ganz hoch war der und gleichsam erstickt. Meine Großmuter warf ihre Schippe beiseite, ein Mann stützte sie, dann kletterte sie in einen Schacht und brachte ein Bündel mit nach oben. Ein Bündel Mensch, ganz klein und voller Staub. Die Männer, bleich vor Aufregung, kamen näher, Leute, die den Schrei gehört hatten, liefen herbei, ich konnte nichts mehr sehen von meiner Großmutter.

Doch mein Bruder quetschte sich durch die Großen hindurch, meine Schwester zog mich hinter sich her und wir sahen, wie meine Großmutter einen Säugling auswickelte, ein neugeborenes Kind, das bald begann, jämmerlich zu quäken.

Die Nachbarn, staubig, erschöpft und entsetzt wie sie waren, liefen zu dem Kind, das seine Fäuste ballte und immer lauter schrie. Sie sahen auf meine Großmutter, die das Baby, immer noch staunend, ein wenig von sich weghielt, so, als habe sie noch nie einen schreienden Säugling gesehen. Plötzlich wurde ich hochgehoben, es war Immickers Karl, der mich mit einem Jauchzer stemmte und durch die Luft schwenkte. »Frohe Weihnachten«, rief der Karl dabei, und alle fielen einander in die Arme, lachten und schrien »Frohe Weihnachten«.

Am frühen Abend, noch rechtzeitig zur Bescherung kam meine Mutter von der Belmicke zurück. Sie trug schwer an ihrer Tasche, und ihre Augen unter den dichten Wimpern lachten. So sahen wir unsere Mutter selten und wir wußten, daß auch ihr Unverhofftes geschehen sein mußte. Die Bäuerin, erfreut von der Pracht der Kleider, hatte gespürt, daß meine Mutter sehr an den Erinnerungsstücken hing. Zumal sie wußte, daß unser Vater Soldat war. Sie machte meiner Mutter ein Angebot: die Kleider als Leihgabe und als Zins eine Gans, einen Topf Schmalz und zwölf Eier.

Über die Tat unserer Großmutter war meine Mutter längst unterrichtet. Sie mußte immerhin vom Bahnhof in die Oberstadt hinaufmarschieren. Bis sie bei uns eintraf, hatte sie so ungefähr fünf Versionen der Begebenheit gehört. Nicht ohne einen strengen Blick und ein leises Kopfschütteln nahm meine Mutter unsere Großmutter in den Arm, und ich begriff erstaunt, wenn auch noch ungenau, daß es manchmal gut war, ungehorsam zu sein. Sogar an Weihnachten.

ANNE ROSE KATZ

Réunion an Weihnachten 1945

Es scheint mir nicht viel bedeutet zu haben, das Weihnachtsfest 1945, das sogenannte erste Friedensweihnachtsfest. Denn meine Erinnerung daran ist verschwommen, will sich nicht aufhellen lassen, wenn ich zurückblicke. Als wären meine Augen tränenblind. Ich war zweiundzwanzig und mir scheint, nicht gerade voller Hoffnung – Kollektivschicksal? Aber es mußte doch persönlich, ganz individuell erlitten werden. Wie auch die sogenannte Stunde Null. Für die einen war es eine schmähliche Niederlage, für die anderen Befreiung von einer schmählichen Diktatur. Für die träge Masse, zu der ich damals gehörte, gab es keine Zäsur. Man empfand nicht den heißen Atem der Geschichte. (Sollte man nicht besser die Metapher vom »eisigen Hauch« wählen?) War man doch atemlos in einem Flickwerk täglicher Banalitäten verstrickt. Eine Panne nach der anderen. Sicher, der Bombenterror hatte aufgehört, bei dem man sich nur als unschuldiges Opfer gefühlt hatte. Die Soldaten konnten von nun an ihr Leben retten, doch selten ihre Existenz. Die

Flüchtlinge blieben entwurzelt. Die Mägen knurrten weiterhin, und die Moral kam erst lang nach dem Fressen. Die Toten waren tot. Keine Zeit zur Reflexion. Freud gehörte nicht zu unserer Lektüre. An was hätte ich denn schuld sein können? Ich hätte in jedem Fall für mich und meine nähere Umgebung auf »nicht schuldig« plädiert. Im November desselben Jahres entblödete sich unsere in Nürnberg vorgeführte »Elite« nicht, dasselbe reihenweise für sich zu beanspruchen. Das fanden wir doch empörend. Da bekamen diese Worte einen zynischen Beigeschmack, der unsere Naivität vergiftete. Um so schwieriger war es für mich, die gesellschaftliche Situation einzuschätzen. Die Tatsachen, die unmittelbar zählten: die Eltern, zweimal ausgebombt, besaßen wenig, ich noch weniger; Bombennächte lagen hinter mir – Tieffliegerbeschuß auf der Fahrt von Thüringen zum improvisierten Domizil im Elternhaus meiner Mutter, wohin ich mich mit meinem neugeborenen Baby retten wollte; wenig zu essen – eine versprengte Familie und ich noch ohne eigene Existenz. Eine höhere Tochter, orientierungslos, weil total unpolitisch erzogen. Mein Vater hatte zwar bis zum Schluß dem Druck widerstanden, in die Partei einzutreten und damit darauf verzichtet, als Beamter befördert zu werden. Aber warum, das habe ich erst viel später kapiert: nicht aus politischer Einsicht, sondern aus bildungsbürgerlicher Arroganz. Dieser »Anstreicher«, der die Fremdwörter falsch aussprach, konnte ihn, uns, das deutsche Volk doch nicht regieren! Ich, als Einzelkind aufgewachsen, war dagegen ganz gern im Bund Deutscher Mädel, dem ich sowieso beitreten mußte. Aber ich gehörte ja zur Rundfunkspielschar, wo wir Madrigale sangen, Rilke zitierten und nur einmal im Jahr die Uniform trugen. Ich hatte eine In-Group gefunden, an privilegierter Stelle, dort, wo Kunst hergestellt wurde. Die Altstimme von »Innsbruck, ich muß dich lassen« oder vom Schlußchor der Neunten kann ich heute noch. Politik? Keine Rede. Chorgesang hatte doch nichts mit den Nazis zu tun! Warum sollte ich eine »Reeducation« nötig haben, die uns die Amis verpaßten, allen meinen Volksgenossen (nein, dieses Wort war natürlich out). Ich hatte nichts gegen Amerika, das war von mir überhaupt noch nicht entdeckt worden. Daß die Vortrupps der Besatzungsarmee uns die Armbanduhren weggenommen hatten – ach du lieber Gott, das war zu verschmerzen. Bei uns wurde keiner gehauen und keine vergewaltigt. Die Brücke über den Main hatten unsere eigenen armen Teufel gesprengt, fünf vor zwölf, als die Besatzer schon am anderen Ufer lagerten. Auch schön blöd. Die weiße Fahne auf dem Kirchturm hißte zur rechten Zeit eine Frau, die Betty aus der Bäckerei. Unseren Photoapparat hatten wir im Garten vergraben, und das bißchen Schmuck trugen wir am Leibe. Wir sahen zum erstenmal Chewing-Gum und Nylonstrümpfe. Hier auf dem Lande war alles mild, aber doof.

Das süße Leben in der Neuen Welt, wie wir es aus den wenigen Hollywood-Filmen kannten, die wir als Schulmädchen zu sehen bekommen hatten (»You are my lucky star«), das wäre mir schon recht gewesen. Jetzt verstärkten sich solche Träume durch die Dauerberieselung mit AFN und Bing Crosby (»I'm dreaming of a white Christmas«), aber ich sah mich in der fränkischen Kleinstadt, meinem Fluchtpunkt, weit davon entfernt. Dahin verirrte sich nicht mal ein Carepaket. Hier sammelte ich Holz im Wald und klaute im Keller meiner Tante auch mal einen Kochtopf (jeder klaute oder »organisierte«, wie man beschönigend sagte). Ich stritt mit meiner Mutter über Kindererziehung (in Wirklichkeit ging es nicht um die Aufzucht meines Babys, sondern um meine eigene durch sie, die ich natürlich ganz falsch fand). Was ich am meisten fürchtete: daß ich nun die von mir angestrebte Karriere als Journalistin nicht machen könnte. Tatsächlich habe ich es ja auch nicht geschafft, meinen Fähigkeiten entsprechend. Bis heute nicht. All die Männer, die sich aus dem Kessel von Tscherkassy kannten oder aus sonst einem dubiosen Patriarchen-Schmelztiegel, haben mich mein ganzes Leben lang immer wieder beruflich überholt. Und da, wo ich als unerfahrene junge Frau glaubte, mein Schicksal selbst bestimmen zu sollen (wo denn? im Bett natürlich), strandete ich mit einem ebenso unerfahrenen Kollegen. Eine ungewollte Schwangerschaft verband uns zwangsweise, und aus bürgerlicher Konvention wurde ich von meinen Eltern in eine Kriegsehe gedrängt. Die letzten Feldpostbriefe hin und her enthielten unübersehbar das Wort Scheidung. Was hätte da eine politische Veränderung helfen sollen? Militärregierung, Entnazifizierung, Lebensmittelkarten und Bezugsscheine nahm ich unmutig hin. Wenn es Wahlen gegeben hätte, ich hätte doch keine Ahnung gehabt, wem ich meine Stimme geben sollte. Hab' ja denn auch, als es soweit war, den guten Opa Adenauer gewählt. Das war quasi eine familiäre Entscheidung. Die Opas und Vatis bestimmten. Das war eingeübt. Auch bei den Besatzern, mit denen man das miserable Englisch sprach, das man auf einem ehemals humanistischen Gymnasium gelernt hatte. Ein kleiner Flirt bis Curfew um halb neun Uhr abends – Ausgangssperre. Die GIs durften ja auch nicht fraternisieren, das hatte der gute Opa Eisenhower bestimmt – schon gar nicht sororisieren. Wer's glaubt, wird selig. Da wurden dann die nächsten verzweifelten Kinderehen angeleiert, auch noch als »Glück gehabt« erlebt. Ab nach Minnesota! Oje.

Wie sollte das bloß alles weitergehen? Es gab erste dünne Zeitungen, eher Mitteilungsblätter, wann das zwölf Kilometer entfernte Landratsamt geöffnet hat und was es auf Abschnitt B 25 in der nächsten Woche gab. Der schöne Sommer verwandelte sich in einen kalten Herbst. Das Nürnberger Tribunal nahm seinen beschämenden Verlauf, überflutete uns aber gleichzeitig mit einer Aufklärungswelle. Ob man diesen fremden Anklägern Glauben schenken durfte? Unbekannte Ortsnamen wurden in mein Bewußtsein gerufen, zum Beispiel Auschwitz. Wo lag das? Ich hatte ja nicht mal mehr meinen Schulatlas.

Seinen Aktionsradius auszuweisen, war äußerst mühsam. Die Züge verkehrten unregelmäßig und waren grauenhaft überfüllt. Nicht selten mußte man sie durchs Fenster besteigen. Die wenigen Autos mit Holzgasmotor fuhren immer in die falsche Richtung und nahmen sowieso ungern Anhalter mit. Mädchen vielleicht, aber das war nicht ungefährlich. Alle Menschen hatten großen Nachholbedarf auf schlechterdings allen Gebieten...

Daß sich nun »alles, alles wenden« *müsse*, hockte in meinem Hinterkopf als Appell. Aber wie? Bestimmt nicht mit Hilfe von irgendwelchen »linden Lüften«. Hier in der Provinz war für die meisten Menschen, viele unfreiwillige Neubürger, alles eine einzige Flaute. Man war abgeschnitten von den Behörden und ihren Informationen, die das neue Leben ermöglichen sollten. Würde man jemals wieder eine Großstadt zu sehen bekommen? Und das allerwichtigste, gab es dort eine Wohnung? Gerade die großen Städte lagen in Schutt und Asche. Wie stellte man es an als kleine, berufslose Niemandin, Zuzug auch nur zu beantragen? Mein Vater lebte zwar noch an unserem früheren Wohnort in einem möblierten Zimmer und ging wieder in sein Amt, jetzt immerhin mit einem höheren Rang belohnt. Aber er war ja kein Geschäftemacher, noch nicht mal ein Geschäftstüchtiger. Er liebte die Ilias und die Odyssee und glaubte, daß ein anständiger Mensch aus Franken nicht so leicht untergehen könne. Geduld hatte er und Optimismus. Doch was würde mir eine Stabilisierung meines Elternhauses nützen? Dahin wollte ich schließlich unter keinen Umständen zurück. Das war das einzige, was ich genau wußte.

Wer von meinen ehemaligen Kollegen überlebt hatte – keine Ahnung. Die Kommunikation hatte in den letzten Jahren schon nicht mehr funktioniert. Von meinen einundzwanzig Tanzstundenherren waren nur sechs übriggeblieben, wie ich nach und nach erfuhr. Und sie waren ja genauso bedürftig wie ich, an der Schwelle zum Erwachsenwerden, mußten sich erst selbst retten, in ihren umgedrehten Militärmänteln und mit den Spuren ihrer Blessuren, die viele nie mehr ganz loswurden. Und dann die Flüchtlinge aus dem Osten, ein Millionenheer verlorener Menschen, die nur auf Druck der Behörden von den Seßhaften aufgenommen wurden. Erstaunlich (oder normal?), wie dann doch die Integration relativ schnell fortschritt und der gesunde Menschenverstand Oberhand gewann: Sie ersetzten das Millionenheer der Kriegsopfer auf mannigfaltigen Gebieten. Sie waren nützlich. Und ich, für wen war ich nützlich, wer machte für mich Druck?

Viele resignierten, wollten auswandern, trauten dem Frieden nicht. Glaubten nicht an einen Aufschwung, den sie selbst noch erleben würden. Aber die Konsulate siebten fein, wie man hörte, wollten auch nicht die Schwachen einreisen lassen, sondern die Erfolgsträchtigen. Am liebsten »Arbeiter der Faust«, wie das im drastischen Jargon der Diktatur geheißen hatte. Da hatte jemand wie ich doch auch keine Chance! Was sollte ich wollen?

Ich schwamm im Main mit anderen jungen Müttern, Flüchtlingsfrauen oder Kriegswitwen. Wir trugen Schuhe mit Holzsohlen und nähten uns Kleider aus Bettlaken oder alten Vorhängen. Pausenlos ribbelten wir unsere alten Pullover auf, um aus der Wolle Kindersachen zu stricken. Ab und zu landete auch eine Flasche Wein, eine Dose Nescafé bei uns. Und der Soldatensender hielt uns auf dem laufenden mit Swing und Blues und »Music in the Air«. Mit den Nachrichten, die der amerikanische Sprecher zwischen den Zähnen herausknatschte, taten wir uns schon schwerer. Enthielten sie doch ein Vokabular aus militärischen und administrativen Bereichen, das wir nie gelernt hatten. Ich konnte dafür fließend die lateinischen Inschriften auf alten Grabsteinen lesen. Im Moment war das keine nutzbringende Fähigkeit.

Wovon ich lebte? Daran kann ich mich nicht recht erinnern. Hatte ich Ersparnisse? Fütterten mich meine Eltern und Verwandten durch? Das Geld sei nichts wert, war die allgemeine Rede. Man konnte ja gar keine der begehrten Artikel davon kaufen. Natürlich gaben die Geschäftsleute ihre gehorteten Waren nicht vor dem Tag der Währungsreform heraus, als die Mark plötzlich stabil wurde. Ja, doch, jetzt fällt es mir wieder ein: Auf meinem Konto waren ein paar tausend Mark, die ich als junge Schriftleiterin gespart hatte. Dafür kriegte ich nur ein paar Kröten.

Vielleicht war ich gar nicht so niedergeschlagen, wie mir das heute aus der Distanz von fünfzig Jahren erscheint. Es gab eine Art von lähmendem Fatalismus, der vor allem die Frauen befallen hatte. Sie steckten sich gegenseitig damit an. Was wir an Vergangenheit aufzuweisen hatten, war ja nicht gerade viel; wir hatten noch wenig erlebt und reduziert gelebt. Aber Zukunft schien für uns auch nicht bereitgestellt zu sein. Es blieb uns offenbar nichts anderes übrig, als uns selbst so ein Stück rosa Wolke mit Klauen und Zähnen herauszureißen. Zu stehlen, zu organisieren, zu hamstern. Die wenigsten von uns höheren Töchtern waren auf so etwas vorbereitet. Man hatte uns doch, auch in den schweren Zeiten, angehalten, brave kleine Mädchen zu sein, gute Kinder, folgsam und zurückhaltend. Eigeninitiative war ein Fremdwort, für ein ganzes Volk. Aber ganz besonders für seine weibliche Hälfte, und das waren weit mehr als 50 Prozent. Ich glaube nicht, daß ich damals darüber geweint habe. Aber heute, wo ich das tröstliche Ende meiner späten Jahre kenne, heute stehen mir dauernd die Tränen in den Augen, wenn ich die Tasten meines Computers drücke. Denn natürlich kann ich nur heute, vom sicheren Port aus, ermessen, wie gefährlich die Brandung in den frühen Jahren war, die mich immer wieder weg vom rettenden Ufer trieb. Eine unbestimmte Traurigkeit überfällt mich, wenn ich an das Jahr 1945 und meine Altersgenossinnen denke.

Da stand plötzlich mein Ehemann vor der Tür. Ich kam gerade aus dem Garten meines Großvaters, unten am Main, wo wir ein bißchen Gemüse angebaut hatten. Die kleine Tochter saß in einem primitiven Kinderwagen, den es auf Bezugsschein gegeben hatte. Die Überraschung war größer als die Freude. Was will denn der hier, war mein erster Gedanke, denn ich hatte ja seine kalten Feldpostbriefe unten in meinem Kleiderschrank, in denen das Wort Scheidung regelmäßig auftauchte. Mir durchaus zupaß, ich geb's ja zu. Er war gut gekleidet und freundlich, hatte einige Gastgeschenke aus der Luxusabteilung bei sich. (Seine Mutter führte eine Wirtschaft). Die Kriegsgefangenschaft war für ihn kurz und schmerzlos gewesen. Er kam aus Dänemark, wenn ich mich recht erinnere. Meine Mutter war abweisend wie stets; die Verwandtschaft beäugte ihn mit Wohlwollen. Besser, so schienen sie zu denken, einen Hallodri zum Ehemann haben als einen Gefallenen oder Vermißten. Rhetorisch war er hochbegabt, der Heimkehrer. Daran hatten die Kriegsjahre nichts geändert. Franken schätzen einen flotten Diskurs. Er nahm das Kind auf den Arm und entlockte ihm ein amüsiertes Glucksen, schäkerte mit den Tanten und mit den halbwüchsigen Vettern und Cousinen. Nicht schlecht.

Ja, vielleicht war es überhaupt nicht schlecht, was er da als bescheidene Utopie entwickelte? Man solle nicht aufgeben, sagte er optimistisch, es doch einmal versuchen mit Ehe und Familie. Das hatten wir ja überhaupt noch nicht ausprobiert in der Kriegszeit. Im Haus seiner Mutter zwei Zimmer, genug zu essen, Kooperation mit seinen Schwestern, langsame Annäherung an den Journalismus in Württemberg. Von einem stabilen Beobachtungsposten aus. Und Weihnachten, ja, Réunion an Weihnachten 1945.

Seine Familie war mir fremd. Das hatte ich schon früher erfahren. Ich denen auch – eine eher unwillkommene Schwiegertochter und Schwägerin, aber wenn der Älteste es nun mal so wollte, bitte. Er setzte immer seinen Kopf durch. Ich war ambivalent, meine Mutter strikt dagegen: ein Grund für mich, den Vorschlag anzunehmen. Inzwischen hatte der Verführer auch schon Gelegenheit gesucht und gefunden, lang vermißte Zärtlichkeiten zu spenden und herauszufordern. Why not? Carpe diem, man ist nur einmal jung, und schließlich sind wir ja legal verheiratet. Alle diese kleinen Schondeckchen.

Wie ich dieses Weihnachten wirklich erlebt habe – ich weiß es nicht so recht, bringe keine Details ans Licht. Das ist wirklich kurios, wo doch wir Frauen als die sentimentalen Prophetinnen der Kling-Glöckchen-Klingelingeling-Kultur gelten. Wir Mütter und Töchter sind's doch angeblich, die ihren Thronsessel unterm Tannenbaum mit Lebkuchen und Gänsebraten verteidigen, gefühlig verewigen. Und gerade in diesem »Friedensjahr«! In mir steigt Mißtrauen auf, Unmut über diese Rollenzuteilung. Das Fest hat mir offenbar schon damals nichts gesagt. Sonst hätte sich mir doch dieser Heilige Abend deutlicher eingeprägt. Ich grabe und grabe und finde nur Rudimente. Vermutlich eine Reise im überfüllten Zug. Goodwill unter tropfenden Kerzen. Geschenke für das ärmliche Beamtenkind, das kein Talent für Schwarzmarktgeschäfte hatte. Viel Essen und Trinken in der Wohnung über der Wirtschaft. Euphorie, vom Rotwein befördert. Ja, auch Schnaps. Ausmessen der Zimmer unterm Dach, für die ich die Möbel mitbringen sollte, was ich aufgrund irgendwelcher verwandtschaftlichen Beziehungen auch konnte. Das war's auch schon. Immerhin ein Ausblick. Optimistische Rückkehr nach Franken, von wo ich Kind und Kegel holte, um in die eheliche Wohnung zu meinem Mann zu ziehen. Von einem Kaff ins andere Kaff. Gute Vorsätze!

Um es kurz zu machen: Weihnachten '46 habe ich dort nicht mehr gefeiert. Unsere ungeduldigen Versuche, einen Hausstand zu gründen, hatten schnell Schiffbruch erlitten. Keiner von uns beiden war zu der Zeit zur Gemeinschaft fähig. Jeder benutzte den anderen als Startplatz für ein neues Leben. Es war nicht mal Mißbrauch, es war Dummheit, Enttäuschung, Ignoranz, Unreife. Wir scheiterten weniger an uns, wir scheiterten an der Situation. In der Ferne sahen wir, wie sich ein Staat und eine Demokratie bildeten. War das jetzt Politik? Es entstanden Zeitungen und Rundfunkanstalten. Da und dort tauchte ein Kollege auf, eine Mitschülerin. Eine differenzierte Gesellschaft bildete sich heraus, das war der erste Schritt in ein politisches Bewußtsein. Man versuchte, wenigstens für sich, vielleicht auch für die Kinder, Verantwortung zu übernehmen. Jeder suchte sein Glück, bei beschränkter Sicht. Durch die erste Zulassungsprüfung fürs Erwachsenenleben sind wir beide durchgefallen. Aber gelernt habe ich immerhin so viel, daß ich weitermachen wollte, wenn auch in einem anderen Lehrinstitut. Immer habe ich weitergemacht, teils im Aufwind, teils gegen den Sturm. Und ich konnte mich behaupten, unter Mühen, sogar als Frau. Ich tue mir nicht leid. Nur für die hilflose Kleine, die ich damals war, an Weihnachten 1945, für die empfinde ich noch immer ein heißes, unbestimmtes Mitgefühl.

Weihnachten bedeutet mir nichts. Auch nicht nach fünfzig Jahren. Tannenbäume gehören in den Wald.

WERNER SCHLIERF

Eine seltsame Weihnachtsgeschichte

Mein Vater war während des Krieges U.K. gestellt. Dies hieß soviel wie »Unabkömmlich«.

Er leitete eine Abteilung bei den »Optischen Werken Steinheil u. Söhne«.

Seine Untergebenen bestanden ausschließlich aus russischen Kriegsgefangenen, die ihm den Reinigungsspiritus in regelmäßiger Reihenfolge wegsoffen. Solche Leute galten als Saboteure, und die Todesstrafe war ihnen beim

Eingreifen gewiß. Natürlich deckte mein Vater seine Arbeiter, und sein Spiritusverbrauch war ungeheuer.

Ich erwähne dies nur, damit man sich ein Bild von meinem Vater machen kann.

Mein Großvater hingegen war bis in die Knochen davon überzeugt, daß Hitler seinen Krieg gewinnen würde. Er war weder ein schlechter Mensch noch ein Nazi; er war einfach Militarist, wie ihn mein Vater bei jeder Gelegenheit bezeichnete. Mein Großvater meldete sich mit 60 Jahren freiwillig nach Rußland zur Partisanenbekämpfung, während mein Vater der Widerstandsbewegung beitrat.

Ich wuchs also in einer lustigen Familie auf.

Mein Großvater trug die Munition in der Tasche, um meinen Vater zu bekriegen, und mein Vater wiederum die Munition, die meinem Großvater den Garaus machen sollte. Doch beide verstanden sich glänzend.

Meine Großeltern wohnten in Giesing Parterre und wir einen Stock darüber. Ich fand das einfach prächtig. Ein Bub meines Alters konnte sich also die Speisekarte wählen, was mich bei meinen Freunden ungeheuer erhob.

Gab es im ersten Stock Spinat, so begab ich mich zu meiner Großmutter, die einen Kartoffelschmarrn zubereitete, der mir natürlich weitaus lieber war.

Nun, mein Großvater, der Abenteurer der Familie, kam natürlich dank eines Telegramms, das mein Vater zu seiner Einheit nach Rußland schickte und das völlige Ausgebombtheit bescheinigte, gerade noch rechtzeitig von der Front zurück, bevor seine Einheit restlos aufgerieben und von den Russen kassiert wurde.

Kaum hatte mein Großvater seine Füße unter dem Tisch ausgestreckt, war der barbarischste Krieg aller Zeiten beendet. Das Nachkriegsinferno begann.

Ich entsinne mich noch, daß ich gerade in unserer Wohnküche auf der Couch saß, als plötzlich im Hof ein wilder Radau begann. Russische Leute fetzten zu uns hoch, und meine Mutter wurde kalkweiß im Gesicht.

Immer öfter hörten wir unseren Namen, und meine Mutter wurde immer blasser.

Endlich ging mein Vater ans Fenster, und ein tumultartiger Orkan brandete zu unserem ersten Stock empor. Die russischen Kriegsgefangenen meines Vaters brachten uns auf Leiterwagen geklaute Lebensmittel an, um ihre Dankbarkeit zu bezeigen, da sie mein Vater immer gut behandelt hatte.

Die Leute in unserem Block staunten nicht schlecht. Als sie wieder abzogen, schloß sich ihnen mein Großvater, der Abenteurer, natürlich sofort an.

Russen, Polen, Tschechen, Franzosen und Deutsche, die den Mumm dazu hatten, plünderten in der Reichszeugmeisterei, im Bürgerbräukeller und in verschiedenen Nazidepots auf Deibel komm raus. Natürlich erwarteten sie beim Ertapptwerden barbarische Strafen.

Doch meinen Großvater schnappten sie nie! Mein Großvater sorgte dafür, daß wir unmittelbar nach dem Krieg in »Fallschirmseide« herumliefen. Wir trugen auch nur Hemden in »Rot«. Nicht wegen etwaiger politischer Richtungen, sondern weil mein Großvater eine große Hakenkreuzfahne ergattert hatte. Meine Großmutter war wiederum sehr geschickt auf der Nähmaschine.

Der Nachbar meines Großvaters vom Parterre, ein liebenswürdiger Mann, der keiner Fliege etwas zuleide tun konnte und der bei allen beliebt war, rollte sogar ein ganzes Rad Emmentaler Käse zu Fuß vom Bürgerbräukeller nach Giesing. Niemand hielt ihn auf.

Es war reine Notwehr und der undefinierbare Drang zum Überleben. Der ganze Block fraß Emmentaler, bis allen die Löcher zum Halse heraushingen.

Ein halbes Jahr später erwischten die Amis dann meinen Vater beim Schwarzschlachten.

Jeden Monat einmal fuhren er und zwei Freunde von ihm nach Mühldorf, um kleine Ferkel einzukaufen, die mein Großvater dann in der Badewanne schlachtete.

Doch einmal lief es schief. Die Militärpolizei schnappte meinen Vater und er wanderte für ein halbes Jahr nach Bernau. Eine harte Zeit brach für uns an.

Nun lebten wir ausschließlich von unseren Lebensmittelkarten, die gerade noch ein Existenzminimum erlaubten. Meine Mutter litt sehr darunter.

Es war das erste Weihnachtsfest nach Kriegsende, das wir ohne meinen Vater feiern mußten.

Er saß bei Kohlsuppe und »Matratzenzigaretten« in Bernau und wir bei »Molke« und Rollgerstensuppe in Giesing und starrten auf einen Tannenzweig, da ein Tannenbaum einfach nicht denkbar war.

Im Radio sang Bing Crosby »I'm dreaming of a white Christmas«, und mir knurrte der Magen.

Mein Großvater starrte vor sich auf die Tischplatte und trank hin und wieder von seinem alten Maßkrug, in dem sich dieser eigenartige Bierersatz befand, den man allgemein als Molke bezeichnete. Doch Alkohol mußte dabei sein, denn um 11 Uhr war mein Großvater besoffen und spie die Badewanne voll, in der er immer die Schweine geschlachtet hatte. Meine Großmutter fluchte unterm Saubermachen, und anschließend gingen wir in die Mette, die bei Kerzenlicht in einer Holzbaracke abgezogen wurde.

Es schneite leicht, und meine Füße waren gefühllos bis zu den Knien hinauf. Ich dachte an meinen Vater und hatte ungeheure Sehnsucht nach ihm. Gewiß dachte meine Mutter auch an ihn, denn ich sah ihre Tränen, die ihr über ihre Wangen kullerten. Meine kleine Schwester Heidi, die noch ein Baby war, lag zu Hause in unserer zerbombten Wohnung und schlief mit meinem Großvater in den Ersten Weihnachtstag hinein.

Beide dachten an nichts.

Und ich träumte vom Christkind, das eigentlich in dieser Nacht über die ganze Welt flattern mußte, und wunderte mich im Stillen, daß es so sang- und klanglos vorbeigeflogen war…

Allein

Wie leer die Zimmer zu Weihnachten sind. Die Tische und Stühle, für fünfundzwanzig Kinder gedacht, stehen verwaist. Die Türen vor den fünfundzwanzig, etwa schuhkartongroßen Fächern des Regals gleich neben dem Eingang werden geschlossen bleiben. Ich kann jetzt unbeobachtet meine gesammelten Schätze ausbreiten und betrachten, ohne verlacht zu werden. Die anderen Kinder haben ihre eigene Puppe, ein eigenes Buch, Schokolade oder ein Täschchen mit etwas Geld in ihrem Fach. Sie haben Eltern, die ihnen an den Besuchstagen etwas mitbringen. Sie können sogar einmal im Monat nach Hause fahren. Ich bekomme keinen Besuch, auch keine Post. Ich denke, meine Mutter hat mich vergessen.

Die Besuchstage sind das schlimmste. Ein Kind nach dem anderen wird herausgerufen, und bis zum Schluß hoffe ich, meinen Namen zu hören, gerufen zu werden. Ich hasse die Spaziergänge mit den übrig gebliebenen Kindern, die auch gereizt und traurig sind. Wenn ich groß bin, kaufe ich mir ganz viel Schokolade, dann dufte ich auch so danach wie die glücklichen Kinder an den Besuchstagen. Und eine Puppe werde ich besitzen. Der stricke ich dann einen Pullover, so einen, wie er jetzt getragen wird von den anderen Mädchen und wie ich auch so gerne einen hätte. In einem weichen Blau, mit Querrippen und Fledermausärmeln. Und Bücher werde ich haben, ganz viele. Denn Lesen ist das Schönste überhaupt. In den Büchern stehen meine Gedanken und Träume. Ich gehe auf Reisen in ihnen, sehe die Länder, die im Erdkundeunterricht nur ein grüner oder brauner Fleck auf der Landkarte sind. Eigene Bücher dürfte man mir sicher nicht wegnehmen, um mich mit Leseentzug zu bestrafen.

Ich werde Lumpenmüllers Lieschen genannt, weil mein

Eigentum, mein Schatz, nur aus Fundstücken besteht. Ich bin eine Sammlerin, wirke immer schmuddelig, weil ich immer ständig schmutzige Hände habe von den Dingen, die ich finde. Ich reibe alles mit den Handflächen ab, bis ich unter dem Staub, der Erdschicht, dem Rost die Schönheit finde, die mich zum Sammeln verleitet. Ich besitze ein Stück von einem plattgewalzten, durchlöcherten Auspuff. Schön wie filigrane Spitze. Und eine Schraube, ungewöhnlich groß und schwer, von der ich nicht weiß, wofür sie verwendet wurde. Das macht sie interessant, und ich kann mir geheimnisvolle Geschichten für sie ausdenken. Maschinen, die durch sie zusammengehalten werden, mit denen ich vielleicht sogar fliegen oder weit fortfahren könnte. Laub habe ich von einem Zauberwald und schöne Steine von zerfallenen Palästen.

Weihnachten zurückgeblieben zu sein in diesem großen Haus, ist überhaupt nicht schlimm. Endlich bin ich etwas Besonderes, das einzige Kind. Ich habe das Schlafzimmer, das ich sonst mit zwölf Kindern teile, ganz für mich allein und auch das Bad. Ich kann mir aussuchen, an welchem der vielen Becken ich mich waschen will, brauche bei der Toilette nicht anstehen und darf am Tisch mit den Erwachsenen essen. Jetzt habe ich viele Mütter, auch wenn ich immer Sie sagen muß und es eigentlich Gruppenmütter sind. Jetzt bin ich nicht mehr die Nummer fünfundzwanzig, sondern das arme Kind, das Weihnachten nicht daheim verbringen kann.

Der Weihnachtsberg in der Eingangshalle gehört endlich mir. Ich darf heute alle vierundzwanzig Kerzen anzünden und auch das Christkind in die Krippe legen. Dreiundzwanzig Tage hatte ich gehofft, aufgerufen zu werden. An jeder Seite des Weges, der zur Krippe führt, stehen zwölf Kerzen. Wenigstens eine wollte ich anzünden dürfen. Ich hatte mitgeholfen, ihn zu bauen aus Erde und Moos. Hatte Schäfchen im Werkunterricht geschnitzt, die jetzt bei den Hirten stehen, nahe dem Stall mit Maria und Josef und den Engeln. Jeden Tag durfte ein Kind sich einen Engel aussuchen und oben auf den Berg zur Krippe stellen. Jeder Engel spielt ein anderes Instrument. Ich hatte mir schon den mit der Trompete ausgespäht. Als der vergeben war, entschied ich mich für die Geige. Dann hätte ich mich mit dem, der ein Glöckchen trug, zufrieden gegeben. Aber auch daraus wurde nichts.

Auch der Weihnachtsmann, der den Berg hinaufstieg, kam ohne mich zurecht. Auch ihn durfte eines der Kinder jeden Tag um einen Schritt vorsetzen. Je näher er zur Krippe kam, je heller der Weg wurde, um so intensiver hoffte ich. Wenigstens eine Kerze, bitte, lieber Gott! Vergebens. Trotz aller Mühe, nie war ich leise genug, brav oder ordentlich gewesen.

Jetzt endlich war ich dran!

Und auch der große Weihnachtsbaum würde heute abend allein für mich angezündet werden. Dann werde ich singen, ganz laut. Jeden Tag habe ich mit den anderen Kindern vor dem Abendessen geübt. Ich kenne schon viele Lieder, die Weihnachtslieder sind mir am liebsten. Fräulein Eckelmann, meine Handarbeitslehrerin, die sich sonst immer die Ohren zuhält, wenn sie nur meine Stimme hört, wird sich nicht trauen zu sagen: Hör auf, du hast so eine schreckliche Stimme. Denn ich bin ja das arme Kind, das hierbleiben mußte.

Heute Abend werde ich mit den Erwachsenen ins Dorf, in die Weihnachtsmesse gehen, und rechts und links wird einer meine Hand halten, damit ich mich im Dunkeln nicht fürchte und auch nicht über meine eigenen Füße fallen kann, was mir sonst so häufig passiert. Sie werden nur mich halten und beschützen, und ich werde mich nicht mit vielen anderen um dieses Privileg streiten müssen. Sie haben schon den Pelzmuff und die Pelzmütze für mich rausgelegt. Weißes Fell von einem Kaninchen, mit schwarzen Tupfen und einer glänzenden Kordel am Muff. Wunderbar weich fühlt es sich an. Eine Spende aus Amerika, die in einem großen Karton mit vielen Kleidern war. Schöne helle Kleider, mit Blumen. Ganz unpraktisch für uns, fürs Tragen bei der Haus- und Feldarbeit. Deshalb wurden sie dunkel eingefärbt. Aber auch dann noch waren sie eigentlich zu schade für uns. Doch sonntags durften die anderen Mädchen sie tragen. Ich nicht, ich bin Lumpenmüllers Lieschen, ich trage auch am Sonntag ein Kleid aus festem Stoff, der häufiges Waschen besser verträgt.

Nummer Fünfundzwanzig steht in allen meinen Sachen, damit ich weiß, was zu mir gehört. Aber heute am Heilig Abend habe ich ein Kleid an, ein schönes, mit einer fremden Nummer drin, und plötzlich finde ich, daß ich schön bin und ein glückliches Kind. Kein böses mehr und auch kein lautes, denn wen müßte ich jetzt überschreien? Heute bin ich etwas Besonderes, das einzige Kind in diesem großen Haus, das für viele gedacht ist. Heute werde ich singen vor Glück, für das Kindlein in der Krippe, das ich hineinlegen durfte. Für das Christkind, vor dem selbst Könige knieten. Das Eltern hatte, trotz Stall und Stroh.

Ich werde singen, weil ich so gerne singe und Lieder mich trösten. Und auch, weil ich lieber ein Engel mit Trompete bei der Krippe wäre, der fliegen kann, statt Lumpenmüllers Lieschen zu sein mit den schmutzigen Händen. Ich werde singen, weil ich schön bin.

FABIENNE PAKLEPPA

Alle Jahre wieder

Es war wie eine Erleuchtung. Bei dem großen Familienessen am ersten Weihnachtsfeiertag mußte ich es verkünden, zwischen Vor- und Hauptspeise, wenn die Leute noch nüchtern genug waren, um die Tragweite meiner Worte zu begreifen, mußte ich aufstehen, in die Hände

klatschen und es endlich loswerden. Vor Zeugen, und je
mehr Zeugen meine Botschaft hörten, desto besser. Dann
würden die Eltern ein für alle Mal kapieren, daß ich es
ernst meinte.

Mir war in der Adventszeit deswegen ausnahmsweise
feierlich zumute. Mit meinem süßen Geheimnis im Herzen zog ich fröhlich durch die Läden, kaufte kostbare Geschenke, die ich liebevoll verpackte, fast hätte ich vor Begeisterung Plätzchen gebacken, doch als ich mich am 23.
schwer beladen wie ein Esel auf den Weg machte, war die
ganze Vorfreude schon verflogen. Düster sinnierte ich
über die Worte, die ich verwenden würde, eine lange Ansprache kam nicht in Frage, meine Leute pflegen ständig
dazwischen zu reden, sie machen einen Höllenlärm, im
Durcheinander hört man seine eigene Stimme nicht, und
am Schluß weiß man nicht, ob man überhaupt etwas gesagt hat oder nicht. Drei Stunden weiter wußte ich immer

noch nicht, wie ich meine unfrohe Botschaft formulieren sollte, der Zug fuhr gerade über die Grenze, als das Handy der jungen Frau, die mir gegenüber saß, klingelte. Sie rief Hallo? Hey, ohne mich, du Spießer! Dann steckte sie das Handy in ihre Tasche zurück und lachte. Ich lachte auch. Das waren Worte! Genau wie sie würde ich es tun. Knapp und endgültig.

Vater und Mutter standen strahlend am Bahnsteig, offensichtlich waren die beiden gesund, es freute mich sehr, sie in so guter Verfassung zu sehen, so würden sie den Schock einigermaßen verkraften. Wir tauschten Küsse und Komplimente, eine Viertelstunde später löffelte ich schweigend eine Gemüsesuppe und erhielt einen detaillierten Lagebericht: Eine Kusine hatte ein Pflegekind angenommen, eine andere war neuerdings mit einem Polizisten liiert, so waren wir dies Jahr 30. Dreißig Onkel, Tanten, Vettern, Kusinen, ihre Partner, die dazu gehörigen Kinder. Im Jahr zuvor waren 28 Gäste geplant, doch drei hatten rechtzeitig die Grippe bekommen und kurzfristig abgesagt, dadurch hatten wir mehr Platz, behauptete meine Mutter, doch ich hatte nichts davon gemerkt. Wie immer war es proppe voll gewesen. Die Wohnung ist nicht gerade groß, ab zehn Leuten aufwärts tritt man sich schon auf die Füße, bei dreißig Leuten ist es furchtbar, man muß eine halbe Ewigkeit vor der einzigen Toilette Schlange stehen, und das regt mich ungemein auf. Nicht, daß ich wie meine lieben, betagten Verwandten unter Blasenschwäche leiden würde, ich brauche den Ort dringend als Zuflucht, wenn es mir zuviel wird, und das mindestens einmal pro Stunde. Bin ich endlich drinnen, sperre ich die Tür ab, schalte das Licht aus, setze mich auf den Klodeckel, drehe den Wasserhahn auf, um das Stimmengeplätscher der Wartenden zu mildern, sauge mich voll mit himmlischer Ruhe, bis nach höchstens einer Minute einer klopft, um mich aus diesem Paradies zu vertreiben.

Wie viele Rollen Klopapier an diesem Tag benötigt werden, das steht im Weihnachtsbüchlein meiner Mutter. Die gute Frau ist nicht nur traditionsbewußt, sondern auch bestens organisiert. Dank ihrer Aufzeichnungen gibt es nie eine Panne bei dem schönen Fest. Sie listet alles, aber wirklich alles auf. Wer Stühle und Hocker, wer Löffel und Gläser, wer den Obstsalat und welche Menge, wer den Käse, wer den Wein bringt. Für den Rest sind wir zuständig, also meine Eltern. Ich nicht. Diese Verantwortung lehne ich strikt ab, wenn es nach mir ginge, gäbe es gar keine Weihnachten mehr und keinen Winter und keinen Schnee und die ganze Schweiz nicht und einiges andere auch nicht, aber darüber denke ich nur nach, wenn ich überlege, daß ich gern Gott wäre, um diese Erde komplett umzugestalten, und spätestens nach einer halben Stunde werde ich trübsinnig, weil ich mir nicht sicher bin, daß ich die nötige Kompetenz dazu habe, und außerdem hat mich noch nie einer nach meiner Meinung gefragt, deswegen beschränke ich mich darauf, die brave Tochter zu sein, die ihren Eltern hilft. Mit Rat und Tat stehe ich ihnen zur Seite, vier Tage halte ich das aus, länger nicht.

Noch am selben Abend trug ich die schweren Möbel von einem Zimmer ins andere, zusammen mit meinem 90-jährigen Vater, der sich allmählich wie ein Greis vorkommt, weil meine Mutter ihm jetzt verbietet, es allein zu tun. Kaum waren die Tische aufgestellt, deckten wir sie probeweise mit dreißig Tellern, danach wurde ich wie immer zu der einzigen Aufgabe aufgefordert, die etwas Hirntätigkeit meinerseits verlangt: Eine raffinierte Sitzordnung zu ersinnen, bei der ein Dicker neben einem Dünnen sitzt, damit kann man nämlich an einem Tisch für zehn Personen locker fünfzehn unterbringen, vorausgesetzt man bedenkt, daß nur Jüngere vier Stunden an den Plätzen mit den Tischbeinen überstehen und daß, wenn möglich, keine weiblichen Gäste dort sitzen sollten, weil Frauenstrümpfe garantiert von der rauhen Holzfläche vernichtet werden. Meine Mutter wünscht sich zwar noch, daß ich berücksichtige, wer mit wem gut zusammenpaßt und wer mit wem gerade etwas zerstritten ist, das kommt in den besten Familien vor, und bei uns auch, aber bei diesem Punkt lasse ich mich auf keine Diskussion ein.

Wenn sie schon alle zusammenglucken, dann sollen sie sich bitte schön meiner Sitzordnung fügen, und die ist mit Absicht heimtückisch. Jedes Mal versuche ich es von neuem, ich setze welche, die sich angeblich überhaupt nichts zu sagen haben, ganz nah nebeneinander, so daß sie sich zwangsweise beim Essen gegenseitig die Ellbogen in die Rippen rammen. Leider hat das noch nie zu einem Kampf geführt. Die paar Streithähne sind an diesem Tag allesamt sanft wie Lämmer, obwohl sie ab zwölf Uhr mittag ununterbrochen trinken. Erst Apéritif oder Champagner, dann Rotwein, dann Grappa, Obstler oder Likör. Gegen fünf, wenn es draußen dunkel wird, sollten sie genug intus haben, daß die Fetzen fliegen, statt dessen zünden sie die Kerzen an und singen beseelt Weihnachtslieder.

So harmonisch wird meine Verwandtenhorde kaum, weil sie gemeinsam die Geburt Jesu feiert. Der Heilige Geist hat damit wenig zu tun, die Friedfertigkeit kommt vom Essen, dagegen kann man sich unmöglich wehren, es erwischt sogar mich. Wenn ich mich durch das ganze Menü durchgefressen habe, sitze ich rührselig im Kreis der Familie und singe mit. Falsch, aber das fällt nicht auf, weil die anderen ziemlich musikalisch sind, so dröhnt es vielstimmig aus ihren Kehlen. Schön ist das. Einmalig schön. So schön, daß mir die Tränen kommen. Und wenn wir alle Weihnachtslieder von der ersten bis zur letzten Strophe gesungen haben, sind wir noch lange nicht fertig. Bis die Kerzen ausgebrannt sind, singen wir weiter, Gospels, Kinderlieder, Beatles Songs und gegen Schluß einige deftige Trinklieder mit unzüchtigen Versen. Dafür liebe ich meine Leute, und ich war fest entschlossen, es ein letztes Mal in vollen Zügen zu genießen.

In der Nacht zum Heiligabend träumte ich davon, daß ich Weihnachten in München verbrachte und meinen Freunden erzählte, wie wunderbar es damals zu Hause war, als wir noch alle zusammen im Chor sangen, sie hingen an meinen Lippen, beneideten mich um meine glückliche Kindheit, und mittendrin wachte ich abrupt auf. Um halb acht rumpelte mein Vater schon in der Küche mit Töpfen. Mir war schlecht, der Count Down lief, es gab kein Zurück, in weniger als 36 Stunden würde ich aufstehen, laut und deutlich vor der ganzen Familie sechs Worte sagen: Nächstes Jahr bin ich nicht dabei.

Wie meine Eltern darauf reagieren würden, wußte ich nicht. Bei meinem letzten Besuch hatte ich mich bemüht, sie sanft darauf vorzubereiten, aber sobald ich die kleinste Andeutung wagte, wechselten sie geschickt das Thema, redeten stur über irgend etwas anderes oder gingen aus dem Zimmer. Früher hatte ich von München aus versucht, mich aus der Affäre zu ziehen, ich hatte lange im voraus per Telefon oder per Brief mitgeteilt, daß ich arbeiten mußte oder daß ich vorhatte, Weihnachten unter Palmen zu verbringen, und jedesmal hatten sie es geschafft, mich herumzukriegen. Den Leuten war ich wehrlos ausgeliefert, sie machten mir keine Vorwürfe, sie übten gar keinen Druck aus, sie waren lieb und verständnisvoll, schickten sogar Geld für meine Reise in die Sonne, und ich, blöde Ziege, anstatt mich zu freuen und tatsächlich davon zu fliegen, warf prompt all meine Pläne um, buk ergeben Plätzchen und kaufte resigniert meine Zugfahrkarte. In die Schweiz. So war wohl die Hammermethode meine letzte Chance.

Um den Fangarmen dieser Familie zu entkommen, war ich vor bald dreißig Jahren ausgewandert, zwar nur bis ins Nachbarland, aber außer mir lebten alle Verwandten keine fünfzig Kilometer von ihrem Geburtsort entfernt, und ich war stolz, daß es mir gelungen war. Es ist verdammt schwer, sich von Menschen zu lösen, die einen mit

Liebe und Freundlichkeit umgarnen, die sich pausenlos sorgen, ob man gesund und glücklich ist, die alles tun würden, damit man es wird, diskret, das versteht sich von selbst. Bei einigen ist der Familiensinn dermaßen überentwickelt, daß sie ihr halb vergessenes Schuldeutsch auffrischen, um mindestens ein paar Zeilen von mir lesen zu können, doch ich weiß nicht, ob ich je eine Zeile geschrieben hätte, wäre ich im warmen Schoß der Familie, im sicheren Schweizernest geblieben. Liebe halte ich nur in homöopathischen Dosen aus, wenn ich zuviel davon bekomme, ersticke ich.

Das Frühstück war fertig. Meine Mutter hatte für mich frische Croissants geholt und Kaffee gekocht, mein Vater erkundigte sich, ob ich gut geschlafen und schön geträumt hätte. Sie waren hinreißend, die beiden, gut gelaunt und voller Tatendrang, wie immer kurz vor dem großen Fest, das sie generalstabsmäßig vorbereitet hatten. Ein bißchen aufgekratzt waren sie schon auch wegen der Arbeit, die auf uns wartete. Die meisten haltbaren Lebensmittel hatten sie zuvor schon vor meiner Ankunft besorgt, es gab nur noch eine ellenlange Einkaufsliste für die Migros, so zogen wir mit sechs leeren Taschen los. Es war sehr voll, Vater und Mutter drängelten sich gekonnt zwischen den Regalen, ich folgte mit dem Wagen, bewunderte das eingespielte Team, das in null Komma nichts alles erledigte. Fast alles. Das Fleisch fehlte noch. Und wie jedes Jahr gab es damit ein Problem. Beinahe kam es zum Streit mit dem Verkäufer, weil die zwei vorbestellten Truthähne nicht gleich groß waren.

Ich habe noch nie verstanden, warum ein Unterschied von zweihundertfünfzig Gramm dramatisch ist, aber ich tat mein Bestes, um eine Lösung zu finden, wühlte durch einen Berg toter Vögel, fand nur welche, die entweder zu leicht oder zu schwer waren. Kurz wurde zwischen Mutter und Vater darüber verhandelt, ich hielt mich aus allem heraus, ihre jeweiligen Argumente kannte ich schon seit

Jahrzehnten. Sie will lieber weniger Fleisch, er mehr, denn er hat Angst, daß die Gäste verhungern. Das war die einzige Unstimmigkeit des Tages.

Wir ackerten wie die Ochsen. Jeder für sich und doch gemeinsam. Ich schleppte Getränke, deckte den Tisch für dreißig Leute, faltete kunstvoll Papierservietten, schälte mehrere Kilo Kartoffeln und Karotten, verzichtete dieses Jahr darauf, die Eltern an die Erfindung von Tiefkühlprodukten und Tütenpüree zu erinnern, verzichtete darauf, meinen Vater zu ermahnen, weniger Salz zu verwenden, verzichtete darauf, meine Mutter zu bitten, endlich den scheußlichen Engel wegzuwerfen, den ich vor vierzig Jahren im Kindergarten gemalt hatte. Kurz, ich war eine perfekte Tochter, und alles lief so reibungslos, daß wir früher als sonst fertig wurden. Nach der Bescherung unter dem Tannenbaum spielten wir noch ein paar Runden Scrabble. Mein Vater mogelte, damit ich gewann, und ich mogelte, damit meine Mutter gewann, und es war wirklich gemütlich, aber die ganze Zeit kam ich mir wie eine Schlange vor. Gegen elf, als die Eltern ins Bett gingen, ging ich in die Kirche, um mein schlechtes Gewissen zu lindern. Das tat mir gut.

Mit Gold behangen empfing ich am nächsten Tag die Verwandten, die herausgeputzt wie die Könige ihre Geschenke brachten. Ich nahm ihnen die Mäntel ab, ließ mich willig einmal rechts, einmal links und noch einmal rechts küssen, küßte gewissenhaft zurück. Beim Apéritif war ich noch guter Dinge, doch schon beim Potage sank meine Laune. Ich löffelte schweigend, überlegte, wann der richtige Zeitpunkt sei, um die schöne Stimmung zu vermasseln, beschloß, noch ein wenig zu warten. Bei der Königinpastete lächelte ich scheinheilig in die Familienrunde und stimmte in den Lobgesang für die Köche ein, die Pastete schmeckte tatsächlich so gut, daß ich mich verführen ließ, eine zweite zu essen. Das war ein Fehler, denn gerade als ich damit fertig war und mich zu meinem großen Auftritt aufraffen wollte, wurden die Truthähne hereingebracht.

Alle applaudierten. Die zwei Riesenvögel, mit allerlei Köstlichkeiten gefüllt, sahen wahrlich so prächtig aus, daß mir das Wasser in den Mund kam, obwohl ich längst satt war. Gebannt beobachtete ich meinen Vater, der sein langes Tranchiermesser schärfte, und konnte es kaum erwarten, meinen Teller zu füllen. Ich aß eine gehörige Portion Fleisch mit Kartoffelbrei, Karotten und Erbsen, danach gab es eine Käseplatte und Nachtische ohne Ende: Fruchtsalat, Eis und etliche Torten, eine üppiger als die andere. Mit vollem Bauch saß ich träge und friedlich auf meinem Stuhl, nach dem Kaffee und mehreren Gläschen Schnaps spülte ich einen ganzen Berg Teller und Besteck mit Vettern und Kusinen zusammen, hörte nur auf, weil das Wasser mich daran erinnerte, daß ich auf die Toilette mußte. Geduldig reihte ich mich in die Schlange ein, plauderte über Gott und die Welt mit einer Tante, fühlte mich rund herum wohl im Trubeljubel der Verwandten. Bis ich allein im Dunkel saß und es mir plötzlich elend wurde. Ich hatte versagt. Ich hatte nichts gesagt, ich hatte nicht einmal versucht, etwas zu sagen, ich war nicht aufgestanden, denn just in dem Augenblick, als mein Vater stolz wie ein Schneekönig mit seiner Küchenschürze ins Zimmer marschierte, gefolgt von zwei kräftigen Vettern mit den knusprig gebratenen Vögeln, hatte ich alles vergessen!

Eine Welle Zorn stieg hoch, ebbte gleich ab. Es war nicht zu spät, ich konnte es immer noch packen, noch hatte ich eine klitzekleine Chance, gehört zu werden, wenn ich sie nicht sofort ergriff, würde ich mich bis zu meinem Lebensende hassen, dachte ich und stürzte aus der Toilette. Im Eßzimmer klopfte ich mit einem Messer gegen ein Glas. Alles verstummte. Es war wunderbar, sagte ich, prima Truthahn, saftig, köstlich, eine echte Wucht, und der Rest auch, aber nun möchte ich euch mitteilen, daß ich nächstes Jahr nicht komme.

Wenn du schon stehst, zünde doch die Kerzen am Baum an, sagte meine Mutter. Es ist schon dunkel draußen. Dann begannen dreißig Verwandte mehrstimmig zu singen, sämtliche Strophen von allen Weihnachtsliedern hintereinander. Ich setzte mich resigniert hin, bei jeder Pause wiederholte ich meine Botschaft, von Mal zu Mal leiser. Ach, was, brummte der Onkel rechts von mir und füllte mein Weinglas randvoll mit Himbeerschnaps, trink noch einen Schluck, Kleines, das tut dir gut. Die Tante links stopfte mir den Mund abwechselnd mit Keksen und Mandarinenstückchen, während mich einige Kusinen mit Nüssen bewarfen, die sie vorsorglich geknackt hatten. Zu später Stunde verabschiedete sich jeder einzelne Verwandte von mir mit drei Küssen und einem fröhlichen »also, bis nächstes Jahr dann, und laß es dir gut gehen«.

Gegen Mitternacht war das Schlachtfeld geräumt. Ich spülte die letzten Gläser, der Vater zupfte die letzten Stückchen Truthahn von den Knochen, die Mutter kehrte die letzten Fetzen Geschenkpapier im Flur auf. Wir tranken Kräutertee, lobten einander und tauschten uns über die Verwandten aus, wie sich's gehört. Die Julie war noch dicker geworden, der Philippe noch dünner. Und blaß der Onkel Claude. Kein Wunder, nach der Operation. Aber wie süß der Kleine von Martine, und das Pflegekind so angenehm zutraulich. Das war wirklich ein gelungenes Fest, sagte ich, aber nächstes Jahr komme ich trotzdem nicht. Na ja, sagte mein Vater nachdenklich, vielleicht bin ich nächstes Jahr unter der Erde. Red keinen Unsinn, sagte meine Mutter, in deiner Familie werden sie alle hundert. Und bitte schön, wer soll denn die Truthähne braten, wenn du nicht mehr da bist? Oh, Gott, meine Trüffeln, ich habe vollkommen vergessen, meine Trüffeln anzubieten! Sie stellte eine Schachtel mit köstlichen Kugeln, die sie selber gemacht hatte, auf den Tisch, jeder nahm sich eine, ließ sie schweigend im Mund schmelzen. Mein Vater betrachtete zufrieden seinen Bauch von buddhistischem Umfang, stand auf, holte seinen Teller mit kaltem Truthahn. Für dich, falls du heute Nacht noch Hunger hast, sagte er mit einem schelmischen Lächeln. Nein, aber im Ernst, fügte er hinzu, das sind die besten Stücke, nur von der Brust, die habe ich für deine Zugfahrt vor den Barbaren gerettet.

Zwei Tage später kam ich in München an, schwer beladen wie ein Esel, im Gepäck hatte ich Geschenke, Putensandwiches, eine Schachtel mütterlicher Trüffeln, Wein und Zigaretten für meinen Freund. Ich umarmte und küßte ihn, dann sagte ich es ihm: Nächstes Jahr fahre ich hin, und all die Jahre danach, und ich habe meinen Eltern versprochen, daß du mitkommst! Niemals, antwortete er grimmig, du weißt doch, wie ich diesen ganzen Weihnachtszirkus hasse. Ich lächelte nur. Bis dahin kriege ich ihn schon rum. Sowas liegt bei uns im Blut.

Brigitta Rambeck

BIRGIT VANDERBEKE

Zweimal Weihnachten aus: »Gut genug«

… Als ich schwanger wurde, war Kinderkriegen nicht sehr in Mode. Ein paar Jahre später kam es wieder in Mode. Jetzt ist es, glaube ich, auch gerade wieder Mode. Ich war mir nicht sicher, ob ich es schaffe, lebend da durchzukommen …

Weihnachten ist A.C. zu seiner Familie gegangen, und ich bin zu meiner Familie gegangen. Bea war aus Paris gekommen, und Ali war auch da. Meine Mutter hat etwas mit Gorgonzolarahmsoße gekocht und gesagt, sie freut sich schon sehr auf das nächste Jahr. Dann machen wir einen Weihnachtsbaum. Wieso machen wir einen Weihnachtsbaum? Na dann ist das Kind im Haus. Das Kind braucht doch einen Baum. Die Gorgonzolarahmsoße hat im Grunde recht gut geschmeckt. Mein Vater hatte sich gerade das Rauchen abgewöhnt, weil er in Rente ging und gelesen hatte, daß man leicht einen Herzinfarkt kriegen kann, wenn man in Rente geht, er hat den ganzen Abend Kürbiskerne mit den Zähnen geknackt und gekaut und von der Gorgonzolarahmsoße gesagt, daß sie Cholesterin enthält. Wenn nicht der Käse, dann jedenfalls der Rahm. Und nicht zu knapp. Leute, die sich das Rauchen gerade abgewöhnen, sind meistens schlecht gelaunt. Wenn dann noch Weihnachten ist, wird die Stimmung leicht grimmig und neigt dazu, umzukippen. Meine Mutter hat gesagt, das kann ja fröhlich werden, wenn ich dich jetzt den ganzen Tag hier im Wohnzimmer sitzen habe mitsamt deinem Cholesterin und den Kürbiskernschalen, ich glaube, ich lasse mich scheiden, aber mein Vater hat gesagt, du hast demnächst doch das Kind. Ich habe gesagt, welches Kind. Dann haben wir alle die Geschenke ausgetauscht, meine Mutter hat gesagt, daß es schwer ist, sich überhaupt noch etwas zu schenken, sie sagt das jedes Jahr, am besten, man schenkt sich Geld, und jeder kauft sich etwas, was er mag, weil man sonst den Geschmack treffen muß und jeder alles schon hat. Meine Mutter hat mir zwölf weiße Baumwollhemdchen und zwölf weiße Baumwolljäckchen und sechs bunte Strampelanzüge aus Frottee geschenkt, Ali ein Buch über Säuglingsvorsorge und Bea einen Band Alice Miller, weil sie entdeckt hatte, daß die Eltern dran schuld sind, wenn es im Leben nachher nicht klappt. Sie war etwas spät dran mit der Entdeckung, weil sie gerade aus der Mode kam, aber das lag vielleicht an Paris. Mein Vater zweihundert Mark in einem verschlossenen Briefumschlag.

Dann haben wir über ziemlich vieles nicht gesprochen, weil es zu schwierig wird mit all den verschiedenen Zeiten und Wirklichkeiten. Mein Vater hat gesagt, er denkt darüber nach, eine Wohnung im Süden zu kaufen, aber meine Mutter hat gesagt, mit dem Geld soll man lieber aufs Altersheim sparen, und Bea hat gesagt, jetzt hört aber auf, ihr beide, womit sie die Mutter meinte. Mein Vater hat natürlich nicht aufgehört, sondern gesagt, daß ich hier sitze und spare aufs Altersheim, und in der Zeit riecht der Süden nach Süden. So weit wird's kommen. Später haben wir das Geschirr rausgetragen, und ich habe zu meiner Mutter gesagt, komm, ich helf dir den Abwasch machen. Meine Mutter hat gelacht und gesagt, ach du Dummchen, ich hab doch die Abwaschmaschine, und plötzlich habe ich angefangen zu heulen und bin ins Badezimmer gegangen. Im Badezimmer habe ich weitergeheult. Ich habe gedacht, jetzt bist du vollends verblödet, hör auf mit der Heulerei und der Heuchelei. Das Abwaschmachen mit meiner Mutter war genau das, was ich schon immer verabscheut hatte, alle drei Tage warst du dran, das Kopfrechnenmüssen und Ausgefragtwerden nach Heimlichkeit, alle drei Tage und später sogar alle zwei, das Vokabelabhören, das Lebensgespräch. Besonders die Lebensgespräche, habe ich mir gesagt, waren die reinste Pein, eine peinliche Quälerei, sie sind keine Lebensgepräche gewesen, sondern Lebensvernichtungsgespräche, weil meine Mutter immer nach allem gefragt hat, wie es war und was du gemacht hattest, und wenn du es ihr erzählt hast, ist sie erschrocken und sehr bekümmert gewesen, weil es niemals das Richtige war, was du gemacht hattest, und sie hat gesagt, was mußt du dich auch mit der Nele abgeben, kümmer dich nicht um die Nele, oder, du mußt dir abgewöhnen, so vorlaut zu sein. Sie hat dir lauter Dumußtnichts gegeben, um dich vor allem zu schützen. Vor allem, was du tust. Vor den Irrtümern und vor dem Leben. Alles, was du gemacht hast, ist ein einziger Lebensirrtum gewesen, vor dem du geschützt werden mußtest. Bea hat einmal gesagt, wie machst du es mit ihr und dem Abwaschgespräch, und ich habe gesagt, ausspucken. Alles radikal ausspucken. Auskotzen, habe ich gesagt, jeden winzigen guten Rat, würgen und spucken und kotzen, und Bea hat gesagt, gar nicht erst runterschlucken, dann brauchst du nachher nicht zu kotzen. Gar nicht erst ausnehmen lassen, habe ich gesagt. Maul halten. Am besten, einfach nichts sagen. Noch besser, von vornherein lügen, hat Bea gesagt. Aber das ist schon lange her gewesen, und jetzt saß ich auf dem Klodeckel und habe nur immer mehr geheult wegen der Abwaschmaschine. Irgendwann hat mein Vater geklopft und hineingerufen, ob mir schlecht ist, ich habe gesagt, ein bißchen, aber es geht schon gleich wieder vorbei. Mein Vater hat gesagt, die Gorgonzolarahmsoße war zu schwer, sie bringt mich noch um. Hinterrücks durch die Küche.

Mein Gesicht war vom Wasser schon so gedunsen und zugequollen, daß das Heulen darin gar nicht auffiel, weil die Züge allmählich verschwanden. Meine Mutter hat gesagt, du mußt besser auf dich aufpassen. Komm ein paar Tage her und laß dich ein bißchen verwöhnen, aber ich habe schnell gesagt, es ist schon wieder vorbei. Alle haben zuletzt einen Aquavit getrunken, und nach dem Aquavit, als Weihnachten fast geschafft war, hat mein Vater ganz nebenbei zu Bea gesagt, und wie geht es deinem Araber, und das war Beas algerischer Freund. Es ist sonderbar mit dieser Generation. Sie brechen sich fast die Zunge, wenn sie David aussprechen müssen, obwohl sie nicht eigenhändig die Juden ermordet haben, aber Araber hassen sie auch. Und Russen natürlich. Und die Amis gerade. Obwohl sie das meistens nicht zugeben wollen. Irgendwie haben sie es geschafft, daß man es in den siebziger Jahren nicht so gemerkt hat, obwohl man es immer merken konnte, selbst wenn sie für Brandt auf die Straße gingen, aber im Alter kommt es dann endgültig raus, daß sie sie alle hassen. Schon immer. Ihr Leben lang. Es hat dann nochmal zwei Stunden gedauert. Ali hat zwischendurch etwas von Frühschicht gemurmelt und ist mittendrin heimgegangen. Ich habe auf Bea gewartet, und als sie so weit war, daß wir fahren konnten, habe ich gesagt, laß mich besser fahren, obwohl ich inzwischen auch dies und das getrunken hatte, aber mit Wasser verdünnt. Sie hat gesagt, geh bloß weg, du bist genau wie die Mutter. Mein Vater hatte die Kürbiskerne vergessen, war bei der etlichsten Zigarette und dem Herzinfarkt näher als je zuvor. Bea wollte selber fahren, obwohl es tatsächlich nicht ging, und im Auto hat sie den Faschismus, die Atombombe, den Rassismus in den Vereinigten Staaten und wo überall sonst auf der ganzen Welt, Arno Schmidt und die Seeräuberjenny, alles das, was wir gelernt hatten in der Schule mit Ausnahme der Unterdrückung der Frau, durcheinandergebracht und montiert, gemischt, neu sortiert und ausgelegt. So hilf mir doch. Aber wer. Selbstmord Suff Unfall und Krebs.

Ich weiß natürlich nicht, wie man bei Ihnen Weihnachten feiert.

Später hat noch A.C. angerufen. Er war auch betrunken, weil bei ihnen auch Weihnachtsabend gewesen war. Seine Mutter hatte ihm zwölf Baumwollhemdchen, zwölf Baumwolljäckchen und sechs bunte Frotteestrampler geschenkt. Jetzt hatten wir vierundzwanzig Hemdchen und vierundzwanzig Jäckchen und zwölf bunte Strampler. Es kam uns etwas viel vor …

… Ich kann Ihnen jetzt nicht so gut erklären, wie es kam, weil ich es selbst nicht verstehe, aber genau im nächsten Moment war mit einmal ein halbes Jahr später. Das kann nicht sein, sagen Sie, und das haben wir auch gedacht, aber dann haben wir auf dem Kalender nachgesehen, und da war es September, das Kind kroch auf dem Boden umher und hatte Zähne bekommen, und wir haben nicht verstanden, wie es gekommen ist, daß die Zeit plötzlich weg war, verschwunden, aufgefressen …

Kurz vor Weihnachten habe ich gesagt, am besten, wir machen gleich noch ein Kind. Einfach eins hinterher. A. C. hat gesagt, nur über meine Leiche. Außerdem hatten wir vergessen, wie es geht. Sicherheitshalber ist er trotzdem ein paar Tage weggefahren und hat einen Freund besucht, der in München wohnte und den er von früher kannte. Oder wen. Gut.

Danach war Weihnachten. Es gab einen Weihnachtsbaum. Bea war aus Paris gekommen. Sie sollte von ihrer Firma nach Tokio geschickt werden, um bei einer Tochterunternehmung mitzumachen, die sie eröffnen würden. Niemand hat mehr nach ihrem Freund gefragt, dafür hat sich herausgestellt, daß meine Eltern außer Amis und Russen und Juden, Araber gab es ja keine, auch Japaner nicht sehr gut leiden konnten, aber Bea hat keinen Krach angefangen, weil es nicht um einen bestimmten Japaner ging, sondern nur um alle Japaner, die zwar diszipliniert und sehr höflich, aber eine bedrohliche Wirtschaftsmacht sind. Ali war schwanger. Sie hat gewartet, bis wir alle beim Essen saßen, und dann hat sie es uns gesagt. Flo kroch wie irre durchs Zimmer und fing gerade an, sich an allem festzuhalten, um auf die Beine zu kommen, so daß ich es fast verpaßt hätte, weil ich die ganze Zeit zusah, daß er möglichst keine Sachen von meinen Eltern kaputtmacht oder etwas auf ihn fällt, die Messing-Stehlampe oder der Baum, und außer dem Baum gab es noch eine Palme. Er war sehr schnell geworden. Ich auch. Ali hat gesagt, übrigens kriege ich auch ein Kind, und mein Vater hat gesagt, das ist ja mal was Neues. Ich war überrascht, weil Ali wegen Flo die schlimmsten Sachen gedacht hatte, und daß sie den Mut jetzt hätte, wo sie vorher geträumt hatte, immer sei irgendwas offen, oder ein Flügel sei ab, aber sie dachte wohl nicht mehr daran. Sie war sehr stolz. Ich habe keine Ahnung, wieso jemand stolz darauf sein kann, aber sie war es wirklich. Sie war so stolz, daß sie beim Gehen die Füße schon watschelig nach außen drehte und nur noch breitbeinig sitzen konnte. Bei jedem Schritt, den sie machte, sank sie mit dem ganzen Körper nach links oder rechts, um das Gewicht zu verteilen. Es war mir schon vorher aufgefallen, aber da dachte ich noch, es ist ein Tick aus dem Krankenhaus, eine Joga-Übung oder was sie dort machen, um die Nachtschichten zu überstehen.

Ali kann nichts dafür, aber Bea ist meine Lieblingsschwester. Und Bea würde nach Tokio gehen.

Meine Mutter hatte etwas in Aspik gemacht, weil die Angehörigen mithelfen müssen, daß nach den Kuren nichts schief- und danebengeht, sie hatten meinem Vater lauter Broschüren für meine Mutter mitgegeben, und tatsächlich hielt sie sich mehr oder weniger an die Spielregeln und Rezepte. Jeden Tag gingen sie schwimmen und endlos im Wald herum. Also gab es diese Sachen in Aspik, weil Gelatine praktisch cholesterinfrei ist, und während des Essens habe ich Flo auf dem Schoß gehabt, damit er nicht doch noch den Baum umreißt. Danach hat meine Mutter ihn genommen und ihm ein Lätzchen um den Hals gebunden. Flo brüllt. Meine Mutter sagt, jetzt kommt die Trotzzeit. Du mußt ihn nicht so verwöhnen. Ich sage, er mag keine Lätzchen. Meine Mutter hat Bananenquark für Flo gemacht und für uns andere Buttermilchstolle. Sie versucht, Flo zu füttern, aber er spuckt und brüllt. Er will den Löffel halten. Meine Mutter gibt ihm den Löffel nicht, weil sie denkt, er sticht ihn sich ins Gesicht, womöglich direkt in die Augen. Oder er pantscht mit dem Quark herum. Sie sagt, willst du wohl lieb sein. Er bäumt sich auf ihrem Schoß mit durchgebogenem Rücken und will nicht lieb sein, sondern sofort den Löffel. Ali sagt, ist der süß, dabei findet sie ihn bloß gräßlich und sieht ihn geekelt an.

Ich sage, keiner wird schöner davon, daß er brüllt wie am Spieß. Mein Vater sagt, laß doch das Kind. Bea ist im Niemandsland. Sie gießt sich von dem Burgunder nach. Sie sagt, ich war vor kurzem in Beaune, weil der Wein aus Beaune ist. Ich sage, ich war vor Jahren einmal in Beaune. Bea sagt, Beaune ist ganz schön. Ansonsten ist die gesamte Provinz verrottet. Flo streckt beide Arme in meine Richtung und brüllt. Ali sagt, irgendwas machst du verkehrt, ich sage, wieso ich, und nehme Flo auf den Schoß, meine Mutter ist still und beleidigt, weil ich dem Kind die Trotzzeit nicht abgewöhne und es keinen Bananenquark ißt. Ihr habt ihn so gern gegessen. Flo versteckt sein Gesicht in meinem Pullover. Ali sagt, was hat er nur; ich glaube, meines wird anders. Ich sage, wie nämlich. Ali scheint zu wissen, wie es geht. Und sie weiß es tatsächlich. Sie weiß es auf eine Art, daß ich meinen Ohren nicht traue. Sie erzählt uns genau, wie es geht, und als sie zwischendrin einmal Luft holen muß, um dann weiterreden zu können, sage ich, mein Gott, Ali, wie kommst du nur auf den Quatsch, weil sie eine Mischung aus Thomas Mann und Rosseau erzählt. Vorletztes letztes Jahrhundert. Es wimmelt in ihrer Erzählung von Hausangestellten und Kinderfrauen, reiner Natürlichkeit und kindheitsgeprüften Sicherheitsmöbeln vom technischen Überwachungsverein. Ohne Ecken und Kanten. Irgendwann ist sie bei Montessori. Sie sagt, du hast ihn doch angemeldet. Ich sage, Flo ist noch viel zu klein, aber sie sagt, man muß sie bei der Geburt spätestens angemeldet haben, sonst kommen sie nicht mehr rein. Ich sage, ich mag mich mit dir nicht streiten, Ali, aber ich fürchte, die Sache ist anders. Und aus Gehässigkeit sage ich, halt doch das Kind mal eben, ich gehe nur rasch aufs Klo, und setzte ihr Flo auf den Schoß. Es ist eine Gemeinheit, weil natürlich kein Mensch je ein Kind anfaßt, der keine Kinder hat, und dann sind sie furchtbar erschrocken und stellen sich ungeschickt an, und sobald man sich ungeschickt anstellt, fängt das Kind erst recht an zu schreien.

Als ich zurückkomme, ist Ali vollgesabbert und angewidert. Flo brüllt bei meiner Mutter weiter. Er bringt sich gerade bei, mit geschlossenem Mund zu brüllen, weil er raushat, daß sie ihm sofort den Löffel reinsteckt, sobald er den Mund aufmacht. Ali lädt uns alle zur Hochzeit ein. Bea sagt, dann bin ich schon nicht mehr da. Mein Vater sagt, und wann kriegen wir den jungen Mann zu Gesicht, aber es ist gar kein junger Mann, sondern ein Fortbildungsleiter. Meine Eltern freuen sich, und dann macht meine Mutter das Licht aus und den Weihnachtsbaum mit den elektrischen Kerzen an, und wir tauschen unsere Geschenke. In diesem Jahr hat mir Ali das Buch von dem Mann geschenkt, der sich ausgedacht hat, als Mutter mußt du einfach bloß gut genug sein. Von meiner Mutter habe ich eine beidhändige Henkeltasse bekommen, einen Altstadtbaukasten und einen handillustrierten seidenen Schal. Von Bea eine Flasche Parfum. Von meinem Vater zweihundert Mark. Danach hat sich Bea mit meinem Vater über die verschiedenen Kreditkartensysteme in den verschiedenen Ländern unterhalten, und bevor das Gespräch wieder auf Ali und ihren Fortbildungsleiter kam und sich womöglich herausstellen würde, daß er Chinese ist und meine Eltern Chinesen nicht mögen, habe ich Flo angezogen und bin mit Bea gegangen. Flo ist im Auto eingeschlafen. Bea hat gesagt, und wie geht es dir, und ich habe gesagt, und dir. Bea hat gesagt, wir könnten ein bißchen herumfahren. Ich habe gesagt, machst du das öfter, und sie hat gesagt, daß sie es manchmal macht. Dann sind wir losgefahren. Als wir zurückkamen, war es Nacht geworden, und Flo wurde langsam wach.

REGINA CARSTENSEN

Im Kreise der Lieben

Onkel Heiner hatte schon immer eine besondere Art zu fragen. Bevorzugt an Örtlichkeiten, die sich am ehesten für Taschendiebereien oder andere Intimitäten eignen. Dunkle Flure also, halb geöffnete Türen oder Waschbecken. Am liebsten stand er breitbeinig und in zeltartigen weissen Ripp-Unterhosen vor dem gusseisernen Wasserhahn in der Küche meiner Großeltern – ein eigenes Badezimmer war damals der pure Luxus – und fragte unvermittelt, als er seine schwarzen Achselhaare mit kaltem Wasser und aufgeschäumter Lux-Seife bearbeitete: »Weißt du den Unterschied zwischen einem Kaninchen und einem Hasen?« Ich war mir nie sicher, ob er mich ansprach, meine Großmutter oder nur mit sich selbst redete.

Jetzt ist Onkel Heiner fünfzig, Junggeselle und wohnt noch immer bei Mutter und Vater. Gut erinnere ich mich noch an seine erste Frage. Damals kam mein Onkel aus der dunklen Diele in das kerzenerleuchtete Wohnzimmer gestürmt, eine Rute in der Hand, mit einem künstlich gewellten Wattebart und notdürftig drapiert in eine Stoffbahn aus rotem Samt. Keiner konnte mich überzeugen, dass es sich bei dem Verkleidungskünstler um den zu dieser Zeit allgegenwärtigen Weihnachtsmann handelte. »Warst du auch immer schön artig?« sprach er mich damals direkt an. Was hätte ich ihm antworten sollen? Ein braves Mädchen war ich nicht. Aber das wollte ich ihm nicht erzählen. Also schwieg ich und wartete ab. Was dann kam, konnte ich nur als weitere Frage ausmachen. »Sicherlich möchtest du auch Geschenke bekommen?« Meine Augen blickten zu meinen Eltern und Großeltern. Sie hatten mich doch gefragt, was ich mir wünschte. Klar, eine Schlummerpuppe, die weinen und lachen kann, und viele Bücher mit Bildern von frechen kleinen Mädchen.

Heute ist wieder das Weihnachtsfest bei meinen Großeltern. Onkel Heiner öffnet mir die Tür. »Warum trägst du deine Zahnspange nicht?«, begrüßt er mich. Kein »Hallo« oder »Fröhliche Weihnachten« ist von ihm zu hören. Immerhin lässt er mich in den schmalen Flur mit der trüben Funzel an der Ecke eintreten. Meine Spangen-Zeit ist längst vorbei, die Zähne sind medizinisch gerichtet, auch mehrere Jungen habe ich ohne den Silberdraht geküsst, mit frei beweglicher Zunge. Seit Jahren will Onkel Heiner das nicht verstehen. Er denkt in ganz anderen Dimensionen. Schon vor seiner Zeit als Weihnachtsmann der Familie. Im beginnenden pubertären Alter ist er beim rasanten Überspringen eines Stacheldrahtzaunes hängen geblieben. Die rostigen Widerhaken sollen sein aufkeimendes Fortpflanzungsorgan gründlich zerrissen haben. Eine grauenhafte Vorstellung. Seitdem wird er von der Familie bemitleidet. An einen Beischlaf mit einer Frau ist nicht zu denken. Nicht einmal mit einer Prostituierten. Und wer kann sich nicht ausmalen, was das bedeutet. Kein Wunder, dass in Onkel Heiners Kopf hin und wieder leichte Anzeichen einer geistigen Verwirrung auftreten.

»Warum hat Willy Brandt keine Briefmarken gesammelt?« Diese Frage meines Onkels ist neu.

Ohne ihn und seine noch immer kräftige Statur zu beachten, zieht es mich in die warme Küche. An dem weißen Holztisch mit der großkarierten Wachsdecke sitzt Cousine Christine. Das aschblonde Haar hat sie zu einem Pferdeschwanz gebunden, das Kinn trotzig vorgestreckt, in der rechten Hand hält sie ein Glas Sherry, aus dem sie eifrig nippt. Die Frage des Onkels interessiert sie nicht. Die Person auch nicht. Sie hat ihn schon früh als Sonderling abgetan.

Meine Großmutter Tick-Tack zieht mich an den Elektroherd. Ich habe sie so genannt, weil in ihrem Wohnzimmer eine laut tickende Standuhr herrscht. Eigentlich heißt sie Maria. Doch die eigenen Kinder rufen sie Oma

Tick-Tack. Die übliche Kittelschürze hat sie gegen ein taubengraues Kleid mit weißen Blüten getauscht. Ein Aquamarin, in Silber gefasst, ziert ihre Brustmitte. Das noch schwarz schimmernde Haar ist zu einem einzigen langen Zopf geflochten und am Hinterkopf schnecken-förmig aufgesteckt. Ich soll aus geriebenen und in einem Geschirrhandtuch ausgedrückten Kartoffeln längliche Klöße kneten. Ein Rezept, das sie aus ihrer polnischen Heimat mitgebracht hat. Im Kopf behalten, denn schrei-ben hat sie nie gelernt. Ich bin Großmutters liebstes Enkel-kind. Sie ist meine liebste Großmutter. Wobei ich nur zwei habe. Großmutter hat dagegen fünf Enkelkinder. Al-les Mädchen. Aber so ganz scheint das nicht mehr zu stimmen. Zwei Tage vor Weihnachten klingelt es an ihrer Haustür im ersten Stock. Eine junge Frau mit dauerge-welltem Haar und einem schäbigen blauen Mantel steht da. Mit zaghafter Stimme stellt sie sich als die Tochter von Onkel Heiner vor. »Ich bin doch hier richtig?« Groß-mutter ist konsterniert. In ihrer Familie haben nur die Männer das Recht zu fragen. Und zudem: Das kann gar nicht angehen, ihr Sohn ein Draufgänger, mit Spass im Bett... Sie hat einzig darüber zu bestimmen, ob Heiner ein ganzer Mann sein darf. Er darf nicht. Wie sollte sie sonst das Vorrecht vertreten können, dieses erwachsene Kind lebenslänglich zu umsorgen? Onkel Heiner gibt vor, sich an nichts zu erinnern. Die neue Enkelin bekommt keine Einladung zum Weihnachtsessen.

Ich halte meine mehlbestäubten Hände unter den Was-serhahn. In dem großen Topf wirbeln die Kartoffelklöße in heissem Wasser zur Oberfläche hoch. Christine schnei-det bedächtig gut durchwachsenen Speck in zentimeterdi-cke Scheiben. Großmutter stellt mit ernst dreinblicken-den Augen die schwere Eisenpfanne auf eine Herdplatte. Großvater kommt in die Küche und lässt sich auf einen hell gelb lackierten Stuhl nieder. Weit weg von Töpfen und Pfannen. Fettspritzer vom ausgelassenen Speck

könnten seinen maßgeschneiderten Anzug mit der drei-
knöpfigen Weste und der kunstvoll angehängten goldenen
Taschenuhr schmutzig machen. Mein Großvater schmun-
zelt listig: »Schenkst du mir einen Kuss?«, höre ich ihn
dann hoffnungsvoll fragen. Es ist ein altes Spiel zwischen
uns und als es begann, war es die Zeit um Weihnachten
und ich seit kurzem in der Schule. Ich hatte meinen Großvater gefragt, was er sich denn von mir zu Weihnachten
wünsche. Ein gemaltes Bild mit dem Christkindlein und
einer Krippe oder eine gebastelte Laterne? Er wollte allein
einen Kuss. Damals saß er auch auf einem Stuhl, befand
sich mit mir fast auf gleicher Höhe und sah darin die
Chance, der Wunsch könne in Erfüllung gehen. Ich wollte
sofort meine Lippen auf seine glattrasierten Wangen
drücken. Vielleicht, weil er so gut nach einer holzig-moosi-
gen Seife roch, vielleicht, weil er nachts sein Glasauge mit
der grau-grünen Iris herausnehmen musste. Sein echtes
Auge hatte er durch einen Steinsplitter verloren. Großmutter Tick-Tack hielt mich jedoch in ihrer abgewetzten
Schürze zurück. »Mit Männern«, gab sie energisch zu verstehen, »muss man umgehen können.« Sie musste es wissen. Sie hatte sich ohne Vorsicht in den einäugigen Mann
verliebt. Er war so stattlich und so unglaublich schön. Zwei
Kinder hatte sie von ihm zur Welt gebracht, bevor er sie
und nicht eine andere Geliebte heiratete. Meine erfahrene
Großmutter gab mir den Rat, nur dann den Kuss zu bewil-
ligen, wenn Großvater bereit sei, fünfzig Pfennige dafür zu
bezahlen. Selbstverständlich im voraus. Hatte ich dann das
Geld in meiner Hand, hielt sie mich davon ab, mein Ver-
sprechen einzulösen. Jetzt sehe ich in sein verlorenes Auge
und liebkose das schlohweiße, noch volle Haar.

Flink holt Großmutter die fertigen Klöße aus dem Wasser. Der Speck ist goldbraun gebraten. Wir tragen das Essen ins Wohnzimmer. Über dem Tisch liegt ein weißes
Damasttuch, das Sonntagsgeschirr mit dem schmalen
Goldrand ist aufgedeckt. Dazwischen sind rote und weiße

Schokoladenkringel verteilt. Eine große Stehlampe gibt warmes Licht. Nahe bei dem frisch abgestaubten Gummibaum steht eine Miniatur-Tanne aus Plastik. Ihre einzige Dekoration ist eine bunt blinkende Lichterkette. Die Familie hat Platz genommen, mit Messer und Gabel werden die gräulichen Klöße geteilt und genussvoll im Fett gewälzt. Großvater erzählt von seinen Fahrradtouren quer durch die Industriegebiete der Stadt. Er sammelt kiloweise Altmetall, um seine Rente aufzubessern. Alles was blitzt, zieht sein einziges Auge magisch an. Früher kam es häufig vor, dass er Schmuckstücke fand, Ringe, Armbänder und Ketten. Meistens aus Gold. Er brachte die Fundsachen nie zur Polizei, vertraute sie eher den Pfandhäusern an. Klar, dass überlegt wurde, ob das hochkarätige Metall noch auf ganz andere Art und Weise in seine Hände gekommen war. »Warum überweist du den Erlös nicht an die SOS-Kinderdörfer?« wirft Onkel Heiner ein. Keiner aus der Familie will darauf eingehen. Mein Vater, bislang stumm auf die Kartoffelklöße konzentriert, wechselt das Thema. Ob ich denn wirklich gerade heute an Weihnachten noch zu Freunden gehen müsse?

Großvater holt den teuren Cognac hervor. Ich aber zurre meinen Mantel fest. Bei Martin treffen sich alle, die keine Familie haben oder einen Abstand von ihr brauchen. Laut tönt die Musik durch die Altbau-Wohnung. Verschwitzte Paare tanzen wild über das knarrende Parkett. Ich bahne mir einen Weg zur Küche, wo sich auch die Tür zur Toilette befindet. Sie ist verschlossen. Ich bleibe in der Nähe. In der Spüle stapelt sich meterhoch schmutziges Geschirr, Golfschläger überkreuzen sich in einer Ecke, über dem Küchenschrank hängt ein ausgestopfter Hirschkopf mit einem gigantischen Geweih, an dem Silber-Lametta und grüne Tannenbaumkugeln prangen. Mein Blick schweift zurück auf die noch immer verschlossene Klo-Tür. Eine Männer-Stimme spricht mich von hinten an: »Was machst du denn hier?«

CHRISTIAN UDE

Stille Nacht

An der Wittelsbacher Brücke steht ein stattliches Jugendstilhaus mit einem stolzen Erker, von dem aus man einen herrlichen Blick auf die Isar und den Nockherberg hat. Alte Münchner kennen dieses Haus am Baldeplatz, weil im Erdgeschoss jahrzehntelang das Eiscafé Ranftl einen legendären Ruf genoss. Man musste Schlange stehen, um hier am Wochenende nach einem Radlausflug an der Isar ein Eis zu bekommen. Die Betreiberin des traditionsreichen Ladens wohnte im Haus ein Stockwerk höher, außerdem lebten da ein sehr altes jüdisches Ehepaar mit der erwachsenen Tochter, ein Lehrer mit Lebensgefährtin, ein Architekt, der das Dachgeschoss selbst ausgebaut hatte, eine studentische Wohngemeinschaft und der türkische Hausmeister mit Familie, der im Haus alles heimlich reparierte, was der neue Hausbesitzer kaputt machen ließ.

Der neue Hausbesitzer, das war der umsatzstärkste bayerische Laborarzt, der sich auf seinem Briefpapier gleich als ganz besonders kultivierter Mensch zu erkennen gab: Dr. med. German Weiß, Laborarzt – Komponist – Schriftsteller. Er wollte das Haus vollständig leer bekommen, um es aufwendig saniert und umgebaut in Eigentumswohnungen aufteilen und mit Riesengewinn weiter verkaufen zu können. Er stand kaum im Grundbuch, da hatte er schon das Eiscafé Ranftl gekündigt und damit eine Altmünchner Tradition zerschlagen. Für gewerbliche Mieter gibt es bekanntlich keinen Schutz. Gleichzeitig häuften sich die Pannen im Hause: Da fehlten plötzlich Ziegel am Dach, so dass es durchregnen konnte. Treppenhausfenster gingen zu Bruch, und der Wind pfiff durch die Gänge. Das Haustürschloss wurde demoliert, die Tür stand einladend offen. Aber das konnte der Türke auf eigene Faust alles wieder in Ordnung bringen.

In der nächsten Runde landete Dr. Weiß den großen juristischen Bluff: Das Haus habe einer Gesellschaft gehört, und er habe nicht das Haus, sondern die Gesellschaft gekauft, so dass der Grundsatz aus dem Bürgerlichen Gesetzbuch, wonach die Mietverträge beim Verkauf eines Hauses weiter gelten, hier keine Anwendung finde; zwischen ihm und den Bewohnern gebe es überhaupt keine vertragliche Beziehung, weshalb sie zur sofortigen Räumung verpflichtet seien...

Die meisten Mieter ließen sich dadurch nicht schrecken, aber die älteren waren um den Schlaf gebracht. Vor allem das jüdische Ehepaar wollte nicht einsehen, dass kein Grund zur Unruhe bestand, wo doch mehrere Rechtsanwälte mit ihrem guten Namen auf dem Briefkopf der Räumungsaufforderung standen. Um dem Spuk ein Ende zu machen, erhob ich für sämtliche Mietparteien Klage mit dem Antrag, das Gericht möge feststellen, dass die Mietverhältnisse unverändert fortbestehen. Wir gewannen in beiden Instanzen, und Dr. Weiß blieb auf stattlichen Prozesskosten sitzen. Doch damit wechselte nur das Feld der Auseinandersetzung. Als nächstes zogen nämlich Penner in eine bereits leer stehende Wohnung im ersten Stock ein, vom Hausbesitzer als persönliche Freunde vorgestellt, die so ungeschickt mit ihrer elektrischen Kochplatte umzugehen wussten, dass der Qualm das ganze Treppenhaus füllte und die alten Mieter der Obergeschosse in Panik versetzt wurden.

Was anschließend geschah, ist durch Zeugenaussagen belegt. Dr. Weiß beauftragte einen gewissen Manfred Huber »mit der Entmietung«. Wiederholte Besuche beim türkischen Hausmeister zu nächtlicher Stunde (wenn dessen Kinder endlich eingeschlafen waren) blieben ohne den gewünschten Erfolg. Dafür erschien in der »Süddeutschen Zeitung« vom 17. 11. 84 unter der Rubrik »Verschiedenes« folgende Annonce:

»Übungsräume für Musiker
Baldeplatz, von Privat
preisgünstig zu vermieten
Telefon...«

Tatsächlich meldeten sich bald verschiedene junge Leute
bei der angegebenen Nummer, unter der Manfred Huber
zu erreichen war, der die gewerblichen Räume im Erdgeschoss, die Wohnung im ersten Stock und Räume unter
dem Dach als Musikübungsräume anbot. Von sich aus be-
tonte er, man könne selbstverständlich auch am Sonntag
üben. Auf die Frage des Rockband-Leaders, ob man auch
an Weihnachten spielen dürfe, antwortete er höflich:
»Hauptsache, dass es aus jeder Ecke heraus und mit voller
Lautstärke tönt.«

Die Mietverträge mit den Musikern wurden mit Wirkung ab 1. Dezember geschlossen. Fast hätte der Vermie-
ter vergessen, überhaupt einen Mietzins zu verlangen, er
war dann aber schnell mit 150 DM für die Wohnung zu
frieden. Ladenräume im Dachgeschoss gingen noch billiger weg.

Nun hätte der Lärmterror losgehen sollen: Rockmusik
aus der ehemaligen Eisdiele, Dixieland im ersten Stock,
New-Wave unterm Dach, das alles bis zum späten Abend
und am Wochenende – und vor allem an Weihnachten, wo
man in ganz München keinen Richter auftreiben kann,
der mit einer einstweiligen Verfügung die lärmenden Mu-
sikanten in die Schranken weisen würde.

Aber es kam anders. Die Mieter des Hauses Wittelsbacher Straße 16 hatten in jenem Jahr besonders stille
Weihnachten. Die Musiker gaben keinen Ton von sich –
denn sie waren gar keine. Die drei »Bandleader« waren in
Wahrheit ein Mitarbeiter meiner Kanzlei, ein Freund und
ein Reporter der »Süddeutschen Zeitung«. Eine Mieterin
war zufällig auf die Anzeige gestoßen und durch die An-
schrift »Baldeplatz« misstrauisch geworden. Sie alar-

mierte mich – und ich schickte die drei Strohmänner vor. In der Silvesterausgabe konnte man ausführlich die Geschichte von Münchens dümmstem »Entmieter« lesen, der nicht einmal durch die Namen der Musikgruppen hellhörig geworden war: »Lodger's Friends« (Mieterfreunde) hieß die Dixieland-Gruppe. Die Rockband firmierte unter dem sinnigen Namen »Eternal Repose«: Ewige Ruhe.

Nachtrag: *Die nächsten Wochen warteten wir vergeblich auf die Kündigung unserer Mietverträge wegen »unterlassener Ruhestörung«. Der professionelle Entmieter, den wir auf so blamable Weise in der Zeitung bloßgestellt hatten, setzte sich ins Ausland ab. Trotzdem mündete die Geschichte nicht in einem Happy-End: Da die Verwahrlosung des Hauses voranschritt und die zermürbenden Verhandlungen und Prozesse kein Ende nehmen wollten, die Abfindungsangebote an die Mieter aber stiegen, entschlossen sich dann doch alle Bewohner, gegen Entschädigungen zwischen 60 000 und 80 000 DM umzuziehen. Dies aber immerhin musste Dr. Weiß bezahlen, weil die Mietvertreibung mit Musik so kläglich misslungen war.*

KONSTANTIN WECKER

Es weihnachtet sehr

Es ist wieder soweit, es weihnachtet sehr.
Die Dekorateure arbeiten schwer,
und große Kinderaugen gaffen
verzückt auf die neuesten Spielzeugwaffen.

Die Stadt ist belagert von Weihnachtsmännern,
vorsorglich gereinigt von Punkern und Pennern,
im letzten Waschgang weichgespült,
daß auch jeder die Reinheit der Liebe erfühlt.

Und weiche Flocken aus künstlichem Schnee
umsäuseln verträumt dein Portemonnaie.

Und draußen, wo wirklich die Kälte wohnt,
wo sich das Christkindgesäusel nicht lohnt,
drunten in den Asylen und Heimen
beginnt wieder das alljährliche Schleimen.

Ja, ja, da warten sie dann, die Alten und Armen,
auf das behördliche Weihnachtserbarmen.
Und obwohl sie eigentlich gar nichts mehr glauben,
haben sie immer noch leuchtende Augen.

Und weiße, gepflegte Politikerhände
beschwören betörend das baldige Ende
einer Not, die schon lang nicht mehr nötig ist,
doch beim Fortgehn schon wieder jeder vergißt.

Und wie nebenbei wird dann noch angetragen,
am Wahltag das richtige Kreuzchen zu schlagen,
damit die wirklich großen Weihnachtsgaben
bei denen bleiben, die sie immer schon haben.

Und eisige Flocken aus rußigem Schnee
brennen weiter Löcher ins Portemonnaie.

Und sie warten und warten, die Alten und Armen,
auf wirkliche Hilfe, auch echtes Erbarmen,
und obwohl sie eigentlich gar nichts mehr glauben,
haben sie immer noch leuchtende Augen.

Es ist wieder so weit, es weihnachtet sehr,
und wir tragen an unsren Geschenken so schwer,
und wir sind ja so jung und so irre gut drauf
und helfen schon mal jemand vom Boden auf.

Und das muß doch genügen, wir zahlen ja Steuern
und wählen doch Männer, die stets was beteuern,
und während wir denen alles glauben,
schleicht sich der Glanz aus unseren Augen.

Und es bläht sich und füllt sich das Portemonnaie,
und in die Taschen der Ärmsten rieselt der Schnee.

Sarah Camp

Baukasten

*Monolog eines Schulungsleiters für vorweihnachtliche
Baukasten-Vertreter*

Grüßgott beinand. Also, ich bin der Udo Müller, ich bin
einen Meter 76 groß und CSU-Mitglied. Ich freue mich,
dass Sie so zahlreich zu unserem Schulungsabend erschienen sind.

Wenn Sie in der nächsten Propagandazeit bei uns mit
dabei sein wollen, dann sollten Sie sich heute Abend ganz
besonders anstrengen, konzentrieren, gelegentlich dann
auch einmal mittun – und je nachdem, wie Sie sich anstel-
len, wird man schaun, wen von Ihnen man überhaupt
brauchen kann. Genieren Sie sich net, stellns Ihnen blöd,
dazu sind wir ja da, fragen Sie mich, wenn Sie etwas nicht

verstanden haben sollten, obwohl, verstehen brauchen Sie eigentlich nicht so viel, denn wenn man oft genug dasselbe anhört, dann kann mans schließlich bei einiger Intelligenz auch wieder von sich geben.

Sie sollen also in der Vorweihnachtszeit erfolgreich Ihren Dr. Wilhelms-Universal-Technik-Baukasten-Stand betreuen. Die Vorweihnachtszeit beginnt am 1. November und endet am 24. Dezember je nach Ladenschluss. Wenn Sie bedenken, dass die Spielzeugbranche in dem genannten Zeitraum den allergrößten Teil ihres Jahresumsatzes erwirtschaftet, so werden Sie es mir nicht verübeln, wenn ich Jesus Christus für den Begründer der Spielzeugindustrie halte.

Die genannte Vorweihnachtszeit zerfällt in die Monate November und Dezember. Im Monat November kommt der Kunde aufgeschlossen zu Ihnen, er will sich nur mal umsehn bzw. unverbindlich beraten lassen, und in diesem Monat schwätzen Sie halt sehr viel. Aber schon, um nicht zu sagen, Gottseidank, sind wir im Dezember, dem Panikmonat: Weihnachten kommt unaufhaltsam näher und näher, der Kunde ist genauso unentschlossen wie im November, er sucht einen Ausweg, und da fällt ihm das wieder ein, was Sie ihm im November eingeschwätzt haben, der Kunde kommt zu Ihnen zurück und kauft Ihnen blindlings Ihr Produkt ab.

So, und jetzt probieren wir mal was aus. Machen Sie doch mal alle die Augen zu! Alle! Auch Sie bitte! So, und jetzt nenne ich Ihnen ganz neutrale Gegenstände aus der Spielzeugbranche, und Sie schaun mal mit Ihrem inneren Auge, welcher Markenartikel Ihnen dazu einfällt, also: Puppe – Eisenbahn – Stofftier – Autorennbahn – Baukasten!!! So, wer von Ihnen hat bei dem Wort Baukasten nicht an Dr. Wilhelms-Universal-Technik-Baukasten gedacht? Bitte mal aufzeigen! Also, das muß noch sehr viel besser werden. Schaun Sie, für uns existiert nur, und nur der Dr. Wilhelm-Universal-Technik-Baukasten und sonst überhaupt nichts!

Nennen Sie mir dem Kunden gegenüber bloß die Konkurrenz nicht, damit betreiben Sie ja nur Werbung für die! Sagen Sie halt lieber, der herkömmliche Metallbaukasten, der übliche Konstruktionsbaukasten, der neuerliche Plastik-Steck-Baukasten, und sonst sagen wir gar nichts.

Vielleicht haben Sie jetzt noch irgendwelche Zweifel, was Ihre Eignung betrifft. Schauns, man kann ja sehr viel lernen, deswegen sind wir ja heut Abend zusammengekommen, aber das gewisse Etwas fürn Verkauf, das hat ma oder ma hats eben nicht. Eine gewisse brutale Natur solltens natürlich schon mitbringen, wir brauchen Leute, die dem Lebenskampf in etwa gewachsen sind, schauns mich an. Und wenn Sie noch nie verkauft haben sollten, dann wirds höchste Zeit, dass Sie diesen Schritt endlich einmal wagen, weil im Leben gibts ja nur die zwei Möglichkeiten, entweder vor oder hinter dem Ladentisch. Dazwischen gibts nur noch so einige unbedeutende Tätigkeiten, z. B. essen oder schlafen, aber da ruhn wir uns ja nur vom Ein- oder vom Verkauf aus, oder wir bereiten uns darauf vor, dass wir dann am nächsten Tag wieder einkaufen oder verkaufen können.

Und jetzt gehen wir doch gleichmal mitten medias in diese rebus hinein. Da hab ich Ihnen was mitgebracht, das ist der Rudi, ein alter Teddybär, sehr alt, sowas möcht ich auch nicht grad abbusseln. Und jetzt erhebt sich natürlich die Frage: Was kann man mit so einem Rudi anfangen? Nicht einmal sitzen kann er, naja. Und hier haben wir noch so ein Exemplar, den Gisbert, brummen tun sie alle zwei nicht, und im großen und ganzen ist das schon sehr, sehr dürftig. Es ist ja nun so: Unsere Kinder können ja nicht ewig Tierpark spielen, solchene Bären sind ja absolut unzeitgemäß, bei uns laufen ja gar keine solchenen Bären mehr herum. Da halten wir uns lieber an die Wirklichkeit, damit unsere Kinder eine entsprechende Einschulung ins Leben erfahren, und wir verwandeln unser Kinderzimmer in eine schöne aktuelle Umgebung. Das heißt zunächst einmal: weg mit diesen Bären!

Wir befinden uns also im Kinderzimmer. Da vorne auf dem Teppich brauchen wir erst mal einen großen, schönen Parkplatz mit sämtlichen Personenkraftwagen, Lastkraftwagen, Motorrädern usw. Links gestalten wir eine schöne interessante Baustelle, da haben wir natürlich unsere Bagger, Kräne, Betonmischer, Pressluftbohrer, und vergessen Sie mir nicht immer die Knetmännchen aus hochwertig multipler Kunststoffknetmasse, die Männchen stellen wir dann an die Pressluftbohrer hin und wenn diese Männchen nach einer gewissen Zeit auseinanderfallen, dann entspricht ja auch das nur der Wirklichkeit. Beim Bett hinten haben wir den Bahnhof und die Hafenanlagen, und jetzt tun Sie auch einmal mit und denken sich selber aus, was es am Bahnhof und am Hafen alles geben könnte. Da am Regal hinauf haben wir noch ein Stückerl unberührte Natur, da lassen wir eine schöne Kabinenbahn hinauf fahren. Das Schöne am Dr. Wilhelms-Universal-Technik-Baukasten ist ja im Gegensatz zu allen anderen Baukästen, dass alles wie echt funktioniert, das fährt ja dann alles hier im Kinderzimmer herum und eröffnet uns die unbegrenzten Möglichkeiten der Technik: Auf und ab und auf und ab und hin und her und hin und her und auf und zu und auf und zu! Und jetzt gehn wir doch mal alle zusammen in dieses phantastische Baukastensystem hinein! Nehmen Sie bitte das Prospektmaterial zur Hand, das Sie auf Ihrem Platz vorgefunden haben, werfen Sie mehr als einen Blick hinein, beachten Sie die Benennungen und die einzelnen Packungsformen, Sie müssen das Zeug ja irgendwann einmal in der richtigen Reihenfolge anbieten können. Warum heißen jetzt wohl die Erstbaukästen mit den Grundbestandteilen Erstbaukästen? Weil sie natürlich zuerst angeschafft werden müssen. Wenn ich etwas motorisieren bzw. elektrisieren will, muss ich ja zunächst einmal etwas dahaben, von nix kommt ja nix.

Bei den Erstbaukästen halten Sie sich an die Altersangaben, die haben wir uns nicht zum Spaß ausgedacht, der ganze Bereich, der mit dem Kind zu tun hat, ist ja heute so wissenschaftlich durchstrukturiert, dass man sich gar keine Vagheiten erlauben darf. Jetzt bringen Sie mir aber bloß diese Altersnummern nicht mit den Bauabschnittsnummern durcheinander, vielmehr entwickeln wir mit Hilfe der Ausbaukästen die einzelnen Bauabschnitte aus den Erstbaukästen heraus. Das Prospektmaterial zeigt Ihnen ein riesiges schönes Koordinatensystem, in das die einzelnen Kästen kinderleicht hineingeordnet werden können. Das ist jetzt vielleicht noch verwirrend, aber letztlich leicht zu merken und im Verkauf sehr hilfreich.

Weil mich die Dame hier vorn so fragend anschaut: In den Ausbaukästen befinden sich sämtliche erforderlichen Hoch- und Ausbauteile, vor allem die Schrauben und Muttern, wir halten uns an Schraube und Mutter als gewissermaßen Vater und Mutter der Technik, die ja auch, wenn ichs jetzt einmal so sagen darf, wie Vater und Mutter ineinander passen. Naja, ein kleiner Scherz wird schon mal erlaubt sein zwischendurch.

In den Ausbaukästen finden Sie das Motorisierungsprogramm, und da achten Sie endlich einmal darauf, dass wir Motoren mit verschiedener Voltzahl haben. Was heißt denn das? Sie empfehlen unbedingt unseren eigenen Trafo mit der Stufenregelung, sonst haben wir doch ständig diese kaputten Motoren im Werk drin. Besonders eindrucksvoll der große Getriebekasten, mit dem Sie vom Schneckengetriebe bis zum Elefantengetriebe alle Getriebeformen herstellen können! Keine Angst vor den Elektro- bzw. Elektronikkästen! Die meisten von Ihnen haben wohl keine Ahnung, was da im einzelnen drin ist. Aber den einen oder anderen Fachausdruck kann man sich merken und ansonsten geben Sie einfach dem betroffenen Vater das zugehörige Modellbuch in die Hand. Der wird kaum die Schneid haben, dass er Ihnen gegenüber das zugibt, dass er auch nicht weiß, was das bedeuten soll.

Verkaufstechnisch ganz entscheidend ist ferner das

Kindergartenprogramm, für diese primitive Gestaltungsebene erzählen Sie halt den Eltern was von Intelligenzförderung, Kreativität usw., da muss ich, glaub ich, nichts weiter dazu sagen, das weiß heute ein jeder. Warum verkaufstechnisch so entscheidend? Schaun Sie, je mehr bereits für das Vorschulkind in den Dr. Wilhelms-Universal-Technik-Baukasten investiert worden ist, um so schwerer fällt es dann später den Eltern, dass sie dann noch einmal in ein System der Konkurrenz überwechseln. Also in Zukunft diese Kästen etwas stärker forcieren, bittschön. Sie können ja gegenüber den Eltern darauf hinweisen, was übrigens auch stimmt, dass man alle Bauteile später weiterverwenden kann, in der Wirklichkeit ist das ja auch nicht anders: Sogar im allermodernsten Atomkraftwerk kommt ja gelegentlich noch so ein behauener Stein vor, was ja letztlich auch schon auf die Steinzeit zurückgeht.

Und weil wir schon dauernd vom Atom reden: Schaun Sie, wenn die Motorisierung schon so weit fortgeschritten ist, dann wird natürlich der heimische Energiehaushalt schon enorm belastet. Sie müssen ja bedenken, dass ich mich im Rahmen des Elektronikprogramms mit Hilfe des neuen Netzschaltgeräts in den Staubsauger, in den Elektromixer hineinschalten kann, und da ist es dann schon empfehlenswert, wenn dann ab einem gewissen Bauabschnitt für jedes Kind eine eigene Energiequelle erschlossen wird. Also ein herkömmliches Kernkraftwerk kann recht schön in der Küche untergebracht werden, weil ja im Kinderzimmer schon alles voll ist. Wenn allerdings der Kasten mit dem Schnellen Brüter eingekauft werden soll, dann sollten Sie es den Eltern schon nahelegen, dass sie sich wenigstens ein Vorgärtchen zulegen, der Schnelle Brüter soll z. B. nicht gerade im Elternschlafzimmer untergebracht werden, er verträgt größere Erschütterungen sehr sehr schlecht. Seien Sie vorsichtig mit der Sicherungs- und Entsorgungstechnik, die verkauft sich nicht besonders gut, es ist ja ganz klar, dass die Eltern, wenn sie schon soviel

Geld für die einzelnen Anlagen ausgegeben haben, sich nicht auch noch mit Entsorgungsproblemen belasten wollen. Und in gewisser Weise ist es ja für uns sowieso besser, wenn das ganze Thema gar nicht erst so breitgetreten wird.

Im Atombauabschnitt können dann selbstverständlich auch die Atom-U-Boote ausgerüstet werden, die je nachdem die Badewanne bzw. den elterlichen Swimmingpool bereichern, und das darf ich einmal klar und deutlich dazu sagen, dass wir ab einem gewissen Bauabschnitt voll mit der Waffentechnik einsteigen. Das ist uns ja von der Presse teilweise zum Vorwurf gemacht worden, und auch die Konkurrenz hat versucht, uns daraus einen Strick zu drehen, dass wir da nicht konsequent sind und im Bereich der konventionellen Mechanik waffentechnisch gar nichts anbieten. Aber es ist ja so: Das Kind kann seine einfachen Raupenfahrzeuge in Panzer umfunktionieren, wenn es unbedingt will, und zum anderen sind eben die herkömmlichen Waffensysteme nur noch teilweise hie und da einzusetzen und dementsprechend ist der Spiel- und Lernwert sehr gering.

Eine natürliche Fortsetzung finden die Atomkästen schließlich in den sogenannten Space-Kästen. Die enthalten die gesamte Raumfahrt sowie die entsprechende Raketenausrüstung, und das sehen Sie jetzt schon selber, dass ohne Space-Kasten so ein Atomkasten verteidigungstechnisch so gut wie wertlos ist, und wir sehen auch, dass die friedliche bzw. die kriegerische Nutzung unserer Kästen kaum auseinanderzuhalten ist. So können mit der Raketenausrüstung der Space-Kästen mühelos Sprengköpfe bis zu einer Reichweite von etwa 50 Metern in die Nachbarsgärten hineingeschossen werden, die erforderlichen Abschirmanlagen werden natürlich mitgeliefert. Aber da lassen Sie sich mal keine grauen Haare wachsen, dafür sind ja immer noch die Eltern da.

Für die ganz Fortgeschrittenen gibts dann noch den Ufo-Kasten, das ist unser kompliziertester und anspruchsvollster Kasten, denn hier sollen ja Modelle nachgebaut werden, die es überhaupt nicht gibt. Und jetzt denken wir ausnahmsweise kurz zurück an den schönen neuen Kasten mit den Knetmännchen aus der hochmultiplen variablen Kunststoffknetmasse, gerade die Knetmännchen lassen sich im Bauabschnitt Ufo sehr schön als grüne Männchen einsetzen.

Gibts bis dahin Fragen? Nein? Fragen Sie nicht den Nachbarn oder die Nachbarin, die wissens auch nicht besser. Braucht jemand eine Kaffeepause? Nein? So einen konzentrierten Schulungsabend hab ich noch selten gehabt, das muss ich schon sagen. Gut, wenn Sie noch einigermaßen fit sind, dann gehn wir gleich in das eigentliche Verkaufsgespräch hinein. Wer will, kann sich ja zwischendurch am Getränkeautomaten bedienen.

Also der Kunde schleicht sich so schief an den Stand heran, da sieht er die schönsten Modelle und Lichter usw., das bewegt sich alles so schön, aber kaufen will er natürlich nichts, dem Kunden ist es ja wurscht, was aus unserer Wirtschaft wird, nicht. Also der Kunde schleicht sich neugierig heran, er will bloß mal schaun, und da kommt es jetzt darauf an, dass Sie den Kunden gleich in das eigentliche Verkaufsgespräch hineinziehn. Und was sagen wir am Anfang? »Grüßgott!«, natürlich. Und dann sagen Sie etwas Nettes, z. B. »Kann ich Ihnen helfen?« oder »Aha, Sie interessieren sich also für den Dr. Wilhelms-Universal-Technik-Baukasten?« Und dann, ganz wichtig, erfragen wir, welche Kästen bereits angeschafft worden sind und wie alt das Kind eigentlich ist. Also:

»Grüßgott, kann ich Ihnen helfen, haben Sie schon mal einen Dr. Wilhelms-Universal-Technik-Baukasten gekauft und wie alt ist denn das Kind überhaupt?«

Und dann entwickelt sich das eigentliche Verkaufsgespräch, und da kommen wir dann nicht um den Punkt herum, wo wir dem Kunden schließlich einen Preis nennen müssen. Und da ist der Kunde vorübergehend verschwunden, Sie müssen aber nicht glauben, dass der so schnell in den Aufzug hineingeflüchtet ist, der liegt nur flach vor Ihrem Stand und erholt sich erst mal von dem Schock. Diese Situation überspielen Sie sehr elegant und kommen schließlich zu dem Punkt, wo Sie den Kunden eindringlich fragen: »Ja, wollen Sie jetzt den Kasten oder wollen Sie ihn nicht?«

Vor allem, wenn wir uns schon im Dezember befinden, dann schaun Sie doch, dass das Gespräch auch im eigentlichen Verkauf seinen Abschluss findet. Und dann hab ich noch was vergessen. Wieviele von Ihnen haben denn noch nie in einem großen Warenhaus gearbeitet? Bitte mal aufzeigen! Aha, das sind also doch die allermeisten. Unsere Top-Verkäufer tun wir natürlich in die Fachgeschäfte, meinen Spezi Hundsnurscher z. B., der hat Jahr für Jahr die größten Umsätze, und für die allermeisten von Ihnen kommen dann wohl die großen Warenhäuser in Frage. Da müssen Sie sich schon innerlich darauf vorbereiten, ich seh unter Ihnen mehrere Brillenträger, als wenn Sie so aus dem arbeitslosen Akademikerstand in die Propaganda hineinkommen und noch nie was Gescheites gearbeitet haben, wir zahlen unsere Provision ja auch nicht für nix. Nehmen Sie sich an den Stand solche Reinigungstüchelchen mit, auf die Toilette sollen Sie nicht gehn, Sie können ja Ihren Stand nicht allein lassen, und der ganze Staub fängt sich natürlich in den Verpackungen. Hängen Sie ein kleines Plastiksäckchen innen an den Stand, da tun Sie diverse Krabbeltiere hinein, laufen Sie mir nicht mit diesen Viechern schreiend durch die Kundschaft durch, das macht einen sehr schlechten Eindruck. Daneben stellen Sie sich eine Milch hin oder sonst was Nahrhaftes, aber keinen Schnaps! Also wenn wir Sie da erwischen, wie Sie da so über Ihren Stand hängen! Ist leider alles schon vorgekommen, dann fliegen Sie natürlich sofort. Nehmen Sie sich etwas Kräftiges zum Essen mit, es ist ja Ihr eigenes Risiko, wenn Sie zum Essen weggehen, der Kunde, der fast zum Space-Kasten entschlossen ist, der kommt immer in der Mittagszeit. Und am Stand selber tun Sie mir nicht nasenbohren oder noch was Schlimmeres, die Stände sind ja in der Regel hinten offen, von der Rolltreppe aus können Kinder und Eltern den ganzen Tag Ihren Arbeitsplatz einsehen, also denken Sie daran, dass Sie auch mit Ihrem Hinterteil unsere Firma repräsentieren.

Dann muss ich noch was zur Auswahl der Kundschaft sagen, das müssen Sie auch noch lernen, dass es sich nicht bei jedem Kunden lohnt, so ein zeitraubendes Verkaufsgespräch anzufangen. Wir sind keine Sozialstation! Vermeiden Sie es, dass an Ihrem Stand lauter so ärmlich gekleidete Leute herumlungern, die bloß nach der Arbeit eine Ansprache wollen und Ihnen natürlich nie etwas abkaufen. Die vielen ausländischen Arbeitnehmer, die in der Vorweihnachtszeit in die Kaufhäuser hineinschwärmen und für ihre unzähligen Kinder so ein Geschenk ergattern möchten, die fühlen sich natürlich von unseren beweglichen technischen Dingen sehr angezogen, aber ich sage Ihnen das aus unserer gemeinsamen Erfahrung heraus: Es kommt bei solchen Leuten nie zu einem Kauf. Fallen Sie auf das vorgetäuschte Interesse nicht herein und gestalten Sie das Gespräch möglichst kurz. Sie brauchen nur aus dem Stand herauszuschreien: »Atomkasten 780 Mark!«, dann ist diese angebliche Kundschaft sofort wie vom Erdboden verschluckt.

Dann haben Sie natürlich das Problem mit den Kindern. Also Kinder sind häufig recht dankbare Kunden. Die kaufen zwar selber nicht soviel ein vom Taschengeld, aber wenn Sie mit dem richtigen Kind ein schönes Verkaufsgespräch durchziehen, dann kann es gar nicht ausbleiben, dass Ihnen das Kind nach einer Viertelstunde die Mutter aus der Lebensmittelabteilung anschleppt, und das Kind wird nicht lockerlassen, bis die entsprechenden Kästen eingekauft worden sind. Es gibt natürlich auch Mütter, die an Weihnachten mit Überraschungen aufwarten wollen. In diesem Fall können Sie ja, wenn mit dem Kind der Verkauf schon durchgesprochen ist, in Anwesenheit der Mutter etwas Neckisches einfließen lassen, z. B.:

»Warst du denn auch brav genug, dass dir das Christkindl sowas Schönes bringt? Ich glaub, für den großen Getriebekasten hättest schon noch etwas braver sein müssen.«

Und dann schicken Sie das Kind hinüber in die Abteilung, und während es verständnisvoll grinsend auf die Plastikautos lossteuert, wickeln Sie mit der Mutter in aller Ruhe das Geschäft ab.

Es gibt natürlich auch die Möglichkeit, dass Sie die Kinder von der Kaufhausware rundherum abziehen und an Ihren Stand herüberziehen, da müssen Sie aber sehr raffiniert sein. Schaun Sie, die Kinder fahren die Rolltreppe herauf in die Spielwarenabteilung und stürzen sich in diese ganzen Teddybären, Puppenhäuser, Kaufläden, Autorennbahnen hinein. Und die Eltern können an der Reaktion der Kinder erkennen, was zu Weihnachten angeschafft werden soll. Nehmen wir an, wir haben da ein kleines Mädchen, es ist vier Jahre alt und soll zum ersten Mal ein Dreirad bekommen. Da sitzt es jetzt auf dem Radl drauf und weiß nicht, wie es schauen soll. Die Eltern diskutieren, wann das Mädchen aus dem Radl herausgewachsen sein wird, Verkäuferin ist natürlich weit und breit keine zu sehen, und allmählich gefällt der Kleinen das Radl immer besser, weil es nämlich eine Hupe hat. Und irgendwann kommt der Moment, wo das Kind von dem Radl wieder runter muss, weil die Eltern auch noch was anderes vorhaben, und was sagt da das Kind? Es sagt nichts, es brüllt vielmehr. Und das könnte der Moment sein, wo Sie mit einem bunten Prospekt oder einem Knetmännchen wunderbar eingreifen können. Wenn sich allerdings ein Kind direkt von der Rolltreppe aus in die Bären hineinstürzt und nur noch »Bärli, Bärli!« schreit, dann halten Sie sich zurück und lächeln ein bißchen aus dem Stand heraus, da können Sie absolut nichts machen.

In jedem Einzelfall wird von Ihnen das richtige Gespür verlangt, ob und wie Sie verkaufstechnisch richtig eingreifen. Es gibt Kinder, die haben schon alles, und andere, die wissen genau, was sie wollen, und wieder andere, die wissen überhaupt nicht, was sie wollen. Nach Schulschluss brechen Kindercliquen mit schweren Skistiefeln und giftgrünen Skimützen in die Kaufhäuser ein, nur um ihren Freunden zu zeigen, was sie schon haben. Andere kommen von selber an Ihren Stand und fragen nach den Preisen, die möchten nur wissen, was ihr Weihnachtsgeschenk kostet. Was sie zum Geburtstag kriegen, wissen sie auch schon und welche Oma wieviel bezahlt, und wenn das Kind katholisch wäre und auch noch Namenstag hätte, dann wäre das Atomprogramm längst komplett. Und wieder ein anderes Kind wird von den Großeltern an den Stand geschleppt, schaut sich lustlos die Bauteile an und lässt sich schließlich den Erstbaukasten schenken, damit die Großeltern endlich eine Ruhe geben.

Zum Abschluss der Kinderfrage möchte ich Sie noch auf ein wichtiges Problem hinweisen. Wir haben uns ja als ausgesprochenes Bubenspielzeug auf dem Markt eingeführt, und für uns würde es außerordentlich gefährlich werden, wenn wir dieses Image aufweichen würden. Andererseits können wir uns nicht die ganze weibliche Kundschaft entgehen lassen. Sprechen Sie ruhig die Mädchen auch immer ein bisschen mit an, wir leben ja im Zeitalter der Emanzipation, sagt man, da brauchen die Mädchen auch eine gewisse Einübung in die technischen Vorgänge. Wenn wir demnächst alle miteinander in die Luft fliegen würden, dann sollten die Frauen nicht wieder sagen könne, das hätten alles allein die Mannsbilder verbrochen.

Dann gehen wir jetzt in das eigentliche Verkaufsgespräch hinein, da bitte ich Sie alle um Ihre Mitwirkung. Sie kommen alle mal dran, das müssen Sie ja später können. Da möcht ich gleich mal jemand zu mir heraufbitten, Sie brauchen sich nicht hinter dem Nachbarn zu verstecken, es ist nur zu Ihrem eigenen Besten. Wie wärs mit der jungen Dame hier? Sie wollen doch auch verkaufen lernen! Wie heißen Sie denn? Wie bitte? Ein bisschen lauter, wenn's geht! Wenn Sie so stumm sind, dann können wir Sie natürlich nicht brauchen, wir sind kein Rehabilitationszentrum, nicht. Gut, Sie sind noch zu schüchtern, dann helfen wir eben alle zusammen. Ich demonstriere Ihnen die wichtigsten Verkaufsargumente. Und Sie alle spielen jetzt die ganze unangenehme Kundschaft, und damit Sie es etwas leichter haben, hab ich Ihnen einige Einwände zusammengestellt, die von den Kunden häufig vorgebracht werden. Bitte schauen Sie in Ihr Material hinein, da finden Sie auf Blatt 5, Rückseite die durchnummerierten Kundeneinwände. Also, ich sage:

»Grüßgott! Kann ich Ihnen helfen?« Jetzt lesen wir laut die Nummer 1! Alle zusammen:

»In dem Kasten ist ja überhaupt nichts drin!«

Jetzt passen Sie auf! Merken Sie sich, was sie am besten antworten sollten: »Gnädige Frau, da haben Sie sich von der sorgfältig ausgeklügelten pädagogischen Anordnung der Bauteile in dem schönen Sortierkasten täuschen lassen. Das ist der Kindergartenkasten für den Vierjährigen, und in diesem Alter ist es natürlich außerordentlich wichtig, dass eben von der konstruktiven Anordnung der Bauteile ein gewisser Bauanreiz auf das Kind ausstrahlt. Das wäre uns allerdings billiger gekommen, wenn wir ohne alle Tests das Material bis zum Deckel hin einfach so hineingeschmissen hätten. Aber es kommt eben nicht nur auf die Quantität, sondern auch auf die Qualität an, und außerdem, sind wir doch mal ehrlich, wenn Sie, gnädige Frau, Ihr Schlafzimmer schön aufräumen, dann sieht es auch viel leerer aus, als wenn Sie einfach alles herumschmeißen.« Einwand Nummer 2 bitte und alle zusammen:

»Für uns lohnt sich das gar nicht, dass wir noch weitere Kästen dazukaufen, der baut jetzt noch vielleicht zwei

Jahre und dann steht das alles herum.« Sehr gut, das Lesen geht schon gut, aber was antworten Sie jetzt? Natürlich folgendes:

»Da kann ich Ihnen leider überhaupt nicht Recht geben, unser System wächst ja mit dem Kind mit, und es wird auf jeden Fall weiterbaun, vorausgesetzt, dass Sie eben mit der Anschaffung weiterer Kästen einen altersgemäßen Bauanreiz bieten. Wenn Sie jetzt nichts mehr dazukaufen, dann hat der Bub in kurzer Zeit alle Möglichkeiten durch und es wird ihm langweilig, dann brauchen Sie sich nicht zu wundern. Unser System ist im Gegenteil für die lebenslängliche Benutzung konstruiert worden, der Erwachsene kann mit Hilfe der entsprechenden Modellbücher weiter experimentieren, und schaun Sie, was der Bub dann für ein schönes Hobby hat, wenn er mal ins Pensionistenalter kommt, er kann dann als Rentner seinen Schrebergarten mit den entsprechenden Windmühlen und Wasserkraftwerken verschönern. Und falls der Baukasten überhaupt nicht mehr benutzt werden kann, weil das Kind z. B. verstorben ist, dann können Sie sich weitere Kinder anschaffen, oder Sie können das System als Kapitalanlage betrachten und beleihen wie ein Auto oder ein Grundstück.«

Grüßgott! Kann ich Ihnen helfen? Ich komme zum Einwand Nummer 3, es liest die Dame hinten links:

»Ich bin eigentlich ganz gegen diese Technik, ich möchte lieber etwas Kreatives anschaffen zum Modellieren und so!«

»Da bin ich ganz Ihrer Meinung, gnädige Frau, immer diese Technik, die verschandelt ja unsere ganze Umwelt. Aber da hätten wir unseren schönen Kasten mit den multivariablen Knetmännchen, da kann sich das Kind für jede Spielsituation seine schönen Männchen selbst kneten, und dann kann es natürlich nicht ausbleiben, dass diese Männchen auch einmal ein Auto brauchen, dann können Sie ja immer noch mit dem eigentlichen Baukasten anfangen.«

Grüßgott! Kann ich Ihnen helfen, Nummer 4 bitte!

»Unser Kleiner baut überhaupt nicht, wir haben ja schon so viele verschiedene Baukästen angeschafft, und ständig haben wir die kleinen Teile, die Schrauben und so im Staubsauger drin, und die Bausteine liegen unterm Schrank herum.«

»So? Unterm Schrank herum? Im Staubsauger drin? Er baut überhaupt nicht? Also ich glaub, für dieses Problem bin ich nicht zuständig. Haben Sie schon mal mit dem Lehrer gesprochen oder mit dem Psychiater wenigstens? Bei einer so anormalen Entwicklung sollten Sie dann vielleicht doch an die Sonderschule denken. Da brauchen Sie zu mir gar nicht herkommen, wenn Sie schon so idiotische Kinder haben. Verflucht nochmal, kann ich Ihnen helfen...«

Ach so, entschuldigens mich, jetzt bin ich ein bisschen laut geworden, aber da könnt ich mich jedesmal aufregen, also wir kommen zur Nummer 5, der Herr direkt vor mir in der dritten Reihe bitte vorlesen:

»Glauben Sie, dass mein Sohn mit diesem Kraftmessungslichtschaltungsspulenrelaiszeitrafferbausteinkombinationstester schon was anfangen kann?«

»Ja, fragen Sie doch nicht so blöd, woher soll denn ich das wissen? Nehmen Sie mal das Anleitungsbuch zum Elektronikprogramm in die Hand und schlagen Sie das nach! Was soll denn bloß aus diesen Kindern werden, wenn sie schon solchene Eltern haben!«

Haben Sie sich alles gemerkt, was Sie grade von mir gelernt haben? Glauben Sie nicht, dass das alles so einfach ist. Sie stehen an Ihrem Stand herum, haben nichts zu tun, ordnen Ihre Kästen um und um, legen Ihre Prospekte ein bisschen nett aus, Sie schauen niemals armselig aus dem Stand heraus, sondern beschäftigen sich immer irgendwie sinnvoll, also immer schön ordnen! Dann kommt ein Mann daher, der will wissen, wo es Autoradios gibt, der nächste hat Zahnschmerzen, und eine Oma hat was im

Fernsehen gesehn, solchene Dinger, nein, die Kinder haben es gesehn und das wollen sie jetzt haben, die Dinger schmeisst man ins Wasser hinein und dann kommen irgendwelche Tiere heraus... da gehört schon was dazu, dass Sie auch nur einen einzigen Kasten verkaufen. Ich bin noch nicht zufrieden mit Ihnen allen, Sie lachen ständig und schwätzen mit der Nachbarin, keinen seh ich was mitschreiben, Sie haben noch gar nicht kapiert, wie ernst das mit dem Verkauf in Wirklichkeit ist.

Schaun Sie, die armen Eltern, die zerbrechen sich den Kopf darüber, was sie ihren Kindern kaufen sollen, damit die einigermaßen zufrieden sind, kein Spiel traun sie sich kaufen, weil die Kinder das vielleicht nicht mögen. Und wenn man erst mit so einem Kind weitschichtiger verwandt ist, dann weiß man ja überhaupt nicht, was es schon alles hat und was es überhaupt braucht, all das Planen und Kopfzerbrechen, das man heute aufwenden muss, um so einem Kind eine Freude zu machen. Und wenn man schließlich so ein Trum erstanden hat, dann wird es schön eingepackt, und das Kind packt unterm Weihnachtsbaum alles wieder aus, dann kommt der große Juhu-Schrei, und im Vergleich dazu ist dann der Gebrauch aller dieser Waren verhältnismäßig bedeutungslos. Die Hälfte der eingekauften Sachen ist ja am Weihnachtsabend schon kaputt und mit dem Rest wird dann noch ein paar Wochen lustlos herumgespielt. Es ist schon die Tendenz festzustellen, dass im Vergleich zur Benutzung der Einkauf selbst eine immer größere Rolle spielt. Sind wir doch mal ehrlich, bei uns Erwachsenen ist das doch genau so, oder meine Damen? Denken Sie doch mal an die Mode, wie lang Sie da herumtun, bis Sie sich für ein Stück entschieden haben. Aber schon, wenn Sie Ihren neuen Rock z. B. das erste Mal tragen, fällt Ihnen auf, dass die meisten anderen Frauen fast den selben Rock anhaben und schließlich sehen Sie in der U-Bahn schon vier Röcke nach der nächsten Mode, wodurch Ihr neuer Rock praktisch wertlos wird.

Und wieder bewahrheitet sich das Sprichwort: Vorfreude ist die schönste Freude. Jetzt möchten Sie natürlich die beleidigte Leberwurst spielen und sagen sich, dann kauf ich eben überhaupt nichts mehr, aber da haben Sie sich schön geschnitten. Sogar wenn ich schon gestorben bin, müssen für mich noch Waren angeschafft werden in Form von Grab, Stein, Kränzen, Sarg, Blumen usw., und erst wenn keine Angehörigen mehr leben, wenn das Grab eingestampft ist und ich vollständig vergessen bin, dann sehe ich, dass ich tot bin, daran, dass für mich nichts mehr eingekauft werden muss. Das heißt natürlich genauso, dass ich umso lebendiger bin, je mehr ich ausgebe. Solche Rentner und Krüppel, die nur noch rumhocken und keine Sportausrüstung kaufen und keine Kreuzfahrt buchen, die führen eigentlich gar kein menschliches Leben mehr. Es ist ja heute Mode geworden, über den sogenannten Konsum zu meckern. So eine Familie will dann am Sonntag gar nichts ausgeben, die wandern lieber im Wald herum. Aber die Anoraks, Bundhosen, Rucksäcke, die Brote, die verzehrt werden, die Fahrscheine... Je unberührter die Natur ist, in die Sie sich vor dem Konsum flüchten wollen, desto mehr müssen Sie ausgeben, damit Sie da überhaupt hinkommen. Auf dem Mond z. B. kann man schon noch sparen, aber bis man da halt hinkommt. Wenn Sie lieber daheimbleiben, können Sie sich leicht ausrechnen, was da für eine Stromrechnung zusammenkommt, was allein an Kartoffelchips aufgefressen wird und was verraucht wird vor lauter Langeweile.

Wenn wir jetzt eingesehen haben, dass wir etwas kaufen müssen, dann erhebt sich natürlich die Frage, was sollen wir kaufen? Und hier zeigt sich eben der Unterschied zwischen dem primitiven Kunden und dem geübten Kunden. Der primitive Kunde kauft lauter so einzelne Trümmer zusammen, die als Einzelstücke völlig wertlos sind, weil ihnen der entsprechende Rahmen fehlt. Wenn Sie die entsprechenden Pferde nicht anschaffen wollen, dann brauchen Sie den Winnetou gleich gar nicht zu kaufen, der kann ja nicht zu Fuß im Wilden Westen herumhopsen. Der geübte Kunde dagegen kauft nach dem Gesetz der Serie, und das ist das Gesetz unseres Zeitalters überhaupt, deswegen hat man ja die serielle Musik erfunden, und auch unsere Künstler, die fabrizieren ihr Leben lang immer das gleiche, die haben das auch schon mitgekriegt, wie der Hase läuft. Das gilt für jeden, man kauft nur ein Regal, das man später zu einer Schrankwand ausbaun kann. Wenn ich meine neue Schlafzimmereinrichtung plane, dann müssen sämtliche Möbelstücke, Tapeten, Teppiche, Vorhänge, Bettwäsche, Kunstgegenstände, Schlafanzüge und Morgenmäntel eine multivariable Systematik ergeben, nicht wahr, meine Damen! Und weil ich in dem Morgenmantel auch mal ins Bad hinüber muss, stimme ich selbstverständlich auch die Handtücher, Waschlappen, bis hin zur Farbe der Closchüssel, ebenso Seife und Zahnbürste auf die gewählte Systematik ab. Dieses Verhalten, unter dem Namen »Geschmack« bekannt, hat für die Industrie den Vorteil, dass der Kunde nicht ruhen wird, bis die gesamte Einrichtung erneuert worden ist. Heute können Sie ruhig mal nackig herumlaufen, das gilt nicht mehr als geschmacklos, aber wehe Ihnen, wenn der Kopfkissenbezug nicht zum Schlafzimmer passt oder der Plattenspieler nicht zum Radio! Sie sehen selbst, dass ich recht hab und sagen Sie mir bloß nicht, ich würde Ihnen was erzählen, was nicht stimmt.

Und das Non-Plus-Ultra dieses seriellen, systematischen Denkens ist natürlich unser Dr. Wilhelms-Universal-Technik-Baukasten, ganz klar, hier passt eben millimetergenau jedes Teil in das andere, und das einzelne Teil gewinnt eben seine Bedeutung nur aus der Tatsache, dass es in einem großen Ganzen multivariabel eingesetzt werden kann und je nach Kombination tausendfältige Kombinationen übernehmen kann. Das hat für die Eltern und Verwandten einen ungeheuren praktischen Vorteil. Wir haben heute einige Probleme angesprochen, die beim Einkaufen und v. a. beim Schenken entstehen können. Die Systematik unseres Dr. Wilhelms-Universal-Technik-Baukastens löst alle diese Probleme auf einen Schlag und ist insofern eine große Hilfe und Erleichterung für die Menschheit. Wenn das Kind drei Jahre alt geworden ist, bekommt es seinen ersten Dr. Wilhelms-Universal-Technik-Baukasten und so geht das weiter, Weihnachten, Ostern, am Geburtstag, zum Nikolaus... Das angesprochene Kopfzerbrechen entfällt damit völlig, die Eltern wissen automatisch, was sie einkaufen müssen, bloß noch mit den ganzen Omas usw. zusammentelefonieren, wer welchen Kasten übernimmt und das Problem ist geritzt. Damit ist dann der ganze lästige, unsympathische Geschenkrummel auf ein vernünftiges Maß reduziert. Wir lassen uns schon immer wieder was Neues einfallen, so dass die Geschenkideen nicht ausgehen.

Und schließlich haben Sie dann eben nicht irgendwelche Sachen zu Hause wie Kraut und Rüben, sondern eine herrliche Systematik, die letztlich genau so funktioniert wie das Universum selber. In der Natur gibt es ja auch nur so ein paar Grundbestandteile, die man immer wieder anders kombinieren kann, und in einer bestimmten Größenordnung kommt vielleicht irgend so ein Stern heraus, und wenn man die Bauteile anders herum kombiniert, dann gibt das vielleicht einen Lurch, und wenn wir sie wieder anders zusammen tun, kommt vielleicht eine alte Frau heraus oder das Christkind, nachdem es ja schon stark auf Weihnachten zugeht, und im Grunde ist ja die ganze Natur nichts anderes als ein einziger großer schöner Baukasten.

So, und wenn wir uns in der Zwischenzeit nicht mehr sehen sollten, dann wünsche ich Ihnen ein frohes Weihnachtsfest, und v. a. wünsche ich uns und Ihnen und uns allen miteinander, dass wir recht, recht viel verdienen.

KLAUS PETER SCHREINER

Presse oder Häcksler? –
Eine weihnachtliche Werbeveranstaltung

Meine Damen und Herren –
die Tatsache, dass Sie hier und heute zu diesem besinnlichen Tun versammelt sind, lässt mich davon ausgehen,
dass Sie auch sonst am weihnachtlichen Geschehen regen
Anteil nehmen, so dass ich diese kleine Werbeveranstaltung zielgruppenorientiert abhalten und mich kurz fassen
kann.

Wir stehen vor der bedauerlichen Erscheinung, meine
Damen und Herren, dass der alljährliche vorweihnachtliche Konsumstoß zunehmend an Stoßkraft einbüßt. Nach
Fresswelle, Einrichtungswelle, Reisewelle, Bumswelle
und Egotrippwelle droht nun auch die Schenkwelle im
Sande zu verebben – und warum? Weil jeder sich sagt: was
soll ich meinem Nächsten noch schenken – der hat ja
schon alles.

Was dieser törichte Gedankengang für einen verderb-
lichen Einfluss auf Wirtschaft, Wachstum und Arbeits-
plätze ausübt, brauche ich Ihnen nicht auszumalen, und
darum liegt doch nichts näher, als den Gedanken des be-
denkenlosen Schenkens in diesem unserem Lande zu fördern, damit erstens den Konsum anzuheizen, und zweitens mit einer echten Innovation dem Arbeitsmarkt neue
Impulse anzubieten, indem wir Ihnen unsere außerge-
wöhnlich familienfreundlichen Produkte anbieten, auf die
eigentlich kein bundesdeutscher Haushalt mehr verzichten kann. Denn vergessen Sie eines nicht, meine Damen
und Herren: Weihnachtsgeschenke müssen sein, denn wo
kämen wir sonst hin? Auf der anderen Seite gilt: Weihnachtsgeschenke müssen weg, denn wofür muss im nächsten Jahr Platz sein? Für neue Weihnachtsgeschenke. Also
ist die Beseitigung von Weihnachtsgeschenken nicht nur

eine konjunktur-politische Notwendigkeit, sondern auch eine der wichtigsten geistig-moralischen Herausforderungen unserer Tage.

Um nun Ihre Geduld nicht länger auf die Folter zu spannen: als Repräsentant für Süddeutschland der GHGMBW – der Gesellschaft zur Herstellung von Geräten zur maschinellen Beseitigung von Weihnachtsgeschenken mbH & Co. KG biete ich Ihnen an:

erstens: die Weihnachtsgeschenkpresse WGP, auch Gabenquetsche genannt, in den Ausführungen

WGP 1 Standard

WPG 2 Family

WGP 3 Comfort hydraulic

und WGP 4 de luxe universal plus.

Alle Ausführungen als Stand- oder Tischgerät lieferbar.

zweitens: den Weihnachtsgeschenkhäcksler WGH, auch Präsente-Schnitzler genannt, in den Ausführungen

WGH 1 Standard

WGH 2 Family

WGH 3 Comfort electronic

und WGH 4 de luxe universal standard pus, schallgedämpft, mietwohnungsgeeignet, vibrationsfrei und VDE-geprüft.

Beide Geräte, meine Damen und Herren, gehören in jeden Haushalt und ergänzen sich sinnvoll, denn nicht alle Geschenke können auf die gleiche Weise beseitigt werden. Nun werden Sie sich mit Recht fragen: Was gehört in die Geschenk-Presse und was gehört in den Geschenk-Häcksler? Nun – diese Frage ist relativ leicht zu beantworten: alles, was nicht in den Häcksler gehört, gehört in die Presse – und umgekehrt.

Da Sie diese wertvolle Information erheitert, muss ich wohl Ihren Bildungsstand etwas niedriger ansetzen und weiter ausholen.

Alles, was industriell hergestellt wird, zerfällt in zwei Gruppen: anorganische Produkte und organische Produkte – Hardware und Software. Wir von der Gabenbeseitigung haben die simple Faustregel aufgestellt: Hardware gehört in die Presse – Software gehört in den Häcksler.

Was ist nun Hardware? Hardware beispielsweise ist die Stereoanlage, der Videorecorder, die elektrische Eisenbahn, die Patek-Philippe-Armbanduhr, auch der Taschenrechner, das Brillantcollier, das Dampfbügeleisen, der Rosenthal-Weihnachtsteller – ich beschränke mich nur auf eine kleine Auswahl. Alle Hardware, wie gesagt, gehört in die Weihnachtsgeschenkpresse WGP, in der das eingegebene Geschenkgut von Hand oder ab WGP 3 mit Hilfe der Hydraulik zu handlichen Päckchen zusammengedrückt wird, so dass Sie nach erfolgter Pressung mit Recht sagen können: da ist die Luft raus!

Nun zur Software. Software ist alles, was nicht Hardware ist, also: der Nerzmantel, der Teddybär, die Davidoff, der Picasso, die Krokotasche, das Buch – und hier dürfen Sie sich nicht irritieren lassen: auch ein Hardcover ist Software! Aber nicht nur Geschenke sind Software, sondern auch das sogenannte Weihnachtsbegleitgut, also Adventskranz, Weihnachtsgrußkarten, Kerzen, Kalender, Christstollen und last but not least Weihnachtsbaum und Weihnachtsgans. Dies alles schluckt der Weihnachtsgeschenkhäcksler, in den man das Schnittgut von oben einführt, worauf er es mit einem gegenläufigen Messerwerk feinkrümelig verarbeitet, womit eigentlich schon alles gesagt ist.

Sie werden nun fragen: was ist mit dem Flüssiggeschenk? Unter Flüssiggeschenk, meine Damen und Herren, verstehen wir von der Gabenbeseitigung das von einem gläsernen Behältnis umschlossene flüssige Geschenk – Chivas Regal, die Magnumflasche Château Mouton Rothschild zum Beispiel, aber auch die einschlägigen Erzeugnisse der Marke 4711. Wir haben hier also etwas Softes, nämlich die Flüssigkeit, in etwas Hartem, nämlich dem Glas, verpackt. Hier gilt nun, wie auch im Wirtschaftsleben, die Faustregel: Verpackung geht vor Inhalt – also: das Flüssiggeschenk ist Hardware und gehört in die Presse.

Dass dies nicht zum Lachen ist, meine Damen und Herren, werden Sie schon noch merken, denn jetzt kommen wir auf den Punkt: Hardware mit Software kombiniert kann nämlich in der Presse zu ungewöhnlich überraschenden Ergebnissen führen.

Nicht umsonst nämlich – nicht umsonst! – bietet der Einzelhandel für den weihnachtlichen Einkauf Produkte an, die uns hier helfen. Wenn Sie also Ihrem Flüssiggeschenk vor dem Pressen die entsprechende Menge Camelia-Slip-Einlagen oder Pampers mit dem Nässeschutz beifügen, so erhalten Sie als Resultat der Pressung ein garantiert naturtrockenes, aromatisch duftendes Päckchen, das Sie unbesorgt jederzeit nach Polen oder sonst wo in die Dritte Welt verschicken können, womit übrigens auch schon alles über die endgültige Verwertung des gepressten Gutes gesagt ist.

Sie sehen, meine Damen und Herren – unsere Geräte, ob WGP oder WGH in welcher Ausführung auch immer – lösen Ihre Geschenkprobleme reibungslos und umweltfreundlich. Aber wir haben auch weiter gedacht und darum bieten wir Ihnen nicht nur unsere Universalgeräte an – die Sie nebenbei bemerkt nicht unbedingt kaufen müssen, sondern auch leasen können – nein, wir haben auch für den individuellen Bedarf unsere Häcksler-Spezialmodelle entwickelt: Für den Herrn beispielsweise den handlichen und auch im Büro jeder Zeit einsatzfähigen Krawattenkiller, der jeden Schlips in Sekundenschnelle in kleine Schnipsel zerlegt. Ein weiterer Aspekt dieses Geräts: Wenn Sie es mit handelsüblicher Alu-Folie speisen, erhalten Sie ein vorzügliches Lametta.

Für die Dame bieten wir den geräuscharmen Diamanten-Krümler, der jegliches Edelgestein im Handumdrehen zu einer glatteisfreundlichen Streumasse zermampft. Und für das Kind gibt es den sogenannten Barbie-Mixer, der Puppen jeglicher Herkunft unwiderruflich den Garaus macht, und ich darf Ihnen aus Erfahrung versichern, dass man keinem Kind eine größere Freude machen kann, als es miterleben zu lassen, wie seine Luxuspuppe mit einem letzten »Mama«-Schrei, einem letzten Augendeckelklappen und naturgetreuen Urinieren im schallgedämpften Trichter verschwindet und als feuchtkrümelige organische Masse unten wieder herauskommt.

Das ist nun auch schon das Stichwort für die Antwort auf die letzte Frage, die Sie mir wahrscheinlich stellen werden: Was geschieht mit den gehäckselten Geschenken? Nun – sie ergeben, wenn Sie am Schluss auch noch den Weihnachtsbaum durch den Shredder jagen, eine feinkrümelige organische Masse, die sich – gleichmäßig über das Land verteilt – zu einem vorzüglichen Humus entwickelt, auf dem das nächste Weihnachtsfest um so üppiger gedeiht. Ich danke Ihnen!

MICHAEL SKASA

Frohe Weihnacht 1947

Das ist jetzt auch schon wieder lang her und war in der
Zeit, wie man vom Frühjahr bis in den Herbst hinein barfuß zur Volksschule gegangen ist, ein Haferl für die Schul-
speisung im Ranzen und eine Rotzglocke unter der Nase.

Barfußgehen hat man müssen, weil es Schuhsohlen gespart hat, und man hat's auch wollen, weil es schön war,
die harten Lehmstraßen zu spüren, die widerborstigen
Roßbollen, und am Marktplatz, wo sie grad das Asphal-
tieren anfingen, den Teer zwischen den Zehen, der leider
nur noch mit Bimsstein (und üblicherweise mit ein paar
mütterlichen Watschen) abzuwetzen ging. Außerdem
sind alle barfuß gegangen, das war einfach nicht anders.

So war's in der warmen Jahreszeit, damals, gleich nach
dem Weltkrieg, wo's die Lebensmittel nur gegen Marken
gab, fünfzig Gramm Fett und 250 Brot; beim Bauern
schon mal eine erbettelte Milchsuppe und in der Freibank
hin und wieder ein Trumm Fleisch, das halt streng gero-
chen hat, aber für einen Kessel Suppe ein Gewinn war.
1947 wird das gewesen sein.

Wir waren vier, und ich der Jüngste und Kleinste, noch
nicht mal in der Schule, sondern noch im Kindergarten,
wo wir vor zwei Tagen ein sauber gereimtes Krippenspiel
aufgeführt hatten, mit viel Erfolg und heißem Himbeer-
tee, und ich war der heilige Josef.

Jetzt aber war Weihnachten, und zwar ein Weihnachten
aus dem Bilderbuch: Alles voller Schnee, und es schneite
immerzu und aus den Hausdächern kam dicker Rauch,
aber die Dächer waren auch ganz weiß, und weil es noch
keine motorisierten Schneepflüge gab und so gut wie kein
Auto, war alles ein großes Wintermärchen mit Trittpfaden
durch die Gärten und zum Markt hinein.

Unsern Christbaum hatten wir am Abend vorher schon

gestohlen, zusammen mit fünfzig, sechzig Ortskundigen, die auch alle zum Stehlen in der Dämmerung unterwegs waren: Überall schauten Sägen, Hacken, Äxte aus den Rucksäcken und den Kartoffelsäcken, und bei den Heimwärtsstrebenden wippten Tannenzipfel heraus, und man vermied es, sich mit Namen zu grüßen. Übrigens gab es kaum Streit, wenn zwei Parteien zufällig denselben Fichtenschößling ausgespäht hatten. Dann half man sich eben gegenseitig beim Suchen eines zweiten Baums: Es war Weihnachten, vom Krieg hatte jeder genug, jetzt gab man sich friedselig, freute sich auf den Lichterglanz am Baum und in den Kinderaugen – und vor allem aufs Essen und Trinken.

Und dazu bestand durchaus Anlaß. Denn Wochen zuvor schon hatte es in manchen Familien Experimente mit Äpfeln, Mirabellen, Weizenkorn, ja auch mit Kartoffeln gegeben: Unbemerkt von amerikanischen Negersoldaten hatte man Tiegel, Kolben und Bunsenbrenner geliehen und in den Kellern und Waschküchen feine Hausbrände destilliert und auf Flaschen gezogen. Obendrein waren auf obskuren Schleichwegen pappsüße Samosweine aufgetaucht und fürs Fest der Liebe gebunkert worden.

Ging man in den dämmernden Schnee-Abenden vor Weihnachten durch die Gassen der Kleinstadt, so vernahm man mitunter aus Hinterhöfen und von Balkonen herab rasch gedämpftes Quieken, mattes Aufgrunzen und gelegentlich erregtes Schnattern, das nicht von den mehr oder weniger befriedigten Hausfrauen herrührte, sondern von den klammheimlich großgezogenen Gänsen, Kaninchen und Schweinen. Deren private Aufzucht war in den Jahren der Markenzuteilung strengstens verboten. Die Abstecherei, das mit Knüppeln, Messern, Beilen vollzogene Werk der gesetzwidrigen Bratenbereitung, hatte daher in größter Stille zu geschehen. Nachbarn, die dennoch Lunte und Fleisch rochen, sei es, weil das Schwein über ihnen in halbgemetzten Zustand Amok lief, sei's, daß mit

einem Mal Blut von oben die Eisblumenfenster be-
sprengte, diese Nachbarn also wurden mit einem Gänse-
jung oder wenigstens einem Schlag frisch gerührten Bluts
eingebunden in den Festfrieden.

Dem begannen sich nun, am Heiligen Abend, nach und
nach alle im Ort hinzugeben. Es dampften Selchschenkel
und glasige Sauköpfe auf Kraut, es gab morastigpralle
Karpfen, Gänseschmalz und Entenfett und dazu diesen
herrlichen Süßwein, Maisplätzchen, Nüsse. Die Großvä-
ter packten ihre Kartons, randvoll von gierig aufgelesenen
Amikippen, auf den Küchentisch und rollten daraus neue
Zigaretten; dann wurde der Selbstgebrannte ausge-
schenkt, leckte man Fettreste von den Lippen und fiel sich
gerührt und erstmals wieder delikatessengesättigt, beim
Glanz der tropfenden Kerzen am Christbaum, in die
Arme und um die Hälse: Friede, Freude, alles wurde gut!

Zum Dank für so viel Errettung ging nun jeder zur
Christmette, voll Liebe zum Heiland, voll Vergebung jeg-
lichem gegenüber, sogar sich selbst. Der Schnee knirschte
im Mondlicht, die Hände steckten in Kaninchenmuffs, die
Seelen erhoben sich.

Die Kirche wurde voll wie lange nicht mehr. Im Haupt-
schiff standen sie gar dicht bei dicht im Mittelgang, daß
man kaum noch zum Altar vorsah, wo gleich drei Geist-
liche lateinisch beteten und vier Ministranten die Weih-
rauchkessel schwangen.

Wir waren auf die Empore hochgestiegen, von wo aus
man einen prachtvollen Blick auf den glitzerstrahlenden
Altar und die Wohlgeruchsschwaden hatte. Selbst die Empore war übervoll mit zwei-, dreihundert dankbar Singenden und Betenden, Knieenden und wiederum sich Erhe-
benden. Die Liturgie damals war leicht verwirrend, regte
aber den Kreislauf an.

Sangeskünste wie Gedächtniskraft waren nicht sehr
stark, wie das stets bei Gemeindegottesdiensten ist, man
gab sich mehr der stummen, gelegentlich in Bässen mit-

brummenden Versenkung hin, auch hatte man noch einiges zu verdauen oder hing dem Wohlgeschmack des im Hals nachklingenden Kartoffelschnapses nach, so daß es mit dem »Dulci Jubilo« nicht weit her war und das folgende »Es ist ein Ros entsprungen« bald nach der rätselhaften Feststellung »aus Jesse kam die Art« ins Ungenaue abbrummelte.

Ich stand, sehr klein und eingezwängt, zwischen filzigen Mänteln, aus denen Naphtalin, schmelzener Schnee und Moder dampften; vor mir, in Nasenhöhe, die Spitzschnauze eines toten Fuchses mit Glasaugen und Krällchen, vom Nacken der Metzgersfrau hängend wie bei Habsburger Kaisern. Es wurde, obwohl die Kirchen damals in Frost erstarrt waren, mählich warm und stickig, man stand im Schutz der Kriegsgeretteten in feuchter, dicker Atemluft, die sich mit Weihrauch, Schnaps und Stearin zu einer Ursuppe anreicherte und das Gefühl tiefer Geborgenheit im Schoß der Gemeinschaft verlieh. Dürre Gestalten, ausgehungert, abgekämpft, standen sie da, manche den Tränen nah, einige mit dem Umkippen ringend – vor Schwäche? wegen des Alkohols? das ließ sich nicht sagen. Doch alle warteten, süchtig, sehn-süchtig, auf das große Schlußlied der Christmette, das Lied dieses einfachen Landpfarrers und des einfachen Schullehrers. Und da wurde es endlich hoch über Empore und Kirchenschiff auf der Orgel intoniert, und sogleich fielen alle, wirklich alle mit Inbrunst ein: »Stille Nacht, heilige Nacht«, und das Tränenvergießen steckte an, je nachdem mit Trauer oder mit Freude gefüllt: »Alles schläft, einsam wacht.« Und wie dann alle, nach hochheiligem Paar und lockigem Haar, sich emporschwangen zur »himmlischen Ru-huu«, da schoß, genau in diesem vokalreichen Augenblick, zusammen mit dem herausgeschluchzten und in die Höhe gezogenen »Uuhu«, schoß ein kräftiger Strahl Brühe mir über die linke Schulter und klatschte in den Rücken der Metzgerin, und noch ein Strahl drückte nach, breiter gestreut und schlapper diesmal, aber da hatte sich die Metzgerin bereits umgedreht, daß der Fuchskopf flog, und hatte dem Folgestrahl daher ins Auge geblickt, ihren Gesang jäh angehalten und in einen Fluch verwandelt, denn der Strahl war einfach eklig.

Während ich mich noch verwunderte über die Wucht der waagrecht über meine Schulter abgefeuerte Kotzgarbe und – der Mann mußte doch sehr fett gegessen haben – über die zäh bodenwärts rutschende Bescherung auf dem Rücken der Zeternden, wurde abrupt deutlich, daß auch sie, die Metzgerin, den Christabend allzu üppig begangen hatte, denn aus dem eben noch singenden, dann schimpfenden Mund drang jetzt gleichfalls eine scheußlich suppige Masse und machte sich platschend neben mir am Boden breit. Was aber darauf geschah, läßt sich nicht anders denn eine Orgie der Abscheulichkeit nennen, ein Bachanal des Übergebens. So, als sei damit das Signal zu allgemeiner Entleerung gegeben (und man darf nicht vergessen, wie rasch sich die ohnehin dicke Luft mit stechenden Fusel- und Verdauungsäurewolken auflud und wie das optisch Gemeine der Pfützen und Brocken die sowieso strapazierten Magennerven in Wallung versetzte) – nun jedenfalls ging es Schlag auf Schlag, Schwall auf Stoß, es platschte und rieselte, würgte und röhrte: hie schierer Schnaps, da Kürbiskompott, dort Entenstücke, schwarzgeschlachtet, und da nun wieder Fischragouts, unterspickt mit Kuchenbrocken, alles in dunkelgelb-rostbraunen Tönen, schwarzgallig durchflossen.

Es stellte sich rasch als der Weihnachtsstimmung abträglich heraus, daß es so kurz nach Krieg und Hunger schon so viel delikate Viktualien gegeben hatte, wovon sich nun eine zügig wachsende Auswahl auf den Holzdielen der Empore, den Betbänken, Mantelkrägen und Schuhen der Gläubigen in steter Ergießung einfand: alles, alles ward befleckt und bedeckt von illegalen Genußmitteln. Der Gesang, mittlerweile bei der dritten Strophe angelangt, bröckelte mehr und mehr ab, nur drunten im Kirchenschiff jauchzten sie innig »o wie lacht / Lieb aus deinem göttlichen Mund«, als mit einem Mal ein baumlanger Mann ganz vorn eine schauderhafte Garbe aus seinem klaffenden Sängermund im Bogen über die Emporenbrüstung hinabspie, gurgelnd und am Ende wie erlöst bellend.

Mit dem nun etwas gedämpfter von unten hallenden Reim »Da uns schlägt die rettende Stund« verließen jene, die noch zu fliehen kräftig waren, rumpelnd und keuchend die Galerie, alle zugleich strebten sie in die beiden Treppenhausabgänge, wo sie mit starrem Bodenblick und verzweifelten Hüpfbewegungen das Ausrutschen und Hinschlagen, oft genug vergeblich, zu umgehen suchten. Es war wie bei den Heinzelmännchen zu Köln, nur daß die Erbsen hier weichgekocht, ja halb schon verdaut waren.

Draußen dann endlich die klare kalte Luft, die Sterne, der Weihnachtsfriede und das seltsam erschütterte Heimwärtsstapfen durch den weißen Schnee. Nur hie und da hinter uns vereinzeltes, jähes Erbrechen, wie Böller durch die Christnacht, und vor uns, ebenso vereinzelt, sauber auf Schneewächten gesetzt wie Sterntaler, die eine oder andere Mahlzeit vom unlängst verklungenen Heiligen Abend.

GABRIELE BONDY

»Ein Weihnachtsgeschenk von Väterchen Frost«

»Wer ist der Mann auf dem Bild?« fragte ich Frieda. »Welcher?« »Der mit dem Schnurrbart. Ist das Väterchen Frost?« »Das ist Stalin.« »Wohnt der auch hier?« »Nein.« »Wo denn?« »In Moskau«, antwortete sie. »Aha, in Moskau«, sagte ich.

Frieda hatte noch keine Apfelsinen ergattert. Eine Tatsache, die sie nicht ruhen ließ. Es war kurz vor Weihnachten, und sie hatte es sich in den Kopf gesetzt, die »bunten Teller« mit einer Südfrucht zu krönen. Weder im Konsum, noch in der HO war sie fündig geworden – und in den kleinen privaten Läden, die außer schlappen Kohlköpfen wenig anzubieten hatten, schon gar nicht. Frieda fragte routinemäßig in jedem Geschäft, an dem sie vorbeikam, nach Apfelsinen. Meist guckten die Verkäuferinnen missmutig unter ihren weißen Verkäuferinnen-Häubchen hervor. »Apfelsinen, bei uns? Nein, nicht, dass ich wüsste.« Manche brachten immerhin ein gequältes Lächeln zustande oder zuckten einfach hilflos mit den Schultern. Eine Geste, die eigentlich alles sagte... Friedas Fragerei war also wirklich abwegig. Denn hätte es tatsächlich Südfrüchte oder eine andere Mangelware gegeben, dann wäre da eine Schlange von Leuten bis auf die Straße hinaus gestanden, so dass jeder, der vorbeikam, gleich Bescheid gewusst hätte, wirklich, jedes Kind sogar. Und deswegen war mir die Tour mit meiner Großmutter ziemlich peinlich. Sie ließ sich aber nicht abbringen davon. »Es ist ein Spiel. Wollen wir mal wetten, ob wir heute Apfelsinen erwischen oder nicht?« »Nein!« Aber das überhörte sie.

»Was man sich vorgenommen hat, soll man nicht so leicht aufgeben.« Ich nickte. Auf Apfelsinen war ich gar nicht so versessen. Oder musste man das sein, weil sie so selten waren? Wir aßen sogar die Schalen, kleingeschnitten und mit Zucker bestreut, um nichts zu verschwenden. Aber Apfelsinen bedeuteten mehr. Apfelsinen kamen von weither, aus fernen Ländern: Wo sich Palmen im Wind wiegten. Wo es Tiger gab, Elefanten und Zebras. Wo es immer warm war. Wo niemand Kohlenmarken brauchte oder Wintermäntel. Wo man im Meer baden konnte. Apfelsinen waren Glücksbälle. Orangefarbene Verheißungen von anderswo. Sonnenkugeln in unseren Händen. Deshalb wollte sie Frieda unbedingt. Als ein Zeichen. Das begriff ich erst später, viel später. An diesem Tag in der Vorweihnachtszeit jedenfalls nicht. Und sie vielleicht auch nicht, sonst hätte sie mir sicher was gesagt.

Ich tappte mit wenig Begeisterung weiter mit. Was blieb mir anderes übrig? Um mich aufzumuntern, versuchte ich mir auszumalen, was in dem Paket sein könnte, von Onkel Alwin aus dem Westen. Hoffentlich war auch für mich was drin... Letztes Jahr hatte er mir einen winzig kleinen künstlichen Weihnachtsbaum geschickt, mit allem Drum und Dran – bunten Kugeln, roten Kerzen und einer silbrigen Spitze sogar. »Wenn man nicht dran glaubt, wird auch nichts draus«, orakelte Frieda weiter. »Für alles, was du haben willst, musst du kämpfen!« Ihre Augen blitzten. Auf einmal kam sie mir ziemlich fremd vor. Erschrocken griff ich nach ihrer Hand.

»Noch *ein* Geschäft, ja? Dann sind wir alle durch«, ihre Stimme klang erstaunlich munter, für all die Schlappen, die sie heute schon erlitten hatte. Der umgehängte Fuchskragen – aus Friedenszeiten – gab Frieda das Aussehen einer vornehmen Dame. Ich tippelte wie Aschenputtel neben ihr her, mit gesenktem Blick, als gälte es, die Linsen zu finden, die die böse Stiefmutter in die Asche geschüttet hatte... Als wir im Begriff waren, auch den letzten Laden unverrichteter Dinge wieder zu verlassen, hatte die Verkäuferin bereits begonnen, emsig im hintern Teil des Ladens herumzuwirtschaften, als gäbe es da jede Menge Unaufschiebbares zu tun. Ganz unvermittelt rief sie uns nach: »Beim VEB-Backwaren gibt es Dresdner Stollen!« »Danke«, sagte Frieda knapp, »ich backe selber.« Das mit den Genossen, die sich ihretwegen die Zähne ausbeißen könnten an den Stollen vom VEB-Backwaren, hörte außer mir zum Glück keiner. Frieda zischte wie die Schlange im Weihnachtsmärchen. Ihr Unmut galt den »Lügnern in Berlin«, »den Banditen in Moskau«. Und dann ging es gegen den Kommunismus im allgemeinen und die falschen Versprechungen im besonderen. Wer hatte denn Apfelsinen versprochen? Und wo stand das geschrieben? Auf den Spruchbändern jedenfalls nicht, die an allen Ecken und Enden der Stadt hingen und die ich leidenschaftlich studierte, seit ich lesen konnte. Oder war es umgekehrt: konnte ich lesen, weil es überall Aufschriften gab, die es zu entziffern galt? Die Parolen riefen jedenfalls jeden auf, für den Weltfrieden zu kämpfen. Oder sie prophezeiten den Sieg über die Kapitalisten. Um Apfelsinen ging es eigentlich nie. Denn damit hätte ich ja sofort etwas anfangen können, während ich mir das mühsam gemerkte Wort »Kapitalisten« von meinem Onkel, der sich gut auskannte mit »politischen Sachen«, erklären lassen musste. »Kapitalisten«, hatte er erwidert, »sind Leute, die arme Länder ausbeuten, die Menschen dort schlecht behandeln und ihnen ihre Produkte – beispielsweise Kakao, Tabak oder Apfelsinen wegnehmen, um sie teuer zu verkaufen.« Deshalb weigerte er sich standhaft, Schokolade, Zigaretten, Kaffee oder eben Apfelsinen auch nur zu kosten. Denn die kamen schließlich aus dem Westen, von den Kapitalisten also. »Kamel«, sagte Frieda dann immer verächtlich, wenn er weg war. »Was du dich nur aufregst«, knurrte Heinrich aus seinem Sessel heraus, in dem er es sich bei einer Tasse Kaffee aus dem Westen und dem »Eulenspiegel« aus dem Osten gerade gemütlich machen wollte. »Du hättest deiner Tochter ja verbieten können, einen Kommunisten zu heiraten.« »Was heißt denn hier *meine* Tochter? Du warst wohl nicht mit von der Partie?« – Immerhin räumte Frieda gerechtigkeitshalber ein, dass ihr Schwiegersohn wenigstens kein »Hallodri« sei, so wie Heinrich einer gewesen sei, einer also, der viel Geld für Zigarren, Motorräder und Pferderennen ausgegeben habe und seinen Lehrmädchen hinterher gelaufen sei. Jedesmal, wenn ich mir vorstellte, wie mein Großvater mit wehendem weißen Friseurmantel aus dem Laden stürzte, um Lehrmädchen hinterherzulaufen, musste ich laut loslachen. Aber die Zeiten hatten sich ja längst geändert. Von Lehrmädchen konnte keine Rede mehr sein. Wovon hätte er sie auch bezahlen sollen, wenn er für einen Haarschnitt nur 75 Pfennige bekam? Das Motorrad war gestohlen worden. Und die Pferderennen hatten die Kommunisten abgeschafft. Das war nun ausnahmsweise mal in Friedas Sinne... Blieben also nur die Zigarren. »Ein furchtbares Laster«, stöhnte sie, »dieser Gestank!« Und riss sofort irgend ein Fenster sperrangelweit auf.

Leicht konnte es Frieda keiner Recht machen. Mir schon. »Komm, wir gehen zu Weirichs«, schlug sie vor. Und ich hüpfte vor Begeisterung. Weirichs Papierladen war mein Lieblingsgeschäft zu jeder Jahreszeit, und ganz besonders zu Weihnachten. Da verwandelte es sich nämlich in eine glitzernde Zauberhöhle. Sterne aus Goldpapier schwebten von der Decke herab. Selig lächelnde Engel mit echtem Engelshaar hielten winzige Kerzen in ihren durchsichtigen Wachshändchen. Schneebestäubte Glaskugeln baumelten an Tannenzweigen. Und an der Kasse stand ein Korb mit ausgehöhlten vergoldeten Walnüssen, in denen kleine Zettel steckten mit Versen drauf, die Herr Weirich eigenhändig mit grüner Tusche geschrieben hatte. »Eine Heidenarbeit«!«, die ihm aber doch sehr viel Spass machte. Er schenkte mir drei goldene Nüsse und wickelte sie sorgfältig in raschelndes Seidenpapier. Oh, Weihnachten! Ob es schneien würde? Herr Weirich meinte, ja. Seine Frau brachte heißen Holundersaft mit Honig.

Die Apfelsinen hatte ich fast vergessen. Frieda nicht. »Warum gehen Sie nicht ins Russen-Magazin, da gibt es Apfelsinen«, schlug Frau Weirich vor. »Das ist jetzt im Offiziers-Casino in der Stadthalle.« Frieda sagte lahm, dass sie sich das noch überlegen müsse. Ich spitzte die Ohren... Das Russen-Magazin war ein geheimnisumwitterter Ort und das Offiziers-Casino erst recht. Nur selten durften da Deutsche rein. »Und wenn uns die Russen verhaften und nach Sibirien verschleppen?« »Unfug«, fuhr mich Frieda an. Wer hat dir denn das erzählt, so ein Quatsch.

Und sag lieber Sowjets, ja!« Und dann flüsterte sie etwas, was ich nicht verstand...

»Wo hat es eigentlich die Apfelsinen gegeben?« fragte mein Vater neugierig, als am Heiligabend die Bescherung vorüber war. »Na, im Konsum mal nicht...« konterte Heinrich. Ich sah Friedas wütenden Blick. »Ist doch egal, woher sie sind, jedenfalls schmecken sie wunderbar, kleine feste Früchte, zuckersüß.« Vorsichtig hatte meine Mutter eine Apfelsine zerteilt und schob sie mir stückchenweise in den Mund. Tief im Inneren wusste ich ganz genau, wie ich mich in den nächsten Minuten zu verhalten hatte... Und doch, kaum waren die Apfelsinenschnitze verzehrt, sprangen mir die Worte einfach aus dem Mund wie die Kröten im Märchen. Ich konnte sie nicht runterschlucken, diese verflixten Worte: »Von den Russen, aus dem Russen-Magazin haben wir sie!«

Mein Onkel, der Kommunist, legte natürlich sofort los: »Ich höre immer Russen, du meinst wohl die Freunde.« »Ja, sie meint Freunde!« versuchte meine Tante ihn zu beschwichtigen. »Und warum wird hier dann dauernd von Russen geredet?« »Niemand redet dauernd von Russen«, beeilte sich mein anderer Onkel zu sagen.

»Schließlich sind sie nicht freiwillig gekommen!« bemerkte der kommunistische Onkel kühl. »Wir haben den Krieg begonnen. Sie haben uns von den Faschisten befreit. Also sind sie Freunde.« »Ich habe keine Lust auf Nachhilfeunterricht. Und außerdem ist hier niemand blöd«, meinte meine andere Tante spitz. »Das sollen Freunde sein, die uns erst die Apfelsinen, die für uns bestimmt sind, vor der Nase wegschnappen, um sie uns dann teuer zu verkaufen, wenn sie sich satt gegessen haben.« Mein Vater sprach langsam, aber lauter als sonst. Alle guckten erstaunt.

»Ich bestehe darauf, dass sie zumindest als Sowjets bezeichnet werden«, murrte mein Onkel. »Und ich bestehe darauf, dass wir uns vertragen. Russen, Deutsche, Sowjets, Freunde! Ruhe! Am Heiligabend wird nicht gestritten, nicht in diesem Hause. Und damit basta!« Zur Bekräftigung ihrer Worte schlug Frieda mit der flachen Hand auf den Tisch. »Die Apfelsinen sind eben einfach da, ein Weihnachtsgeschenk von Väterchen Frost«, beeilte sich meine Mutter zu sagen. Was natürlich gar nicht stimmte, denn schließlich hatten wir sie ja bezahlt... Aber ich sagte lieber nichts mehr.

Heinrich saß in einer Wolke aus blauem Rauch und schwieg ausnahmsweise. Er hatte eine Flasche vom selbst gemachten Obstwein auf den Tisch gestellt, und Frieda war aufgesprungen, um die Kristallgläser aus der Kredenz zu holen. Alle nahmen einen großen Schluck und ich einen kleinen. Dann rollte ich mich mit Puppe Sonja in eine Sofaecke und bettete sie neben mich. Sonja im nagelneuen Winteranorak aus rotem Popeline, mit einem weißen Pelzstreifen an der Kapuze, den Onkel Alwin geschickt hatte – und dazu noch Puppenkamm, Puppenbürste und Puppenspiegel aus rosa Kunststoff. »So etwas Niedliches!« hatten meine beiden Tanten gerufen und vor Begeisterung in die Hände geklatscht. »Was es nicht alles gibt, im Westen!« Meine Mutter hatte einen kleinen schwarzen Samtbeutel genäht für das Frisierzeug.

Es roch nach Apfelsinen, Weihnachten und Zigarrenrauch... der Streit ebbte allmählich ab. Sacht getragen vom Duft- und Stimmengewoge trieb ich in den Schlaf. Wie Glöckchen klirrten die Gläser, wenn die Erwachsenen sich zuprosteten. Irgendwo wurde »O, du fröhliche...« gespielt. Meine Mutter summte leise mit. Ich spürte ihre Hand auf meiner Stirn, ihre Hand, die kühl war und nach Parfum roch. »Sie schläft«, wisperte sie.

Morgen würde ich ihr vom Russen-Magazin erzählen, und meinem Vater auch. Denn die beiden wollten sicher wissen, wie es dort war... Schwere Vorhänge aus rotem Samt, die Offiziere in Ausgehuniform und blitzblank geputzten schwarzen Stiefeln. Manche trugen Orden an der

Brust. Die Mützen hatten sie unter den Arm geklemmt, und einer, ein ganz junger, lachte übermütig. Eine Frau mit kirschroten Lippen und einem langen schwarzen Seidenkleid sang ein russisches Lied. Es klang sehr traurig.

»Wer ist der Mann auf dem Bild?« fragte ich Frieda im Traum noch einmal. »Welcher?« »Der mit dem schwarzen Schnurrbart. Ist das Väterchen Frost?« »Das ist Stalin.« »Wohnt der auch hier?« »Nein.« »Wo denn?« »In Moskau«, erwiderte sie. »Aha, in Moskau«, sagte ich... Wir waren ganz benebelt vom betäubenden Duft, der über allem schwebte. »Rosenparfum!« sagte Frieda. »Sie machen es aus Rosenblättern, es ist sehr kostbar.«

»Klack, klack, klack...« Die Verkäuferin rechnete den Apfelsinenpreis auf einer Kinderrechenmaschine aus. Blitzschnell sausten die Holzperlen hin und her. So schnell konnte ich kaum gucken.

»Karosch«, hatte sie gesagt, als sie uns die Tüte mit den Apfelsinen über den Ladentisch schob, »karosch...« und dabei schüchtern gelacht.

»Karosch« heißt »gut«, hat Frieda mir zugeflüstert. Und gut waren sie ja wirklich, die Apfelsinen, saftig und zuckersüß – bis in meine Träume hinein.

Doris Dörrie

Die Weihnachtsgans

Ein dürrer Weihnachtsbaum steht vor der Station. Die Krankenschwester, die mich zu meinem Zimmer führt, trägt schwarze Strümpfe und weiße, orthopädische Sandalen. Sie öffnet wortlos die Tür, mein Vater geht als erster hinein, stellt sich ans Fenster, schiebt den Vorhang zur Seite und starrt aus dem Fenster, während ich mich ausziehe. Seine Brille hängt schief auf seiner Nase, ich habe sie ihm zerbrochen, als sie mich ins Auto geschleppt haben. Seine dünnen, langen Haare hängen schlapp und müde über seinen Mantelkragen. Ich flehe ihn an, sie sich endlich abzuschneiden, er sähe mit kurzen Haaren so viel besser aus.

Meine Mutter gibt mir mein Nachthemd. Zwei Zimmer weiter hat Imo gelegen, sagt sie zu niemand Bestimmtem, warum bricht das alles über uns herein? Warum? Kann mir das mal jemand sagen?

Mein Vater antwortet nicht. Er tritt in seinen Cowboystiefeln von einem Bein aufs andere.

Mir ist kalt. Mir ist jetzt immer so kalt. Ich steige ins Bett unter die Decke und lege meine Hände in meine Bauchkuhle wie in eine Schublade. Sie wollen, daß ich einen Bauch bekomme. Sie wollen nichts mehr, als daß ich einen fetten, schwabbeligen Bauch bekomme. Meine Mutter hängt meine Jeans und meinen Pullover über einen Stuhl.

Die Hosenbeine sind kaum breiter als die Ärmel. Darauf bin ich stolz. Das werden sie nie kapieren. Sie wollen, daß ich niemals wieder in diese Jeans passe.

Meine Mutter legt meinem Vater die Hand auf die Schulter. Mensch, sagt er zum Fenster hinaus, soweit sind wir jetzt schon.

Die Schwester schiebt den Tropf ins Zimmer. Meine Mutter nimmt ihren Mantel und ihre Handtasche. Sie beugt sich über mein Bett. Sie riecht nach Chanel No 19. An ihrem Hals ist ein Pickel. In ihren Augen stehen Tränen. Sie überlegt es sich anders und küßt mich nicht.

Sorry, sage ich zu meinem Vater und deute auf seine Brille.

Brillen kann man ersetzen, sagt er. Seine Stimme klingt belegt. Er räuspert sich.

Die Schwester steht neben dem Tropf und wartet. Meine Eltern nicken ihr zu, dann gehen sie.

Die Schwester rollt den Tropf mit der Nährlösung an mein Bett und nimmt meinen Arm wie einen Stock in die

Hand. Und das an Weihnachten, sagt sie kopfschüttelnd, wo es so gute Sachen zu essen gibt.

Wenn mir meine Jeans nicht mehr passen, nehme ich mir das Leben.

Von der Weihnachtsgans mochte ich immer am liebsten das Füllsel: Äpfel mit Nüssen und Rosinen, sie dampften noch, wenn Imo sie aus der Gans herausholte wie aus einer großen Schüssel. Meine Großmutter wurde von allen Imo genannt, seit ich als kleines Kind Omi in Imo verdrehte.

Als kleines Kind. Das ist so weit weg wie der Mond. Als kleines Kind warst du so süß, sagt meine Mutter oft, und dann könnte ich ihr glatt die Fresse polieren.

Die letzte Weihnachtsgans gab es vor zwei Jahren. Danach war nichts mehr wie vorher. Meine Mutter glaubt, daß ich seit Imos Tod nichts mehr esse.

Am Weihnachtsmorgen vor zwei Jahren weckte Imo mich um sieben Uhr früh. Sie trug noch ihr Nachthemd, ein enges, langes, mit Sonnenblumen bedrucktes T-Shirt. Ihr Körper war weich und rund unter dem Stoff, in Imos Umarmungen sank man wie in ein großes Kissen.

Du brauchst nicht aufzustehen, Anna, flüsterte sie.

Ich will aber, sagte ich.

Sie drückte mich, und ich roch den schwachen Lavendelduft ihres Nachthemds. Nichts sträubte sich in mir, wie bei meiner Mutter. Warum? Ich weiß noch, wie ich dachte, warum ertrage ich es nicht, wenn Wally mich umarmt? Warum wird mein Körper unwillkürlich steif wie ein Brett? Warum ertrage ich ihre Haut nicht, ihren Atem, ihr Fleisch? Manchmal gebe ich mir wirklich Mühe, weil ich sehe, wie sehr sie sich danach sehnt, aber es geht nicht. Es geht einfach nicht.

Imo verließ das Zimmer, ich stand auf und stellte mich auf die Waage, noch halb im Schlaf. Ich wog achtzig Gramm weniger als am Vortag. Dieser Tag fing gut an, ohne Schuldgefühle und schlechtes Gewissen. Ich hatte meine eigene Waage mitgebracht, fremden Waagen traue ich nicht. Ich weiß noch genau, wieviel ich wog an dem Tag, an dem Imo mich zum letzten Mal umarmte.

Ich wiege mich jeden Tag. Wenn ich nicht zugenommen habe, trinke ich 0,2 l Milch, exakt abgewogen, mit einem Teelöffel, Schlückchen für Schlückchen. Feste Nahrung esse ich nur noch mit chinesischen Stäbchen, die ich immer dabeihabe, auch hier im Krankenhaus. Ich finde es, ehrlich gesagt, ganz schön, in Lebensgefahr zu sein. Ich fühle mich leicht und elegant. Ich bin zu dünn für diese Welt, ich brauche mich nicht mit ihr abzugeben.

Schämst du dich nicht? fragt mich Ma. Schämst du dich nicht, dich absichtlich zu Tode zu hungern, wenn anderswo die Menschen verhungern?

Ich sehe zu Boden und frage mich, warum sie sich angesichts all des Elends dieser Welt nicht schämt zu essen. Warum schämen sie sich nicht, mir diese Fragen zu stellen?

Ich gehöre schon lange nicht mehr zu ihnen, ich mache sie nur unglücklich.

Wir alle dachten, Imo mache es glücklich, wenn wir Weihnachten bei ihr verbrächten. Wir dachten, wir tun es ihr zuliebe.

Als wir vor zwei Jahren Heiligabend bei meinen Großeltern eintrafen, saßen alle schon in der Küche und sangen Weihnachtslieder, meine Tante Charlotte, mein Onkel Robert, meine kleinen Vettern, selbst meine Kusine Lena.

Damals hatte Lena noch ihre Glatze. Sie schimmerte weiß in der dunklen Küche. Auf den Hinterkopf hatte sie sich eine Spinne tätowieren lassen. Sie verdrehte die Augen, als ich hereinkam und sang Vom Himmel hoch, da komm ich her.

Als ich klein war, konnte man kurz vor der Bescherung aus dem Küchenfenster den Weihnachtsmann hinten durch den Garten auf einem Esel davonreiten sehen.

Knecht Ruprecht führte den Esel, der Weihnachtsmann hatte einen spitzen Hut auf und hielt einen großen leuchtenden Stern in der Hand. Er sah, wenn ich es genau bedenke, eigentlich eher aus wie Nikolaus, aber ich konnte die beiden sowieso nie recht auseinanderhalten.

Ich muß fünf oder sechs gewesen sein, da fand ich im Badezimmer ein wenig Watte unterm Waschbecken, und auf dem Beckenrand lag eine offene Tube Uhu. Ich dachte mir nichts dabei, aber dann, während wir in der Küche die Weihnachtslieder sangen, fiel mir auf, daß Onkel Robert und Alfred, der Bruder von Imo, plötzlich nicht mehr in der Küche waren. Ich erschrak. Ein großes schwarzes Loch tat sich vor mir auf und drohte mich zu verschlucken. Ganz allein auf der Welt war ich mit einem Mal; da nahm Imo Lena und mich an der Hand und führte uns zum Fenster. Mal sehen, sagte sie wie jedes Jahr, ob wir zufällig den Weihnachtsmann entdecken.

Als er dann plötzlich wie immer vorbeikam, sah ich nicht zu ihm, sondern auf Imo. Sie sah aus dem Fenster, die Falten in ihrer Haut sahen aus wie Schlittenspuren im Schnee. Zum ersten Mal in meinem Leben fand ich sie alt.

Oh, sagte ich aus meinem schwarzen Loch heraus zu ihr, da! Guck doch! Der Weihnachtsmann! Und ich sah, wie ein Lächeln über das Gesicht meiner Großmutter wanderte wie ein Lichtstrahl. Sie drückte Lena und mich an sich.

Ja, flüsterte sie, da haben wir aber Glück gehabt. Wir haben ihn tatsächlich gesehen!

Keiner außer Imo hat damals irgendeine Veränderung an mir bemerkt. Ma behauptete später, sie habe alles genau registriert, habe aber nicht mit mir darüber sprechen wollen, um es nicht noch schlimmer zu machen.

An diesem Weihnachten, vor zwei Jahren, bekam ich von ihr einen grünen Angorapullover, und da ich ihr eine Freude machen wollte, zog ich ihn sofort an. Er kratzte. Ich weiß noch, wie ich dort in der Küche saß und mir nicht wohl war in meiner Haut, wie ich mich zwar wunderbar dünn fühlte, stark und schlank, aber auch einsam, weit entfernt von allen anderen, selbst von Imo. Meine ganze Familie saß dort, winzig klein, weit weit weg in der Küche, wie in einem Gehäuse aus Glas. Ich hätte das Gehäuse mit meiner ganzen Familie darin in die Hand nehmen können, um es zu schütteln, und es hätte darin geschneit.

Ich fror, wie ich jetzt immer fror, seit ich kaum noch was aß, und der Angorapullover schabte auf meiner Haut, als sei er aus Roßhaar.

Ich weiß noch, daß meine Großmutter ein elegantes, kaffeebraunes Kleid trug und eine zweireihige Perlenkette, sie hatte sich zur Feier des Tages geschminkt und sah besser aus als alle anderen. Sie wirkte vollkommen eins mit sich, während wir anderen mit dem einen oder anderen Makel behaftet waren. Meine Mutter hatte einen großen roten Pickel am Hals, der sich beim Singen bewegte, direkt über dem Kragen ihres teuren Kostüms. Sie hatte jetzt öfter Pickel durch die Hormonumstellung. Sie erklärte mir, was in ihrem Körper vor sich ging, sie sagte: Für dich fängt jetzt all das an, was für mich aufhört.

Tante Charlotte war zu fett, wie immer. Sie trug ein lila Kostüm, das ihr zu eng war, und eine geblümte Bluse und sang voller Inbrunst. Lena findet sie unmöglich, aber wenn es nach mir ginge, könnten wir gern die Mütter tauschen. Charlotte ist vielleicht spießig, aber friedfertig. Sie paßt überhaupt nicht zu ihrem Mann Robert, der für teure Anzüge schwärmt und immer, wenn ich ihn sehe, seinen Walkman dabeihat und altmodischen Kram hört, die Rolling Stones oder Bob Dylan oder so. Wie mein Vater. Selbst er quält sich an Weihnachten in einen Anzug, trägt aber Cowboystiefel dazu und keinen Schlips.

Seine dünnen langen Haare hatte er ordentlich zurückgebürstet, ich stand hinter ihm und konnte sie riechen. Die Männer sangen bei den Weihnachtsliedern nie mit, sie grinsten verschämt vor sich hin und starrten auf ihre Schuhspitzen. Imo ging an ihnen vorbei und tätschelte beiden die Wange. Sie lächelte vielleicht auffällig viel an diesem Abend, ich weiß es nicht. Später hat Ma behauptet, Imos gekünstelte Fröhlichkeit sei ihr gleich aufgefallen. Ich fand, alle waren gekünstelt an diesem Abend außer Imo.

Sie freute sich wirklich über den Lavendelbadeschaum, den ich ihr schenkte, das konnte ich sehen. Und sie schenkte mir, was ich mir gewünscht hatte: Das große Dr. Oetker-Schulkochbuch. Dann bekoch uns mal schön, sagte sie zu mir, und plötzlich kniff sie mir in die Rippen, daß ich einen kleinen Luftsprung machte vor Schmerz, aber denk dran, Anna: Nur eine dicke Köchin ist eine gute Köchin. Sie lächelte. Ihr Lachen klang ganz normal. Wie immer.

Wenn erst die Geschenke ausgepackt sind, fühlt man sich, als hätte man sich überfressen. Man ist immer noch hungrig, obwohl der Bauch voll ist.

In der Küche war es kalt. Imo gab mir eine Tasse Tee. Wir tranken schweigend. Die beiden nackten Gänse lagen in ihrem Blut auf den Tellern, schwarze Löcher zwischen den Beinen.

Imo sah mich an. In ihrem Nachthemd, die grauen Haare noch nicht aufgesteckt, sondern lang herunterhängend, wirkte ihr altes Gesicht wie ein Versehen. Ich sah sie plötzlich, wie sie gewesen sein mußte, als sie jung war. Es schien nicht so lang her, wie ich immer geglaubt hatte. Das machte mir Angst.

Sie stellte ihre Tasse ab . O Gott, sagte sie leise, ich habe keine Lust. Ich habe einfach keine Lust mehr. Jedes Jahr dasselbe. Alles wiederholen. Immer wieder und wieder. Als ginge es nur noch um die Wiederholung. Als wüßten wir nicht, daß sich alles verändert.

Sie sah mich scharf an. Dir kann ich das ja sagen, nicht?

Ich nickte und fühlte mich geehrt.

Ich hasse Wiederholungen, flüsterte sie. Ganz langsam verzog sich ihr Gesicht zu einem müden Lächeln. Na dann, sagt sie laut und stand auf.

Draußen wurde der Himmel stahlgrau.

Energisch fuhren ihre Hände in die Gänse und kamen wie mit roten Handschuhen überzogen wieder heraus. Ich hielt ihr einen kleinen Teller hin, und sie legte das Herz und die Leber darauf. Das Gänseherz hatte wirklich eine gleichmäßige Herzform und war blaßrosa. Es sah hübsch aus, wie ein Anhänger.

Um Punkt zehn Uhr würde ich es in Butter braten und zusammen mit der Leber meinem Großvater als Weihnachtsfrühstück ans Bett bringen.

Er würde sich lächelnd aufsetzen, wie er es immer tat, wenn er mich mit dem Teller neben seinem Bett stehen sah, er würde sich die spärlichen weißen Haare aus der Stirn streichen und mir ›Schöne Weihnachten‹ wünschen.

Was würde er tun, wenn es keine Wiederholung mehr gäbe?

Ich gab ihm das Tablett. Er lächelte mich an. Seine Schlafanzugjacke stand offen. Seine Brusthaare waren weiß und gekräuselt wie bei einem Lamm. Er soll früher ein Frauenheld gewesen sein. Ich stellte mir Frauenhände in seinem Lammfell vor.

Er stach die Gabel in das Gänseherz. In der Butter schwammen kleine Blutstropfen.

Ma kam in die Küche geschlurft. Sie sah verquollen aus, die Augen so schmal wie Schlitze. Ihr Hintern bewegte sich wie eine große Glocke unter dem dünnen Nachthemd. Sie haßte ihren Hintern, sie behauptet, daß sie ihn von Imo hat.

Jeder in der Familie kennt die Geschichte, wie mein Vater ihr, als sie noch nicht verheiratet waren, ein Abendkleid geschenkt hat; nachtblau mit meergrünen Pailletten, ein Kleid wie aus dem Märchen, und wie er einen Tisch in einem sündhaft teuren Restaurant reserviert hatte, um dort mit meiner Mutter in dem neuen Kleid essen zu gehen. Aber sie kam nicht. Sie kam den ganzen Abend nicht, und er meinte, sie habe es sich vielleicht anders überlegt und wolle ihn nie wieder sehen.

Aber meine Mutter saß heulend zu Hause, weil sie nicht in das Kleid paßte. Ihr Hintern war zu fett.

Ma schenkte sich einen Kaffee ein und sah auf die beiden bleichen Gänse. Meinst du, die werden rechtzeitig gar, Imo? Sie ließ sich schwer auf einen Stuhl fallen.

Natürlich, erwiderte Imo und drehte mir den Rücken zu. Einen Moment lang war es still.

Ma legte das Gesicht in die Hände. Ich habe fast überhaupt nicht geschlafen, sagt sie. Das sagt sie fast jeden Morgen. Seit meiner Geburt hat sie Schlafstörungen, sie war deshalb schon einmal in einer Schlafklinik, aber es hat nichts genützt.

Ich schnitt die Äpfel klein und gestattete mir selbst eine hauchdünne Scheibe. Der Geschmack überwältigte mich fast, ich bekam weiche Knie, so süß war dieser Apfel. Du mußt höllisch aufpassen, wenn dir das passiert. Sekunden später siehst du dir zu, wie du dir alles in den Mund stopfst wie im Rausch, und wenn du dich dann nicht erbrechen kannst, weil sie dich beobachten, ist das wie Folter. Ich fühle mich gut und stark, wenn ich fast nichts esse. Gelangt auch nur eine Kalorie zuviel in meinen Körper, gerate ich in Panik, überfällt mich beinahe Todesangst, als hätte ich Gift geschluckt, versagt, alles verloren. Mein Fleisch fühlt sich dann fett und quallig an, es verrät mich, es tut, was es will, ein Haufen dummes, fettes Fleisch. Jeder Tag ist ein neuer Kampf gegen diesen Quallenkörper. Er hat immer Hunger. Ich betrüge ihn, indem ich von morgens bis abends Tee trinke. Aber er revanchiert sich. In schwachen Momenten gaukelt er mir vor, daß er mein bester Freund ist.

In Gedanken notiere ich zehn Kalorien für diese Apfelscheibe. Ich vermische die Äpfel mit Rosinen, streute Zucker und Zimt über sie und stopfte sie in die Gänse. Es ist erstaunlich, wieviel in so eine Gans hineinpaßt. Imo gab mir eine dicke Nadel und Faden und zeigte mir, wie man die Gänse zunäht.

Ich stach in das weiße Fett unter ihrer kalten, pickligen Haut. Bei jedem Stich gab es einen kleinen schmatzenden Ton. Ich möchte, daß meine Haut sich wie Stoff über meine Knochen spannt, ohne ekelerregendes Fett, ohne diese wabbelige, willenlose Masse.

Meine Mutter redete mit Imo über Charlotte. Charlotte fällt doch auf jeden Käse rein, sagte Ma, sie sieht keinen Millimeter dünner aus.

Aber sie hat keine Kopfschmerzen mehr, sagte meine Großmutter. Sie breitete Zeitungspapier auf dem Tisch aus und gab mir ein Messer zum Gemüseputzen. Die reine Beschäftigungstherapie, sagt meine Mutter, mit gesunder Ernährung hat das nichts zu tun.

Es ist nicht so schwierig, wie es klingt, erklärte Imo, man gewöhnt sich dran. Du trennst Eiweiße von Kohlehydraten, du ißt eben kein Fleisch mehr mit Kartoffeln, kein Müsli mit Milch, kein Wurstbrot…

Und keine Weihnachtsgans mit Knödeln, unterbrach meine Mutter.

Es gibt dieses Jahr keine Knödel, sagte Imo kühl, sondern Reis.

Keine Knödel? Meine Mutter war fassungslos. Imo, das kannst du uns nicht antun? Das ist doch gar keine richtige Weihnachtsgans ohne Knödel. Mit Reis! Das paßt doch gar nicht, Reis zur Weihnachtsgans.

Charlotte hat sich's so gewünscht. Sie ißt dann eben nur den Reis. Wegen ihrer blöden Trennkost sollen wir alle Reis essen?

Imo antwortete nicht.

Ich weiß nicht, sagte meine Mutter mit ihrem eifersüchtigen Herzen, könnte meine Schwester sich vielleicht mal mit etwas Vernünftigerem beschäftigen als mit ihrer Gesundheit?

Oh, sagte Imo, sie zieht ihre Kinder groß.

O Gott, stöhnte meine Mutter, jetzt geht das wieder los.

Imo stand wortlos auf und legte die zugenähten Gänse auf ein Blech.

Meine Mutter rührte in ihrem Kaffee. Sie lachte auf. Wie du das sagst: Sie zieht ihre Kinder groß. Warum werde ich seit über vierzig Jahren das Gefühl nicht los, daß du alles, was Charlotte tut, automatisch gut findest, und alles, was ich tue, automatisch schlecht.

Imo schob das Blech mit den Gänsen in den Ofen. Als sie sich aufrichtete, zitterten die Sonnenblumen auf ihrem T-Shirt. Sie ließ die Arme hängen und sah meine Mutter an.

Ich weiß es nicht, sagte sie leise. Ich weiß es einfach nicht. Ich habe mich immer bemüht, euch beide genau gleich zu lieben.

Meine Mutter schwieg einen Moment, dann sagte sie: Darf Charlotte vom Füllsel essen?

Ja, erwiderte meine Großmutter, das ist ja kein Eiweiß.

Schade, sagte meine Mutter, vom Füllsel ist immer zu wenig da.

Charlotte kam in die Küche. Sie trug Imos Bademantel, ihre Haare waren noch naß. Sie nahm sich eine geschälte Karotte und streute ein wenig Salz drauf. Schöne Weihnachten, sagte sie.

Du könntest schon mal das Silberbesteck zum Putzen holen, sagte Imo zu meiner Mutter.

Na, sagte Charlotte, über wen habt ihr gerade gelästert?

Über dich, sagte Ma und aß jetzt auch eine Karotte, über dich und deine Trennkostdiät.

Du sollest sie ausprobieren, grinste Charlotte, sie hilft gegen Schlaflosigkeit. Und Depressionen.

Meine Mutter sah meine Großmutter erstaunt an. Imo zuckte die Schultern, sammelte die Karotten ein und haute Charlotte, die nach einer weiteren Karotte griff, auf die Finger.

Ich bin froh, daß ihr alle da seid, sagte sie.

An dieses Wort erinnere ich mich genau: Depressionen. Es klingt nicht wie das, was es bedeutet. Es klingt scharf und schnell, wie etwas, das vorbeifliegt. Wenn ich heute an diesen Tag zurückdenke, kommt es mir vor, als sähe ich durch ein langes dunkles Rohr. Ganz am Ende ein Lichtfleck, in dem sitzen meine Mutter und meine Tante, und neben ihnen steht Imo. Alles ist gut.

Du hast Depressionen? fragt meine Mutter meine Tante.

Ja, sagt Charlotte, stell dir vor.

Sie zieht eine Schachtel Zigaretten aus der Bademanteltasche und zündet sich eine an.

Wenn ihr rauchen wollt, geht raus, sagt Imo.

Meine Mutter nimmt sich ebenfalls eine Zigarette. Charlotte bietet mir eine an.

Anna! sagt meine Mutter.

Es ist schließlich Weihnachten, sagt Charlotte.

Ich rauche mit den beiden. Ich bin wie sie. Ich möchte sein wie sie, aber ich möchte nie werden wie sie. Diese beiden Gefühle schmecken wie Zucker und Salz gleichzeitig auf der Zunge.

Ich habe mich nicht mehr aus dem Haus getraut. Ich kam mir häßlich vor, unnütz und alt, sagt Charlotte und grinst verlegen. Ich hatte Angst. Einfach so. Ohne jeden Grund.

Blödsinn, sagt meine Mutter, ich könnte dir tausend Gründe nennen, warum ich an deiner Stelle deprimiert wäre.

Das kann ich mir denken, sagt Charlotte, du glaubst, ich hätte als Hausfrau mein Leben verpfuscht.

Imo steht mit dem Rücken zu uns an der Arbeitsplatte und schneidet die Karotten in hauchdünne Scheiben.

Ich war bei einer Kinesiologin, fährt Charlotte fort, sie

lacht auf, die legte Farbtafeln auf dem Boden aus, und ich sollte auf die Farbe treten, die mein Gefühl am besten beschreibt. Sie macht eine Pause.

Welche war das? frage ich. Sie sehen mich an, als hätten sie vergessen, wer ich bin.

Oh, sagt Charlotte, schwarz. Sie lacht. Ich wollte die Kinesiologin nicht enttäuschen. Sie kostet viel Geld und reibt sich die Hände mit teurer Creme ein, während man ihr was von seinen Problemchen erzählt.

Was hast du ihr denn erzählt? fragt meine Mutter.

Charlotte zuckt die Schultern. Ich weiß nicht mehr. – Ich glaube, wir erzählen alle dasselbe... von unseren kleinen, langweiligen Leben. In ihrem Wartezimmer habe ich von dieser Trennkostdiät gelesen, und seit ich sie mache, habe ich keine Depressionen mehr. So einfach ist das. Sie drückt die Zigarette aus.

Imo geht aus der Küche. Wir sehen ihr nach. Weißt du, was mir gerade einfällt, sagt meine Mutter und steckt sich eine neue Zigarette an, als Imo damals ins Krankenhaus mußte und wir bei Lilli an der Ostsee waren, hat sie mir einen Brief geschrieben. Du bist mein Lieblingskind, hat sie geschrieben. Ich wollte dir das eigentlich nicht sagen...

Charlotte lächelt. Ich dir auch nicht, sagt sie, dasselbe hat sie mir nämlich auch geschrieben.

An Imos silberne Küchenlöffel mit ihrem Monogramm erinnere ich mich. An den beißenden Geruch des Silberputzmittels. An die zu Schwänen gefalteten weißen Servietten und das weiße Tischtuch. Die roten Weihnachtssterne als Tischdekoration. Die Kerzenleuchter. Die verschieden geformten Löffel für die Soße, das Füllsel, die Knödel. Die immer gleiche Sitzordnung. Die Ungeduld, wann wird endlich gegessen?

Imo zog sich immer erst um, wenn alles vorbereitet war. Dann lief sie ins Badezimmer, und manchmal folgte ich ihr. Im Badezimmer war es ruhig, eine kleine Oase, warm und dampfig feucht von all denen, die bereits geduscht hatten. Ich sah ihr von einem kleinen Hocker aus zu, wie sie ihr Nachthemd auszog, ihre Haut wie ein zerknittertes Tuch, zart und empfindlich, ihr Körper alt, aber nicht abstoßend. Sie wusch sich mit zwei verschiedenfarbigen Waschlappen, einem für oben und einem für unten. Ihre Seife bestand immer aus zusammengeklebten Seifenresten, in die ein rundes Stück Metall gedrückt war, an dem die Seife an einem Magnet neben dem Waschbecken hing. Sie trocknete sich mit wenigen, sehr exakten Bewegungen ab, dann bürstete sie ihr langes, graues Haar und schlang es kunstvoll zu einer Rolle, die sie mit Haarnadeln auf ihrem Hinterkopf festpinnte. Sie fuhr sich mit dem Deostift unter die Achseln, stieg in ihren Unterrock, und dann durfte ich ihr vom Hocker aus das Kleid zuknöpfen. Zum Abschluß schminkte sie sich die Lippen, preßte sie aufeinander, um die Farbe besser zu verteilen, legte ihre Perlenkette um, dann war sie fertig.

All ihre Bewegungen in diesem Badezimmer liefen mit der Präzision und der Eleganz von Ballettübungen ab, nichts war zufällig, fahrig, unkonzentriert wie bei meiner Mutter, die in einem fort flucht, sich über ihr Aussehen beschwert, fortlaufend Dinge sucht, sich stößt, verbrüht, schneidet, die mit sich selbst und der Welt auf Kriegsfuß steht.

Bei ihr hätte ich es verstanden. Niemals bei Imo. So wie Imo, dachte ich immer, so will ich mal sein.

An diesem letzten Weihnachten kam ich nicht mit ins Badezimmer, aus Gewohnheit trottete ich hinter ihr her, und erst kurz vor der Tür drehte ich plötzlich ab. Ich war plötzlich zu alt geworden, um meine Großmutter nackt zu sehen.

Ich half ihr, das Essen hereinzutragen. Alle aßen schon, mein Großvater schenkte den Wein ein, die Kinder hatten noch blütenweiße Kragen, Lena gähnte, ohne sich die Hand vor den Mund zu halten, sie sah ungewaschen aus,

Robert und Charlotte wandten gleichzeitig den Blick von ihr ab.

Ma trug ein rotes Strickkleid, das weiß ich noch. Ich weiß auch noch, wie ich mit den Reisschüsseln ins Zimmer kam und erstaunt war, wie hübsch meine Mutter aussah, ihr Gesicht rosig, lächelnd. Sie legte ihre Hand auf die Hand meines Vaters auf dem weißen Tischtuch.

In der Küche streiften Imo und ich den Gänsen die weißen Papiergamaschen über die braungebratenen Beine. Ich sah Schweißtropfen auf Imos Stirn, rote Flecken an ihrem Hals. Sie sah auf die Uhr. Geschafft, sagte sie. Es war nur wenige Minuten nach eins. Über die Uhrzeit wurde später viel gesprochen.

Geh du voran, sagte sie zu mir. Sie ging dicht hinter mir. Ich spürte ihren Atem im Nacken. Alle klatschten beim Anblick der Gänse.

Vogel piep, sagte der kleine Jakob, und alles lachte.

Ich saß neben Lena. Sie roch nach Schweiß und trug ein unförmiges schwarzes T-Shirt über ihren dicken Brüsten. Ihre Glatze glänzte. Ich arrangierte in Gedanken meinen Teller. Zwei Löffel Reis und drei Karotten würde ich essen, vom Fleisch würde ich mir zwar nehmen, um blöde Fragen zu vermeiden, aber essen würde ich es auf gar keinen Fall. Ich legte meine Stäbchen neben meinen Teller.

Imo tranchierte die Gans.

Alle – außer Lena – versuchten anfangs noch, sich zu beherrschen, Manieren zu zeigen. Aber als dann die Fleischplatte herumging, und das dampfende Füllsel, luden sie sich die Teller voll, als hätten sie wochenlang gehungert. Sie widerten mich an mit ihrer Gier. Ich betrachtete sie angeekelt und spürte gleichzeitig entsetzt, daß mein Körper immer mehr Macht über mich gewann, mich schließlich überwältigte.

Das letzte, was ich sah, war der erstaunte Blick meiner Eltern, weil ich ausnahmsweise ohne Stäbchen aß. Danach nahm ich nichts mehr wahr. Keinen mehr von ihnen. Ich aß. Ich hörte ihre dummen Geschichten von ihren Reisen und Berufen und Problemen mit ihren Häusern und Kindern, nicht mehr. Ich aß. Ich fraß.

Imo tranchierte die zweite Gans. Sie saß immer auf dem Platz neben der Tür. Selbst aß sie kaum etwas, weil sie keine Zeit dazu hatte. Dauernd war sie auf dem Sprung. Mehr Reis. Mehr Soße. Mehr Gans. Mehr Weihnachten.

Keiner vermißte sie. Ich erinnere mich an die Farben auf meinem Teller, an das strahlende Weiß vom Reis, die orangeroten Möhren, die hellgrünen Erbsen, das dunkelbraune Gänsefleisch, wie eins von diesen Küchenfotos meiner Mutter.

Manchmal stell ich mir vor, wie verhungernde Kinder in Afrika ein altes Heft von Schöner Essen aus dem Mülleimer eines Hotels ziehen und sich die Fotos meiner Mutter ansehen, und dann wird mir sofort übel. Ich werde nie verstehen, wie meine Mutter es schafft, drei Viertel dieser Welt ständig zu verdrängen. Vielleicht ist es einfach zu viel für ihr armes Gehirn. Alles ist zu viel für sie. Manchmal finde ich sie deshalb richtig süß und manchmal einfach zum Kotzen.

Keiner konnte sich mehr bewegen, so viel hatten wir gegessen. Lena hatte ihre Hose aufgeknöpft. Alle können sich noch daran erinnern, daß Jakob hereingewackelt kam und rief: Imo sssläft! Und daß wir alle lachten. Mit meinem dicken Bauch, schläfrig, vollgefressen, ein bißchen betrunken, mochte ich meine Familie sogar. Sie fühlte sich jetzt an wie ein großes Wasserbett.

Endlich, als alle von der Tafel aufbrachen, um sich ins Wohnzimmer zu setzen und einen Kognak zu trinken, ging ich die Treppe hinauf in den ersten Stock. Ich schloß mich im Badezimmer ein, löste ein wenig Seife im Wasserglas auf, trank es, legte mir ein Handtuch schalldämmend über den Kopf und beugte mich über die Kloschüssel. Ich versuchte, so leise wie möglich zu sein. Mein Körper zuckte wie unter Stromschlägen, als ich mich erbrach.

Es tat mir leid um die Gans, um all die Arbeit von Imo und von mir, aber es machte mich glücklich, meinen Körper auszuleeren wie ein Faß. Danach fühlte ich mich leer, leicht und frisch, wie ein besserer Mensch, ich hatte alles wieder unter Kontrolle.

Mit ein wenig Zahnpasta spülte ich mir den Mund aus, kämmte mir die Haare. Ich sah mein gelblich fahles Gesicht im Spiegel. Die Angst macht mich müde. Angst vor der Gier. Mir wurde plötzlich so schwindlig, daß ich in die Knie ging.

Auf allen Vieren kroch ich den Flur entlang zum Schlafzimmer meiner Großeltern. Die Tür war nur leicht angelehnt. Die Vorhänge waren zugezogen, es brannte kein Licht. Imo lag auf dem breiten Ehebett, die Hände auf dem Bauch gefaltet, die Augen geschlossen. Ich kletterte hinein, legte mich dicht neben sie und schlief mit ihrem Lavendelduft in meiner Nase sofort ein.

Ich träumte, ich sei in Italien in einer Kirche. Ich sollte heiraten, aber wußte nicht wen. Ich trug ein schwarzes Kleid und ging langsam zu wunderschöner Musik auf den Altar zu. Der Pfarrer hielt eine Hostie in der Hand. Ich machte den Mund auf.

Hast du deine Stäbchen dabei? fragte er mich. Ich klappte meine Handtasche auf, dort lagen sie, weiß und unschuldig. Du hast das falsche Kleid an, flüsterte er. Ich wurde in eine Zelle geführt, und dort auf dem Bett lag ein Abendkleid, nachtblau, mit meergrünen Pailletten. Ich zog mich aus, und als ich nackt war, sah ich an mir herunter, und mein Körper war riesengroß und fett. Meine Brüste hingen wie große Säcke bis zum Bauchnabel, mein Bauch war so dick, daß ich mich vorbeugen mußte, um meine Füße zu sehen. Ich fing an zu weinen.

Ich wachte auf, das Gesicht an den Arm meiner Großmutter gepreßt. Ein wenig Spucke war aus meinem Mund auf ihren Arm getröpfelt. Ich wischte sie ab, da fiel mir erst auf, wie kalt ihre Haut war. Eiskalt.

Ich weiß noch, wie ich gezögert habe, die anderen zu rufen. Sie wirkte so glücklich.

Als ich sie im Krankenhaus wiedersah, kamen Schläuche überall aus ihrem Körper wie die Arme einer Krake, die von ihr Besitz ergriffen hatte. Meine Mutter saß neben ihrem Bett und hatte den Kopf auf die Decke gelegt.

Charlotte legte Weintrauben auf den Nachttisch. Die Männer standen herum und schuffelten unruhig mit den Füßen.

Warum? fragte meine Mutter wie ein kleines Kind, warum tut sie uns das an?

HARDY SCHARF

Weihnachten heute

Früher
hat man
alles tief
gefühlt.
Heute
Hat man
Alles tief
Gekühlt.

Frohe Weihnachten

Weihnachtsabend:
Voll.
1. Feiertag:
Voller.
2. Feiertag:
Noch voller.
Am dritten Tage:
Resteessen, Abführmittel.
Am vierten Tage:
Froh.

Weihnachtsbescherung. Zeichnung von e. o. plauen

BRIGITTA RAMBECK

Die Weihnachtsüberraschung

Als ich klein war, gab es nur weiße Weihnachten, frost-klirrend, staubschneeglitzernd – zumindest hat meine Kindheitserinnerung kein anderes Bild gespeichert. Einer dieser Winter muß unserer Stadt tatsächlich gewaltige Schneemassen beschert haben, es mag 1947 gewesen sein, ich war noch nicht in der Schule. Alles was es an Verkehr gab, war lahmgelegt von einer stetig weiterwachsenden Schneedecke, die unterfüttert war von harten, brockigen Eisschollen, und denen konnte keine Schneeschaufel mehr beikommen. Elektrische Räummaschinen waren noch Zukunftsmusik.

Die Abgrenzungen zwischen Trottoir und Fahrweg verwischten sich, die Halden von Kriegsschutt, die damals die Gehsteige säumten, waren weiß überwölbt, die Stadt hatte sich in eine bizarre Märchenwelt verwandelt – »eine Mondlandschaft«, hätte ein späteres Kind vielleicht gesagt. In meiner Kindheit aber war der Mond noch ein fernes Gestirn, möglicherweise auch eine breit lächelnde Gottheit, auf gar keinen Fall jedoch betretbares Gelände mit einer vorstellbaren Oberfläche.

Durch eine solche Feenlandschaft zog ich, so um den zweiten Advent herum, wieder einmal meinen Schlitten vom Rodelberg nach Hause, die Hände erstarrt in den steifgefrorenen Wollfäustlingen, an denen dicke Eisklunker klumpten ebenso wie auf meiner sonstigen, durchwegs handgestrickten Montur, die ich in mehreren wärmenden, aber keineswegs wasserdichten Lagen übereinander trug. Schneeanzüge harrten noch ihrer Erfindung.

Wie immer in intensive Selbstgespräche vertieft, stapfte ich durch die hereinbrechende Dämmerung und bog gerade zu unserem Haus ab, als mir eine wuchtige Gestalt den Weg versperrte und mich ansprach. Erst nach mehreren Sätzen kam mir die Stimme des dick vermummten Riesen bekannt vor. Seine körperliche Identität blieb mir allerdings auch beim nachfolgenden Wortwechsel noch zweifelhaft. Entstellt durch Fellmütze und Lodenmantel, wo sonst ein weißer Kittel und eine angemessene Kappe für Erkennbarkeit sorgten, war dieser Mensch auch noch um mehr als die Hälfte nach unten verlängert, was mich verwirrte. Üblicherweise sah ich ihn ja nur von der Taille

aufwärts, seinen oberen Teil eben, der über den Ladentisch hinausragte, hinter dem man ihn anzutreffen ge-
wohnt war.

So dauerte es eine ganze Weile, bis die Worte des Hü-
nen, der vermutlich unser Metzgermeister Bösl war, durch
die Nebel meiner Rodelträume Einlaß in mein Gehör fanden. Er müsse noch ein paar Körbe voll Ware in die Filiale
liefern, hörte ich ihn sagen. Man warte dort schon seit
Stunden auf Nachschub an Wurst und Fleisch, gerade
habe er selbst nochmal drüben nachgeschaut, aber bei den
Schneemassen könne man den Lieferwagen keinen Millimeter bewegen. Zum Schleppen seien die Körbe aber nun
wirklich zu schwer.

Ich war bestürzt über die vertrauensvolle Gesprächig-
keit, ja Geschwätzigkeit, die dieser wichtige Mann auf
meine kleine Person niedergehen ließ. Das ging nicht mit
rechten Dingen zu. Schneegestöber und Dämmerlicht
trübten mir wohl den Blick. Vielleicht war das gar nicht
der Metzger Bösl, sondern einer der Kinderfänger, vor denen man ständig gewarnt wurde? Oder steckte in unserem
Metzgermeister gar selbst ein Wolf im Schafspelz, ein Un-
hold im Lodenmantel?

Den heutigen Kindern wird der Teufel ja überwiegend
von den Medien an die Wand gemalt beziehungsweise
über den Bildschirm gejagt, in Form von goutierbar auf-
bereiteten Gewalttätigkeiten, die den Glauben an ihre Re-
alität angeblich eher abschwächen als fördern. Was uns
dagegen in zugegebenermaßen unsicheren Zeiten hinter
der vorgehaltenen Hand ins jugendliche Ohr geflüstert
wurde, das konnte einem schon den »Schneid abkaufen«.
Lauerte doch an jeder Ecke Gefahr – und zwar auf die eigene kleine Wenigkeit und nicht auf möglicherweise er-
setzbare Bildschirmfiguren. Hatte man dann noch eine
Mutter oder Großmutter, deren erzählerische Begabung
sich mit darstellerischer Eindringlichkeit paarte, dann

konnte so ein Kinderleben zur permanenten Mutprobe werden. Meine Mutter war Lehrerin, und Liebes wie Leides ließ sie ihrem einzigen Kind gestenreich und in Klasszimmerlautstärke zukommen.

Meine stets flott und üppig arbeitende Fantasie hetzte mich bereits durch düstere Gassen auf der Flucht vor dem großen finsteren Mann, als meine Ohren aus dem weiter fließenden Redebrei das Wort »Schlitten« isolierten. »Ja, ich denk«, sagte der Herr Bösl gewissermaßen abschließend mit seiner ganz normalen Ladenstimme aus seinem trotz Fellmütze wieder unverkennbar werdenden Gesicht heraus, »wenn du so zwei- dreimal mit deinem Schlitten hin- und hergehst, dann hätten wir das Ganze sehr schnell transportiert.«

Mir blieb die Spucke weg. Immerhin setzte ich mich sofort in Bewegung, als der Metzger sich umdrehte und auf seinen Laden zustrebte, nunmehr jovial Weihnachtliches auf mich niederredend. Ich platzte beinahe vor Stolz. Dieser mächtige Mensch, Herr über die kostbaren Fleisch- und Wurstzuteilungen unserer damals fünfköpfigen Familie und dank zwischenfamiliärer Sympathien auch Gönner einer gelegentlichen Extrawurst, hatte mich soeben gebeten, ihm aus der Klemme zu helfen. Schlagartig verwandelte ich mich vom gehetzten Opfer in einen leibhaftigen Weihnachtsengel, der die Not der Menschheit mit selbstverständlicher Güte zu lindern weiß. Ich schwebte auf Wolken. Das brave Kind jener Jahre fand ja nicht wie die späteren Kids ein tägliches Geschenk im liebevoll bestückten Adventskalender vor, es war vielmehr gehalten, seinerseits möglichst täglich durch »gute Taten« das Christkind geneigt zu machen, ihm das ein oder andere Päckchen unter den Christbaum zu legen. In den Kirchen und Kindergärten, zumindest in den katholischen, konnte man sogar eigens dafür hergerichtete Strohhalme als Zeichen für die geleistete Guttat in die Krippe legen. Je mehr davon zusammenkamen, umso weicher hatte es das Jesulein am Heiligen Abend.

Bei meiner großzügigen Hilfsaktion für die Metzgerei Bösl mußte doch einiges zusammenkommen an christkindlicher Geneigtheit! Dreimal zog ich meinen Schlitten hin und her zwischen den beiden Läden. Die Körbe waren schwer. Dennoch beeilte ich mich so gut es ging, nun trotz der Kälte erhitzt vor Anstrengung. Nicht auszudenken, wenn mir jemand die kostbare Ladung geraubt hätte! Nicht einmal vor der hell erleuchteten Auslage der Puppenklinik gönnte ich mir eine Verschnaufpause, obwohl ich doch gern nachgeprüft hätte, ob das Clo mit Wasserspülung für mein Puppenhaus noch im Fenster lag. Für den Fall, daß das Christkind mich gerade bei meiner Aktion beobachtete.

Als ich die dritte Korbladung in der Filiale abgeliefert hatte, kam die große Überraschung in Gestalt der Frage von Bösl junior, welche Wurst ich denn am liebsten hätte. Ich wünschte mir ein »Radl Leoni«. Da griff der Franz in den gerade gelieferten Korb, nahm einen ganzen Ring »Lyoner Wurst« heraus und überreichte ihn mir. Was das bedeutete, kann wohl nur nachvollziehen, wer 1947 das Einkaufen – und das Anstehen – gelernt hat. Ich war geradezu beschämt vor Glück.

Mein Heimweg vollzog sich hüpfend. Ganz deutlich sah ich die Gesichter vor mir, die Mutter, Tante, Onkel und Cousine beim Anblick der riesigen Wurst machen würden. Schon unten an der Haustür läutete ich Sturm, verstaute dann beinahe angstfrei meinen Schlitten im düsteren Schuppen im Hof und preschte fröhlich die Treppe hinauf, droben Tür und Tor für mich geöffnet vermutend.

Dies erwies sich als Irrtum. Auch ein zweiter Klingelansturm brachte keine Wirkung – ungewöhnlich um eine Tageszeit, zu der üblicherweise längst alle zuhause waren. Hochgestimmt wie ich war, verbot ich mir jedoch die sofort aufsteigenden Katastrophenvisionen und sperrte auf.

Der dämmrige Flur war nicht gerade anheimelnd, roch aber heftig nach Plätzchen – da hatte wohl jemand gebacken heute Nachmittag. Allzu viel Zeit blieb auch nicht mehr bis Weihnachten, obwohl sich gerade um diese Jahreszeit zwei Wochen ganz schön hinziehen konnten.

In unserem Zimmer war der Ofen bereits angeheizt. Mutter war also schon von der Schule zurück und machte wohl nur noch ein paar Einkäufe. Ich schälte mich aus meinen eisbommelbehangenen Kleidern, aus denen es in der Wärme zu tropfen begann. Immer noch war ich allein. Genüßlich ließ ich das Erlebte noch einmal in meinem Kopfkino ablaufen. Da sich auch jetzt noch nichts im Haus rührte, packte ich meine Spielzeugkiste aus und zeigte dem Bären Max und den übrigen kleinen Gefährten die großartige Wurst. Sie waren begreiflicherweise begeistert, besonders der Max. »Und dann hat der Franz mir noch frohe Weihnachten gewünscht«, erzählte ich ihm gerade, da kam mir die herrlichste Weihnachtsidee. Hatte jemals ein Kind ein so wunderbares Weihnachtsgeschenk zu vergeben gehabt – und noch dazu ein selbstverdientes?

Draußen drehte sich hörbar ein Schlüssel im Schloß. Blitzschnell wickelte ich den Lyoner Ring in die Decke der Babypuppe, verstaute das Bündel zuunterst in der Spielzeugkiste und deckte es mit Puppen und Plüschtieren zu. Nur den Max behielt ich im Arm, damit Mutter gleich sah, weshalb die Kiste nicht mehr im Schrank stand. Sie war allerdings so außer Atem, daß sie ohnehin nichts bemerkt hätte. Die Straßenbahn war im Schnee steckengeblieben, und sie ahnte ja, daß ich bereits auf sie wartete. Ich lächelte verzeihend – wenn die wüßte!

Als ich an diesem Abend ins Kinderschlafzimmer ging, durfte der Max ausnahmsweise nicht mit ins Bett. Ohne ermahnt werden zu müssen, verstaute ich die Spielzeugkiste im Schrank und legte den Bären obenauf. Als Wächter. Mutter schlief schließlich im selben Zimmer. Mit Max und der Wurst.

Wie lange es dauerte, bis mein Geheimnis ruchbar wurde, weiß ich nicht mehr. Zwei, drei Tage? Auf jeden Fall muß meiner Mutter beim Öffnen des Schranks ein verdächtiges Aroma in die Nase gestiegen sein, dem sie nachging. Die Überraschung war groß, die Rührung noch größer, als ich ihr die Geschichte erzählte. Die ganze Familie scharte sich um das Wurstwunder in der Spielzeugkiste und zeigte sich angemessen erfreut.

Ob die Wurst schon einen Hautgoût hatte, kann ich nicht sagen. Auf jeden Fall war sie noch eßbar – allzu pingelig durfte man damals nicht sein. Ich persönlich machte mir ohnehin nicht viel aus Wurst – trotz der mageren Zeiten. Aber es tat mir doch leid um die vereitelte Überraschung unter dem Christbaum. Die Vorstellung allerdings, daß bis zum Heiligen Abend weiße, glänzende Maden in der roten Wurst zum Leben erwacht wären und sich möglicherweise hinübergefressen hätten in meine Puppen und Stofftiere, war so beklemmend, daß ich schließlich doch dankbar war für die rechtzeitige Entdeckung. Mutter hatte mir die zu erwartende Ekelinvasion mit rollenden Augen und Tremolo in der Stimme ausgemalt und ihren überzeugenden Vortrag anhand eines Biologiebuchs bildhaft belegt.

Das Clo mit Wasserspülung war übrigens an Weihnachten in meinem Puppenhaus installiert. Das Christkind mußte von meiner guten Tat Wind bekommen haben.

AXEL HACKE

Der Laden zur letzten Hoffnung

Jedes deiner Jahre beginnt mit umfassender Entspannung. Alles ist geschenkt. Niemand hat mehr was zu bekommen. Bis Weihnachten: ein Jahr! Und in diesem Jahr wirst du Weihnachtsgeschenke nicht kurz vorm Fest kaufen wie bisher, sondern übers Jahr verteilt erwerben. Hier was mitnehmen, da was auswählen, dort was bestellen. Sehr locker sein.

Dann vergehen Wochen, Monate. Weihnachten hast du im Griff, denkst du. Weihnachten ist weit. Nach den Sommerferien ruft Mutter an: Was du dir zu Weihnachten wünschst? Sie wolle allmählich... Plane gern... Fahre zur Kur vorher...

Da steigt ein Gefühl in dir hoch. Weihnachten! Schon will man wissen, was du dir wünschst. Daß Weihnachten nicht komme, wünschst du dir. Oder nicht so bald. Noch drei Monate! Anfang Oktober: die Kataloge, Philip Morris Design Shop. Manufactum. Heine, formschöne Saftpressen, unbesiegbare Radiowerke, Füllfederhalter, dick wie Maiskolben. Da wird man in der Not was kriegen. Das ist dein Netz. Das entspannt dich wieder.

Dann aber der Dezember. Komischerweise hast du da immer besonders viel Arbeit. Eines Abends fragst du deine Frau: was sie sich wünsche. (Vielleicht sagt sie ja was.) Im September hat sie mal gesagt, was sie sich wünsche, so en passant. Das hast du vergessen. Sie, jetzt: schnippisch. Ob dir nichts einfalle? Natüüüüürlich, sagst du, wolltest nur wissen, ob zusätzlich zu dem, was du bereits habest, noch ein klitzekleiner Wunsch da sei... Nein, nichts. Sie freue sich auf die Überraschung. Ächz. Ein Fehler! Der Druck wird groß. Du spürst ihn, oh, wie du ihn spürst.

Du kaufst jetzt kleinere Dinge. Onkel, Tanten. Dann die schwierigeren, Schwiegereltern. Den Sohn, dafür sorgt deine Frau. Und deine Frau selbst? Noch drei Tage. Du hast nichts. Du mußt den Christbaum... Und den Wein... Noch zwei Tage. Mal in die Schmuckgeschäfte! Letztes Jahr hast du ihr einen Ring geschenkt, vorletztes eine Kette. Diesmal: Armreif? Armreife sind schwierig. Die Schmuckidioten machen alles Mögliche, nur keine guten Armreife. Alles mächtig, fett, protzig. Nichts Feines, Zartes, das ihre Persönlichkeit, ihr Fühlen träfe. Noch einen Tag. Vor sechs Monaten hast du einen tollen Reif gesehen. Hast aber nicht an Weihnachten gedacht. Idioooottt! Jetzt gibt es nichts. Warum mußtest du dich auf Armreife festlegen? Zu eng gedacht. Bist nicht flexibel genug. Steckst nun in der Sackgasse.

In der Maximilianstraße hast du mal was Schönes für sie gekauft. Arschteuer. Schweißausbruchteuer. Egal jetzt. Noch zwei Stunden! Du kannst nicht ohne was kommen. Kannst ihr keinen Gutschein geben. Kannst nicht sagen, das Geschenk sei gestohlen worden. Kannst nicht sagen, auf der ganzen Welt gebe es keinen Gegenstand, schön genug für sie. Ob der Laden noch offen hat? Du schwitzt. Kann sein, daß heute Abend alles zu Ende ist. Daß deine Hände leer sein werden. Daß es dein letztes Weihnachten ist. Daß sie weint. Daß dein Sohn sie trösten muß.

Du stürzt ins Geschäft. Der Laden zur letzten Hoffnung. Geben Sie mir einen Armreif, Mann! Sie haben nur noch diesen einen? HER! Hier geht's um die Existenz. Du wirst sagen, daß er zu ihr paßt. Du weißt genau, daß er nicht zu ihr paßt. Du weißt, daß sie das auch sagen wird. Du wirst sagen, daß du es anders siehst. Wirst quatschen. Daß der klobige Reif ihre Zartheit betont. Die Eleganz ihres Handgelenks hervorhebt. Daß aus diesem Widerspruch Spannung erwächst. Daß du das schön findest.

Kann man umtauschen? Kann man. Wird man. Ich komme wieder. Erst mal schenken. Das ist jetzt das Wichtigste. Nächstes Jahr wirst du die Geschenke übers Jahr verteilt kaufen. Hier was mitnehmen, da was auswählen, dort was bestellen. Sehr locker sein. Nächstes Jahr.

ROBERT GERNHARDT · BERND EILERT · PETER KNORR

Gedicht
Unterm Weihnachtsbaum zu sprechen

Zu Weihnachten, da sitzen wir
vorm Fernseher und trinken Bier.
Mama, die ist als erste blau
und kotzt schon vor der Tagesschau.
Dann tragen wir die Tante raus,
sie hält den Knabenchor nicht aus.
Und sofort nach dem Filmbeginn
schlägt längelang der Onkel hin.
Wenn dann die Spannung langsam steigt,
sich auch Papa zur Seite neigt.
Sein Kopf ruht auf dem Schlummerkissen,
da will's auch Vetter Alfred wissen.
Er sagt noch einmal »Frohes Fe...«
und fällt dann dumpf vom Kanapee.
Die Kinder aber freuen sich
und rufen: »Jetzt wird's weihnachtlich!
Nun herrschet Friede hier im Haus.
Los Oma, hol die Schnäpse raus!«

GEORG M. OSWALD

Große Bescherung

Die Bescherung am Heiligen Abend ist für den engsten
Kreis der Familie.

Derselbe erweitert sich am ersten Weihnachtsfeiertag
um die Großeltern, die alle vier noch lebendig sind.

Diese werden am zweiten Weihnachtsfeiertag durch den
Rest der Verwandtschaft verstärkt, der aus einem Großonkel nebst Sohn sowie einer weiteren Großtante besteht.

Die Anreise sämtlicher Gäste erfolgt gegen Mittag.

Auch die vier Großeltern, die es sich am ersten Weihnachtsfeiertag nicht nehmen ließen, spätabends und in teilweise betrunkenem Zustand den Heimweg anzutreten, reisen heute erneut an, da sie gestern abend keinesfalls im Hause übernachten wollten, wegen der Umstände, die das gemacht hätte.

Ab sieben Uhr morgens steht die Mutter Martha in der Küche und kümmert sich um die Gans.

Der Sohn Anton, der neun ist, fragt seine Mutter Martha, woher die Gans kommt.

Der Sohn Bernhard, der zehn ist, antwortet, bevor die Mutter den Mund öffnen kann: »Aus Polen.« Der Sohn Anton verzichtet daraufhin auf die weitere Frage: »Warum aus Polen?«

Er will nicht den Eindruck der Unwissenheit in bezug auf Selbstverständlichkeiten erwecken.

Stumm beobachtet er, wie die Mutter in die Körperöffnung der Gans hineingreift und einen Plastikbeutel herausholt, der das Herz, den Magen und die Leber des Tieres beinhaltet, alles gefroren. Die Mutter greift ein weiteres Mal in die Gans hinein und holt einen Zettel heraus, auf dem etwas Polnisches steht. »Das ist die Garantie«, sagt die Mutter.

Vater Ludwig schenkt sich um zehn Uhr vormittags ein Weißbier ein. Das tut er sonst nicht, aber heute schon.

Mutter Martha sagt, daß es ein Kreuz ist: Lädt man die Verwandtschaft ein, ist es nichts, lädt man sie nicht ein, ist es auch nichts.

Der Sohn Anton fragt sich, wie sie das wissen kann, wo doch, seit er auf der Welt ist, die Verwandtschaft noch an jedem zweiten Weihnachtsfeiertag gekommen ist, so daß man gar nicht sagen kann, wie es wäre, wenn sie nicht eingeladen würde.

Vater Ludwig trinkt in einem Zug das halbe Weißbier aus, rülpst beim Abstellen des Glases und wird von Mutter Martha ermahnt, die Kinder seien anwesend und es sei Weihnachten.

Vater Ludwig beschwichtigt sie, indem er ihr zustimmt: Die alten Leute wären besser woanders aufgehoben, aber man könne nicht so sein.

Im ganzen Haus riecht es nach der bratenden Gans und dem kochenden Blaukraut.

Die Söhne Anton und Bernhard sitzen unter dem Christbaum und spielen mit ihren Geschenken.

Beide sind schön angezogen mit ihren Bundlederhosen.

Sohn Anton trägt dazu rote Strümpfe und ein rot-weiß kariertes Hemd. Sohn Bernhard blaue Strümpfe und ein blau-weiß kariertes Hemd.

Sohn Anton hat sich vom Vater einen Zug für seine elektrische Eisenbahn gewünscht, einen TEE mit Lok.

Er hat drei Wagen bekommen, aber keine Lok.

Der Vater sagt, das muß reichen.

Sohn Anton weiß, sein Vater würde ihm keine drei Wagen schenken, wenn ihm nicht ein Großvater die Lok schenken würde.

Das sagt er natürlich nicht.

Er tut so, als verberge er seine Enttäuschung, um seinen Vater zu erfreuen.

Sohn Anton und Sohn Bernhard erwarten die Ankunft der Verwandten gierig, denn seit zwei Tagen werden sie ununterbrochen beschenkt und sind es daher bereits gewöhnt.

Am Heiligen Abend war die Bescherung der Eltern, am ersten Weihnachtsfeiertag war kleine Bescherung, weil sich die Großeltern die große Bescherung für den zweiten Weihnachtsfeiertag aufheben wollten, weil dann auch Großonkel Kurt, der Onkel Kurt genannt wird, mit seinem Sohn Walter und Großtante Sophie, die Tante Sophie genannt wird, dabei sind, so daß es sich lohnt.

Die Anreise der Verwandtschaft vollzieht sich um elf Uhr am Vormittag in Onkel Kurts goldfarbenem BMW.

Vorne sitzen Onkel Kurt am Steuer und sein Sohn Walter auf dem Beifahrersitz.

Hinten sitzen Oma Rosemarie und Tante Sophie, links und rechts von Opa Eduard.

Oma Erika und Opa Schorsch kommen mit der S-Bahn, weil in dem goldfarbenen BMW von Onkel Kurt nicht genug Platz ist, und Onkel Kurt mit Oma Rosemarie, Tante Sophie, Opa Eduard und Walter immer zusammen ist, mit Oma Erika und Opa Schorsch hingegen nur am zweiten Weihnachtsfeiertag.

Mutter Martha, die Tochter von Oma Erika und Opa Schorsch, ist deshalb eifersüchtig. Sie will, daß ihre Eltern die gleiche Anerkennung genießen wie Oma Rosemarie und Opa Eduard, die Eltern Vater Ludwigs. Aber das geht nicht, denn sind Oma Rosemarie und Opa Eduard auch nicht gerade etwas Besseres als Oma Erika und Opa Schorsch, so sind sie doch zumindest aus der Stadt und haben – das weiß jeder – im Rahmen ihrer Möglichkeiten Lebensart.

Oma Erika und Opa Schorsch hingegen mögen nach dem Krieg gewisse Vorteile durch ihre räumliche und wesensbedingte Nähe zur Landwirtschaft gehabt haben, die durch ihre strikte Weigerung, mit der Zeit zu gehen, aber längst überholt und mehr als aufgewogen sind, das ist bekannt.

Sohn Anton und Sohn Bernhard bleiben an der Tür stehen, als die Verwandten aus dem goldfarbenen BMW von Onkel Kurt aussteigen.

Mutter Martha und Vater Ludwig gehen zur Einfahrt und nehmen die Begrüßung vor.

Diese gelingt ohne größere Schwierigkeiten, weil Oma Erika und Opa Schorsch noch nicht anwesend sind und deshalb die Anzahl der Rücksichten, Begrüßungsreihenfolge und -herzlichkeit betreffend, überschaubar bleibt, auch die angemessen gewichtete Verteilung von Respekt bereitet im Augenblick keine weiteren Probleme, sie erfolgt entsprechend der unausgesprochen bestehenden Rangfolge der Verwandten. Die Rangfolge lautet: Oma Rosemarie, Opa Eduard, Onkel Kurt, Tante Sophie, Walter.

Wollte man Oma Erika und Opa Schorsch in diese Rangfolge aufnehmen, würde Oma Erika vor Opa Schorsch kommen, aber hinter Tante Sophie, Opa Schorsch immerhin noch vor Walter, aber bestimmt an keiner Stelle weiter vorne.

Oma Erika, die es, nach allgemeinem Urteil, in ihrem Leben nicht gut getroffen hat und die nach demselben zu mehr in der Lage gewesen wäre, leidet unter ihrem eigenen schlechten Ansehen, das so schlecht ist, weil das von Opa Schorsch noch viel schlechter ist.

Opa Schorsch ist, weil er so oft blau ist, sehr schlecht angesehen. Zwar ist der besser angesehene Opa Eduard auch oft blau, kann es sich aber leisten, denn er hat, das steht fest, im Rahmen seiner Möglichkeiten Format.

Alles in allem betrachtet, ist es nur gut, daß Oma Erika und Opa Schorsch mit der S-Bahn kommen, dann gibt es keine Reibereien.

Übrigens hat Opa Schorsch keinen Grund zur Beschwerde, denn ist er auch schlecht angesehen, so rangiert er doch noch vor Walter. Walter ist als Sohn von Onkel Kurt, der ein Bruder von Opa Eduard ist, ein Vetter von Vater Ludwig, wird aber nicht als solcher bezeichnet, denn Walter ist geistig nicht auf der Höhe.

Über Walters tragisches Schicksal wird nicht gesprochen, jeder kennt es, selbst die Söhne Anton und Bernhard.

Wird es, was ganz selten vorkommt, doch angesprochen, wird es nur als Walters tragisches Schicksal bezeichnet.

Walters tragisches Schicksal ist es, im Alter von vier Jahren mit dem Tretroller vor ein Auto gekommen zu sein. Das Auto hat Walter umgefahren, er ist mit dem Kopf auf den Asphalt geschlagen, anschließend zwei Wochen ohne Bewußtsein im Krankenhaus gelegen, und seitdem er wieder aufgewacht ist, ist er geistig nicht auf der Höhe.

Oma Rosemarie, Opa Eduard, Onkel Kurt, Tante Sophie und Walter kommen langsam ins Haus.

Die Damen schreiten voran, die Herren entladen den Kofferraum von Onkel Kurts goldfarbenem BMW, der die Bescherungsgegenstände birgt.

Sie kommen hinter den Damen her, alle drei mit mächtigen Paketen bepackt, die zum Schutz und zur Tarnung in Plastiktüten mit den Aufdrucken Woolworth, Kaufhof und Hertie gehüllt sind.

Die Damen verursachen zusammen mit Mutter Martha anhaltenden Begrüßungslärm.

Sohn Anton und Sohn Bernhard stehen erwartungsfroh lächelnd in der Haustür, Sohn Anton versteht nur die in höchster Tonlage gesprochenen Wörter: gell, ja, schön, Mühe, Freude, Martha, jedes Jahr.

Vater Ludwig ist wieder ins Haus gegangen, das Weißbier austrinken und Platz schaffen unter dem Christbaum für die große Bescherung.

In dem geräumigen Eßzimmer hat Mutter Martha die Festtafel gedeckt, der Christbaum steht nebenan im Wohnzimmer.

An der Haustür angekommen, werden die Damen auch von Sohn Anton und Sohn Bernhard artig begrüßt.

Als erste Oma Rosemarie: »Grüß dich Gott, Oma Rosemarie!«

Beide machen, wie es Mutter Martha verordnet hat, einen feschen Diener.

Oma Rosemarie fährt mit beiden Händen beiden durchs Haar und sagt: »Zwei ganz fesche Buben.«

Sohn Anton und Sohn Bernhard halten beide die Arme hinter dem Rücken verschränkt und grinsen gesund.

Dann geht es weiter: »Grüß dich Gott, Tante Sophie!«, fescher Diener, »Grüß dich Gott, Opa Eduard!« fescher

Diener, »Grüß dich Gott, Onkel Kurt!« fescher Diener, »Servus, Walter!«

Mutter Martha weist an: »Anton, sei ein fescher Kavalier, hilf der Oma Rosemarie aus dem Mnatel. Bernhard, sei ein fescher Kavalier, hilf der Tante Sophie aus dem Mantel.«

Oma Rosemarie übernimmt nun, indem sie sich neben dem Christbaum aufstellt, das Regiment.

Mutter Martha geht derweilen in die Küche und kümmert sich um die Gans.

Oma Rosemarie weist Opa Eduard und Vater Ludwig mit plötzlich dienstlicher Schärfe an, die Geschenke für die große Bescherung von den Plastiktüten zu befreien und unter dem Christbaum aufzubauen, jedoch nicht, bevor Sohn Anton und Sohn Bernhard durch mehrfaches, schnelles Händeklatschen verscheucht worden sind.

Sohn Anton und Sohn Bernhard laufen zu ihrem Zimmer, dem Bubenzimmer, das sich am Ende des Flurs befindet, der einen Knick macht, hinter dem man sich verstecken und luren kann.

Luren heißt bei Sohn Anton und Sohn Bernhard das verbotene Zuschauen bei etwas, das man nicht sehen darf.

Hinter dem Knick im Flur, den sie selbst das Lur-Eck nennen, bleiben Sohn Anton und Sohn Bernhard sofort stehen und postieren sich so, daß sie ins Wohnzimmer und zum Christbaum hinsehen können, selbst jedoch nicht als Lurer bemerkt werden.

Aus der Ferne betrachtet, fällt Sohn Anton auf, kann man die Menschen besser im Ganzen sehen, besonders, wenn sie so umfangreich sind wie Oma Rosemarie.

Oma Rosemarie trägt mit Absicht ein schlicht und gerade geschnittenes Kleid, das mit großen, dunkelroten Rosen und saftiggrünen Blättern auf hellrotem Untergrund bedruckt ist, denn das paßt zu ihrem Namen, sagt sie.

Um den Hals und auf der Brust hat sie eine lange Kette

aus dicken, weißen Perlen, wie alle Frauen in der Verwandtschaft bei feierlichen Anlässen.

Ihre grauen Haare sind hochgesteckt mit vielen Nadeln, die man, wenn man genau hinsieht, erkennen kann. In ihrer Nähe riecht es nach Haarspray.

Opa Eduard mault »jajajajaja!«, als Oma Rosemarie nach dem Verschwinden von Sohn Anton und Sohn Bernhard hinter dem Lur-Eck ihren Befehl, Beseitigung der Plastiktüten, erneuert, denn er hat seinen sandbraunen Trenchcoat noch nicht ausgezogen und ist noch nicht dazu gekommen, seinen dazu passenden Pepitahut abzunehmen, schon muß er Oma Rosemaries Anordnungen ungesäumt folgen.

Vater Ludwig ist derweil bereits auf allen vieren unter dem Christbaum.

Es werden zwei Geschenkpyramiden, die einander sehr ähneln, aufgebaut, indem Opa Eduard die aus den Plastiktüten gepackten Geschenkpakete Vater Ludwig gibt, der sie gemäß den Anweisungen der Oma Rosemarie auftürmt.

Die übrige Verwandtschaft sitzt unterdessen in den Wohnzimmersitzmöbeln und schaut.

Tante Sophie, die zweiundsiebzig ist, raucht Kette.

Eine Zigarette, die sie Walter anbietet, schlägt dieser aus.

»Walter, magst ein Weißbier?« fragt Mutter Martha, kurz aus der Küche kommend.

Walter mag ein Weißbier.

Nachdem Vater Ludwig und Opa Eduard Oma Rosemarie angezeigt haben, die Geschenkpyramiden seien fertig, verkündet diese, der sofortigen großen Bescherung stünde nichts mehr entgegen, sobald Opa Eduard nur endlich seinen Mantel ausgezogen und seinen Hut abgenommen habe. Da kommt Mutter Martha aus der Küche, Knödel und Blaukraut seien bald fertig, ebenso die Gans, und hält dagegen, eine große Bescherung sei erst möglich, wenn auch Oma Erika und Opa Schorsch anwesend seien.

Daraufhin schweigt Oma Rosemarie, ihr Gesicht trägt einen Ausdruck strenger Mißbilligung.

Sohn Anton und Sohn Bernhard, noch immer hinter dem Lur-Eck, blicken sich, neugierig, wie dieser Zusammenstoß ausgehen wird, an.

In diesem Moment klingelt das Telefon, im nachhinein läßt sich sagen: wie gerufen.

Mutter Martha hebt ab, sagt in längeren Abständen viermal kurz »ja« und hängt ein.

Sie spricht zu allen, vermeidet aber, Oma Rosemarie anzuschauen: »Oma Erika und Opa Schorsch kommen einen Zug später. Dem Opa Schorsch war nicht gut. Wir sollen mit der großen Bescherung schon anfangen, wenn es sein muß auch mit dem Essen.«

»Der war gestern wieder blau!« meldet sich mit hoher Stimme Tante Sophie.

»Gestern?« fügt Oma Rosemarie schnippisch fragend an und sagt: »Wenn die nicht kommen, dann ist – wie ich gesagt hab – die große Bescherung jetzt. Schließlich ist das für die Kinder, die nichts dafür können.«

Sohn Anton bekommt von Sohn Bernhard einen leichten Stoß mit dem Ellbogen in die Rippen, der bedeutet: haut schon!

Mutter Martha muß sich geschlagen geben. Sie sucht Hilfe bei Vater Ludwig, der sie beschwichtigt, er würde Oma Erika und Opa Schorsch dann eben später von der S-Bahn abholen.

Oma Rosemarie hält das, erkennbar an ihrer ungeduldigen Wartehaltung, die Arme über dem wehrhaft vorgestreckten Busen verschränkt, für Sabotage.

Als ihr die Mutter Martha aufrichtig sagt: »Ich kann das Glöckerl nicht finden«, schreit Oma Rosemarie ohne weiteres und sich dabei auf Zehenspitzen stellend in Richtung Flur: »DAS CHRISTKIND IST DAAA!«

159

Sohn Anton und Sohn Bernhard sind sich nicht sicher, ob das Schreien von Oma Rosemarie als Startzeichen für die große Bescherung ausreichend ist oder ob auf die Entdeckung des Glöckerls gewartet werden muß. Sie verharren daher hinter dem Lur-Eck, bis auch Mutter Martha sich, wegen der Kinder, die nichts dafür können, wie sicherlich auch sie denkt, scheint's einen Ruck gibt und ruft: »Kommt Kinder!« – das Christkind dabei nicht erwähnend.

Solchermaßen aufgefordert, trauen sich Sohn Anton und Sohn Bernhard zu kommen und rennen los zum Christbaum. Mit auspackbereiten Armen stehen sie vor den Geschenkpyramiden und warten auf ein letztes Zeichen von Oma Rosemarie.

»Das Linke ist für den Anton, das Rechte ist für den Bernhard. Fangt an!« verfügt diese.

Sohn Anton und Sohn Bernhard fangen an.

Oma Rosemarie und die Verwandtschaft sind gespannt.

Aus den Geschenkpyramiden werden ohne Zögern Geschenkhaufen gemacht. Sohn Anton fängt mit den kleinsten Päckchen an, die, wie er weiß, Süßigkeiten enthalten. Er will die großen und teuren Geschenke erst zum Schluß auspacken, weil das bescheidener und artiger ist als umgekehrt. Außerdem kann er dann die Danksagungen in ihrer Heftigkeit von Geschenk zu Geschenk steigern, was die Verwandtschaft erfreut. Sohn Bernhard macht es nicht anders.

Opa Eduard wird aber ungeduldig. »Das ist alles bloß Schoggolad!« ruft er, um ein der großen Bescherung angemessenes Hochdeutsch bemüht, als er Sohn Anton beobachtet, der sorgfältig den Tesafilm von den durch Oma Rosemarie als Geschenkpapier benutzten buntbedruckten Papierservietten ablöst.

»Da ist überall das Gleiche drin, damit ein jedes das gleiche hat und keines benachteiligt ist«, erläutert Oma Rosemarie.

Sohn Anton und Sohn Bernhard spotten gerne heimlich über die Süßigkeiten, die sie von Oma Rosemarie und Opa Eduard bekommen, die sind nämlich meistens eklig.

Gezuckerte Geleebonbons, falsche Gummibärchen, die nicht klein und hart, sondern groß und knautschig sind, Zartbitterschokolade, Erfrischungsstäbchen, nicht selbstgemachte Plätzchen, sondern gekaufte – das alles ist meistens eklig und wird gleich der Mutter Martha zum Wegtun gegeben.

Andere Süßigkeiten – Trauben-Nuß-Schokolade, weiße Schokolade, Pralinen, Elisen-Lebkuchen, Kokosflocken, Campino-Bonbons und Nimm 2 – sind gut und werden sogleich an sichere Orte verbracht.

Nachdem alle Süßigkeiten ausgepackt sind, wird sich bedankt.

Zu diesem Zweck läuft Sohn Anton zu Oma Rosemarie, Sohn Bernhard zu Opa Eduard.

Sohn Anton gibt Oma Rosemarie ein Bussi auf die Backe, das will sie. Sohn Bernhard gibt Opa Eduard ein Bussi auf die Backe, das will der nicht, er dreht sich weg und sagt:»Ageh!«

Sohn Bernhard läßt von Opa Eduard ab und umarmt Oma Rosemarie, die das Bussi mag.

Sohn Anton ist für sein Alter schon ein Prachtkerl, der Sohn Bernhard für sein Alter viel zu verzärtelt und verspielt, das wissen alle, und Opa Eduard sagt es immer wieder.

Die große Bescherung geht weiter.

Sohn Anton packt aus: Hans Dominik, Flug in den Weltraum; Bussi, fescher Diener – das hat er vom jüngeren Bruder abgeschaut.

»Der Bub könnds ja«, sagt Opa Eduard befriedigt.

Sohn Anton und Sohn Bernhard packen jeweils aus: Socken, Unterwäsche, zwei Pullover, zwei Hemden lang, zwei Hemden kurz, zwei Kordhosen lang.

Oma Rosemarie und Mutter Martha wechseln Blicke der Übereinkunft. Sohn Anton und Sohn Bernhard langweilen sich, Bussi, fescher Diener. Die große Bescherung geht weiter.

Sohn Bernhard packt aus: eine Ziehharmonika, die hat er sich gewünscht, liebes Bussi, ganz fescher Diener.

Sohn Anton packt aus: ein längliches, rechteckiges Paket, in dem sich, wie er sofort gesehen hat, die TEE-Lok befindet. Er freut sich, aber ärgert sich, daß er Überraschung mimen muß: »Mensch! Eine TEE-Lok!, ganz liebes Bussi, ganz, ganz fescher Diener.

Opa Eduard fragt, auf Belehrung bedacht, Sohn Anton, der den Bescherungsgegenstand in Händen hält: »Worum heißt die Log TEE?«

Mutter Martha scherzt: »Vielleicht, weil's darin nur Tee gibt?«

Sohn Anton weist sie verärgert zurecht: »Geh, Mama – Trans Europ Expreß!«

Opa Eduard lobt: »Ein gonz fixer Bursch!«

Die Mutter Martha schweigt stolz.

Der Vater Ludwig sagt: »Gell, Anton, jetzt hast schon gemeint, es wird nix mehr mit der Lok.«

Sohn Anton nickt grinsend, als sei nochmal alles gutgegangen.

Oma Rosemarie, die Hände hinter dem Rücken versteckt, sagt: »So, Buben, das waren alles recht schöne Geschenke, aber jetzt kommt die Hauptsach!«

Sohn Anton und Sohn Bernhard wissen aus Erfahrung, daß jetzt die Kuverts mit den Geldscheinen dran sind.

Sie fragen: »Was denn?«

Oma Rosemarie fragt: »Links oder rechts?«

»Links!« sagt Sohn Anton. »Rechts!« sagt Sohn Bernhard.

Oma Rosemarie hat in jeder Hand ein Kuvert, wie verlangt gibt sie das linke an Sohn Anton, das rechte an Sohn Bernhard.

Beide öffnen gleichzeitig die Kuverts und ziehen blaue Geldscheine heraus: Ein-, zwei-, drei-, vier-, fünfhundert Mark! Und das für jeden! Ganz, ganz liebes Bussi, ganz, ganz, ganz fescher Diener!

Alle freuen sich über die fassungslose Freude von Sohn Anton und Sohn Bernhard.

Es ist ganz allgemein das Schönste, wenn man den Kindern gibt, was sie am meisten brauchen, das weiß jeder.

In die allgemeine Freude hinein kommt Onkel Kurt auf Sohn Anton und Sohn Bernhard zu, die beide mit ihren je fünfhundert Mark unter dem Christbaum reich und überglücklich stehen, und drückt ohne Kuvert, also buchstäblich bar, einem jeden einen weiteren Hunderter in die Hand.

Diese Form der Geschenkübergabe wird toleriert, denn Onkel Kurt war in seinem Berufsleben als Abteilungsleiter ein ernsthafter Mensch, der nie auf die Form, stets auf den Inhalt zu achten pflegte – ganz so wie auch heute noch.

Der geringeren Summe des derart überreichten Geldgeschenks braucht er sich nicht zu schämen, als entfernterer Verwandter läuft er außer Konkurrenz zu den Großeltern, das Schenken an sich schon ist bei ihm Draufgabe.

Damit ist fürs erste die große Bescherung vorbei, und die ganze Verwandtschaft soll sich auf Anregung Vater Ludwigs zu Tisch begeben. Jedoch, fährt Mutter Martha dazwischen, es sei höchste Zeit, Oma Erika und Opa Schorsch von der S-Bahn abzuholen, sie würden jeden Moment am Bahnhof eintreffen. Vater Ludwig solle sie gleich abholen, sie, die anwesende Verwandtschaft werde solange warten, und zwar im Wohnzimmer. Die anwesende Verwandtschaft mault.

»Wegen dem Schorsch, der nicht püngdlich sein konn – ein jeder weiß worum –, solln alle jedzd mit dem Essn wordn. Des is ein Sauschdoll!« entfährt es Opa Eduard.

Mutter Martha schaut verärgert und schweigt.

Die Söhne Anton und Bernhard beraten, wo sie ihr Geld verstecken sollen.

Vater Ludwig macht sich auf den Weg.

Tante Sophie raucht.

Walter döst und trinkt Weißbier.

Oma Rosemarie ist zufrieden wegen der großen Bescherung und pfeift sichtlich auf Oma Erika und Opa Schorsch.

Eine halbe Stunde später trifft Vater Ludwig mit Oma Erika und Opa Schorsch ein.

Mutter Martha begrüßt ihre Eltern herzlich.

Oma Rosemarie will Mutter Martha nicht nachstehen: »Grüß euch, Grüß euch! Ach, ist das schön, daß ihr doch noch kommt«, sagt sie.

Opa Schorsch sieht Oma Rosemarie mißtrauisch an und bittet seine Tochter, ohne den Gruß Oma Rosemaries erwidert zu haben, unverzüglich um Weißbier.

Er begibt sich mit Oma Erika ins Wohnzimmer zur weiteren Verwandtschaft.

Es erfolgt eine formlose allgemeine Begrüßung durch Zuruf. Sohn Anton und Sohn Bernhard geben die Hand, unterlassen aber ungerügt fesche Diener sowie Kavaliershandlungen.

Oma Rosemarie läßt nicht locker: »Schade, daß die große Bescherung schon vorbei ist. Na, dann müßt ihr eben nachbescheren – ist auch nicht so schlimm nicht?«

Sohn Anton beobachtet, wie Oma Erika daraufhin an Oma Rosemarie herantritt und Unverständliches flüstert.

Oma Rosemarie antwortet laut und mit offensichtlich gespielter Entrüstung: »Aber Erika! Eduard würde dich doch nie und nimmer belügen!«

Oma Erika wendet sich von Oma Rosemarie ab, hin zu den unter dem Christbaum sitzenden Söhnen Anton und Bernhard. Sie öffnet ihre Handtasche und gibt einem jeden ein Kuvert.

Beide öffnen gleichzeitig die Kuverts und ziehen blaue Geldscheine heraus. Ein-, zwei-, dreihundert Mark! »Danke Oma Erika, danke Opa Schorsch« – kein Bussi, kein fescher Diener.

Oma Erika fragt die Söhne Anton und Bernhard verwundert, aber doch mit gekünstelt kindlichem Interesse: »Was habt's denn ihr vom Opa Eduard und von der Oma Rosemarie alles gekriegt?«

Einstimmig tönen die Söhne Anton und Bernhard: »Ganz viele Sachen und fünfhundert Mark.«

Oma Erikas Gesicht wird blaß und böse.

Sie richtet sich zu voller Größe auf und wirft einen fürchterlichen Blick auf Oma Rosemarie, dann auf Opa Eduard.

»Dreihundert Mark war ausgemacht! Dreihundert Mark hat Eduard gesagt! Dreihundert, nicht fünfhundert Mark, Rosemarie! Er hat mich belogen!« Oma Erika ist außer sich, Mutter Martha macht beschwichtigende Gesten. Oma Erika kramt in ihrer Handtasche nach ihrem Portemonnaie.

Sie entnimmt ihm zwei Hunderter und fragt Mutter Martha in nun wieder sachlichem Ton, ob sie ihr zweihundert Mark leihen könne, bis morgen. Freudig holt Mutter Martha ihr Portemonnaie und borgt Oma Erika das Geld.

Oma Erika gibt Sohn Anton und Sohn Bernhard jeweils zweihundert Mark. Sie nehmen das Geld geschäftsmäßig an sich, »dankedanke«, trotzdem kein Bussi, kein fescher Diener, und stecken es zu dem anderen.

Oma Erika hat sich einigermaßen beruhigt, scheinbar empfindet sie Genugtuung, nun hat sie ebensoviel geschenkt wie Oma Rosemarie und Opa Eduard.

Opa Schorsch ist es gleich, er fragt Vater Ludwig, wie es mit weiterem Weißbier aussehe, die Luft sei trocken.

Opa Eduard, der gut Wetter machen will, bittet Vater Ludwig ebensfalls um Weißbier.

Mutter Martha, die wieder halbwegs guter Dinge ist, bittet nun endlich zu Tisch.

Alles erhebt sich und tritt an die Tafel im Eßzimmer heran.

Mutter Martha weist die Plätze an. Oma Rosemarie übernimmt den Vorsitz, Opa Eduard sitzt neben ihr; neben Opa Eduard sitzt Onkel Kurt, neben Onkel Kurt sitzt Tante Sophie; neben Oma Erika sitzt Opa Schorsch, Opa Schorsch sitzt neben Walter, Walter sitzt neben der Tür, neben der Tür steht der Katzentisch, an dem sitzen Sohn Anton und Sohn Bernhard.

Auf dem Weg zu seinem Platz zeigt Opa Schorsch Sohn Anton und Sohn Bernhard das Spiel Gerade/Ungerade:

Einer hält einen Geldschein verdeckt und fragt den anderen, ob die letzte Ziffer der Nummer des Geldscheins gerade oder ungerade ist. Antwortet der andere richtig, bekommt er den Geldschein, antwortet er falsch, muß er selbst einen Geldschein gleichen Werts bezahlen.

Sohn Anton und Sohn Bernhard sind begeistert.

»Aber nur heimlich spielen!« empfiehlt Opa Schorsch.

Endlich sitzen alle bei Tisch.

Die Einnahme des Festessens erfolgt wortlos in circa fünfzehn Minuten unter Erzeugung erheblicher Eßgeräusche.

Insbesondere Opa Eduard verschluckt sich häufig. Sohn Antons Appetit wird dadurch beeinträchtigt, er läßt, entgegen seinen Gewohnheiten, einen halben Knödel stehen.

Nach dem Essen verlangt die Verwandtschaft nach Schnaps.

Opa Schorsch bemerkt, auch für Weißbier sei durchaus noch Platz.

Vater Ludwig reicht Zwetschgenwasser.

Tante Sophie, die bereits wieder raucht, merkt an, in Ehren könne sie ein Schnäpschen nicht verwehren.

Sohn Anton und Sohn Bernhard langweilen sich und fragen, ob sie aufstehen dürfen.

Mutter Martha gestattet es.

Sie setzen sich unter den Christbaum und spielen sofort Gerade/Ungerade.

Die Erwachsenen beginnen mit der Durchführung des Gesprächs.

Oma Rosemarie: »Gut war's, Martha.«

Opa Eduard: »A bissl zäh, die Gons, zu viele Flugschdund, haha, da konnd ma sich leichd verschluggn. Ein Hoch auf die Köchin. Brosd.«

Mutter Martha fragt, ob sie abräumen dürfe, und bekommt allgemeine Zustimmung, durch Grunzen und Kopfnicken zum Ausdruck gebracht.

Vater Ludwig schenkt, während seine Frau die abgegessenen Teller in die Küche trägt, weitere Schnäpse ein.

Schnell kommt die Rede auf die schlechte Zeit, damals, und wie sich alles entwickelt hat.

Es wird allgemein festgestellt, daß Oma Rosemarie und Opa Eduard im Rahmen ihrer Möglichkeiten Lebensart haben, daß man Onkel Kurt den Abteilungsleiter heute noch ansieht, daß Tante Sophie mit ihren zweiundsiebzig Jahren immer noch raucht, daß es Oma Erika in ihrem Leben nicht gut getroffen hat, daß Opa Schorsch immer blau ist, daß Walter ein tragisches Schicksal zu tragen hat, daß dies heute alles nicht so wichtig ist wegen Weihnachten, und Hauptsache die Kinder freuen sich.

Nachdem dies alles festgestellt ist, ist das Gespräch beendet, die Verwandtschaft wird unruhig, sie will nach Hause.

»Leider, wir müssen!« sagt Oma Rosemarie zu Mutter Martha.

Sohn Anton und Sohn Bernhard werden von Mutter Martha gerufen: »Anton sei ein fescher Kavalier, hilf Oma Rosemarie in den Mantel. Bernhard sei ein fescher Kavalier, hilf Tante Sophie in den Mantel.«

Mutter Martha selbst hilft Oma Erika in den Mantel. Vater Ludwig hilft Opa Eduard in den Mantel, Walter hilft Onkel Kurt in den Mantel, Opa Schorsch zieht sich, wie Walter, seinen Mantel selber an.

An der Haustür wird die Verwandtschaft von Sohn Anton und Sohn Bernhard artig verabschiedet: »Leb wohl, Oma Rosemarie!«, fescher Diener, »Leb wohl, Onkel Kurt!«, fescher Diener, »Leb wohl Tante Sophie!«, fescher Diener, »Auf Wiedersehen, Oma Erika!«, »Auf Wiedersehen, Opa Schorsch!«, Servus Walter!«

Oma Rosemarie, Opa Eduard, Onkel Kurt, Tante Sophie und Walter steigen in Onkel Kurts goldfarbenen BMW.

Sohn Anton und Sohn Bernhard winken artig.

Langsam setzt sich der goldfarbene BMW in Bewegung, die Insassen winken zurück.

Vater Ludwig bringt Oma Erika und Opa Schorsch zur S-Bahn.

Als er zurückkommt, setzt er sich ins Wohnzimmer und macht sich ein Weißbier auf.

Sohn Anton und Sohn Bernhard sitzen wieder unter dem Christbaum und spielen Gerade/Ungerade.

Mutter Martha steht in der Küche und spült ab.

MARIA PESCHEK

Der sibirische Streifenhamster

Ham Sie des letzts Weihnachten mit unsrer Tante Annegret mitkriagt? Ja, Sie san guat! Do ham sie s' doch mit Blaulicht in d' Klinik gfahrn. Herz, Kreislauf und vor allen Dingen die Nerven ois beim Deifi! Und sie ham des gor net mitkriagt? A gäh! Naja, wolln mirs amal glauben. Mei, mir ham mit unsrer Tante Annegret scho so vui Aufregung ghabt, so vui Aufregung! Des dürfen 's mir glaubn,

168

Streifenhamster, Hinterglasbild von Brigitta Rambeck

daß i mi moi beim jüngsten Gericht grad vor unsern Herrgott hinstellen derf. Mei Christenpflicht hob i an meiner
Verwandtschaft erfüllt. Do hob i einige Jahre Fegefeuer
guat! Also, passn s' auf.

Unser Tante is doch alleinstehend. Da Onkel Erwin is
doch scho seit Jahren – sie sogt gern auf Reisen –, aber er is
ihr hoid durchbrennt, sitzen lassen, nimmer mögn hod er
s', auf und davo is er, das Weite hod er gsuacht; wohin?
Die Antwort kennt nur der Wind. Ja, und ihre Kinder san
hoid aa... – da Albert is in Amerika verheirat und die
Gerda in Unterzwiselbach. Des is irgendwo in Oberöster-
reich, fragen s' mi net. Jetzt ham s' hoid aa net so Zeit für
d' Tante. Jetzda ham s' ihr, daß s' a bissl a Ansprach hod,
ham s' ihr z' Weihnachten so an sibirischen Streifenhamster gschenkt. Mir ham'n überreichen miassen, in so einem Käfig drin. Und die Tante an ganzen Vormittag: I
woaß net, mir is heut so mitm Schnaufa, i woaß net, i
woaß net! I hob mir do weiders nix denkt, wenn ma scho
so vui Weihnachtsplatzl glei nachm Frühstück verdruckt,

169

da hod mi des net gwundert, dass ma sich da a bißl schwer schnauft.

Ja und bei der Bescherung: mir enthüllen den Käfig – die Tante: Iiiiiihhh, wos is'n des, iiiiiiiihhhhh wos soi i denn mit dem, iiiiiiiihhhhhh!! I sog: Tante, der is von deine Kinder, daß d' net ollaweil so einsam bist. Die Tante – so eine rote Birn auf –, i denk mir no, sie ärgert sich über das Viech oder über ihre Kinder. Sog i: Tante, dua di net aufregn, des ham die bestimmt nett gmoant! Die Tante lasst sich aufs Sofa fallen, verdraht die Augen. So, hob i mir denkt: aus is's, jetzt ham ma'n Dreck im Schachterl, jetzt is's soweit, und mir waren immer noch nicht beim Notar! Weil, des is mit da Tante ausgemacht, durch des, daß mir uns do so a bissl um sie kümmern, dass sie uns dann erbschaftsmäßig..., aber des bleibt jetzt unter uns Klosterschwestern! Des brauchen ihre Kinder ja nicht unbedingt zu wissen. Des erfahrn s' scho no zum richtigen Zeitpunkt. Inzwischen is des auch alles erledigt, weil dieser Streifenhamster war mir eine Lehre: wie schnell dass 's gehen kann! Wie ein Blitz aus heiterem Himmel, wenns d' am allerwenigsten dran denkst. Aba glaubn s', wie ich s' da auf'm Sofa hab flacken sehn, mir is der kalte Fußschweiß im Nacken gstandn.

In der Klinik san s' dann ziemlich schnell dahinter komen, daß die Tante eine Allergie hat und zwar – gegen sibirische Streifenhamster! Sonst vertragt s' alles, des ham s' getestet! Nur nicht sibirische Streifenhamster! Ich hab ja auch zerscht gmeint, die machen blöde Witz mit mir. Aba, intressant ha? Ihre Kinder meinen wunder was, a normaler Hamster hod's ja net do... und akkurat so was Ausgefallnes. Mir ham uns ja lang nicht mehr beruhigen kenna, was sich des Leben doch für Zufälle ausdenkt.

Mei, wer weiß, gegen was Sie allergisch san, vielleicht gegen irgend so eine tropische Pflanzn, die nur in Hintergschertindien vorkommt. Werdn s' aba nie erfahren, weil s' nie in Berührung kemma werdn damit. Ja, kann ma's wissen? So sibirische Streifenhamster san ja auch nicht billig. Da Tante ihre Kinder ham gmeint, mir sollten den doch veräußern und den Erlös dann an sie überweisen. Den Erlös! Mir ham rumgfragt, den hat neamands, net amoi net gschenkt ham wolln. Ja, dann ham mir'n so a Zeitlang, ham ma'n in da Garage drin ghabt, in seim Käfig drin, auf oamoi war er furt da sibirische Streifenhamster. Keiner hod sich erklärn kenna, wo des Viech hi kemma is. Mei, vielleicht, daß er Heimweh ghabt hod und sich auf den Weg nach Sibirien gmacht hod? Woaß ma's? – I moan, bin I bläd? I hätt den do andauernd fuadern und ausmisten soin… i hob hoid a bißl Schicksal gspuit, i hob eahm sei Käfigtürle offenlassen – unser Mohrle is eh scho immer vor der Garagentür hin und her gstrunzt und gstraunzt, ganz unruhig war er, hob i eahm d' Garagentür aufgmacht, hod er a rechte Freid ghabt: Miauhhh Wusch! Dann war a Ruah mitm Streifenhamster aus Sibirien.

Was psychologisch ja noch ganz intressant is, mir derfan ja vor der Tante immer noch nicht einmal das Wort »Sibirischer Streifenhamster« laut in den Mund nehmen, da kriegt die sofort Atembeschwerden. Gut, in einem normalen Gespräch kommt ja das Wort »Sibirischer Streifenhamster« eher selten vor. Aber, es kommt halt doch vor, daß mir uns über diese Katastrophenweihnacht unterhalten und daß der eine oder andre doch des Wort an sie richtet: Du, sog amoi Tante, hast jetzt du eigentlich jemand kennaglernt, der auch so ein Viech hod? – Häh? – Oder jemand, der jemand wüßt, der so ein Viech hätt? – Häh? – Na, woaßt scho, so einen sibirischen Streifenhamster! – Iiiihhh… iiiihhhh…

ALMA LARSEN

Himmel und Hölle

heile hei
bring nachts uns wein
zur gans den roten
den schweren
damit uns warm wird
ums herz

die retuschierten sterne
funkeln auf dem papier
in silber & gold
es klingeln
verschiedene glocken
uns wird nichts geschenkt

stille? ach
die kinder zählen
zuerst die stunden
und sind sich später
keiner stunde bewußt
wenn sie töten spielen

in unerhörter ferne
singt ein engel
wir testen den neuen
walkman und heben ab
bei einem song von
heaven & hell

GERHARD POLT

Single Bell

Im achten Stock im Block D wohnt Herr Matschl.

Sein Zwei-Zimmer-Apartment hat siebenundvierzig m², ist also doch relativ geräumig. Außerdem verfügt es noch über eine Loggia, welche im Winter den Kühlschrank ersetzt.

Der Wohnraum läßt es jedenfalls zu, daß auch dieses Jahr wieder ein Christbaum die Weihnachtlichkeit unterstreicht.

Herr Matschl ist geschieden, seit sieben Jahren, und das Single-Dasein findet er inzwischen, ja, sagen wir, ganz o.k.

Kinderlos und auch sonst mit ziemlich wenig Kontakten ausgestattet, verbringt er die Zeit, die nach der Arbeit anfällt, innerhalb seiner siebenundvierzig m².

Noch verheiratet, war er es gewesen, der den Christbaum ausgesucht und in der damaligen immerhin Achtundsechzig-m²-Wohnung aufgestellt und geschmückt hatte. Aus irgendeinem Grund ist das Volumen des Baumes seit dieser Zeit immer dasselbe geblieben. Obwohl er nun allein ist, hat der Christbaum exakt die Maße wie ehedem. Den Kampf um den Schmuck hat er damals bei der Haushaltsauflösung eindeutig für sich entscheiden können.

Jetzt erleben wir Herrn Matschl, wie er dabei ist, den Baum zu schmücken, und wie er dazu ein Weihnachtslied, nämlich »O Tannenbaum«, summt. Gleich wird er den Videorecorder einschalten, und wir werden im Fernsehen sehen, wie er den Christbaum schmückt und im gelbgestreiften Hemd »Stille Nacht« summt.

Routiniert und entschlossen schmückt Herr Matschl in grauer Wolljacke seinen Baum, hie und da beiläufig in den Video schauend, wie er sich, unverdrossen Christbaum schmückend, im Vorjahr ebenfalls als Christbaumschmücker betätigt hat.

Nun schaltet Herr Matschl die Kamera ein und nimmt auf, also dokumentiert, was er sich nächstes Jahr, dann, wenn er einen Christbaum schmückt, anschauen wird: nämlich, wie er dabei ist, den Christbaum zu schmücken und betrachtet, wie er damals, also heute, den Christbaum geschmückt hat. Aber das wird er sich – also, wie er jetzt den Christbaum schmückt – nächstes Jahr anschauen.

Nun jedoch schmückt er seinen Baum und schaut sich an, wie er ihn letztes Jahr geschmückt hat. Im Moment vernimmt er christbaumschmückend, wie er »Stille Nacht« gesummt hat, und wie er jetzt »O Tannenbaum« summt, das wird er sich ansehen, wenn er nächstes Jahr den Christbaum schmücken wird.

Da klingelt's. Herr Matschl geht an die Tür und öffnet. Weihnachten steht vor der Tür in Gestalt von Herrn Ott, einem Single aus dem elften Stock. Er hat seine Kamera dabei und ist bereit aufzunehmen, wie Herr Matschl die Kamera einschaltet, wenn er dann aufnimmt, wie er den Christbaum schmückt.

Herr Ott sagt: »Frohes Fest!« Herr Matschl ist gerührt: »Mein Gott, Herr Ott! Sie schickt wirklich der Himmel!«

»Keine Ursache!« sagt Herr Ott. »Ich versteh schon, ist doch klar!«

BARBARA BRONNEN

Die Alleinunterhalterin

»Oh du fröhliche o du selige…«, singt Isabella und ringt die Hände. Ihr ist kalt. Der Saal ist kaum geheizt. Sie versteht, daß der Heimleitung nicht an Wärme gelegen ist. Die wollen gar nicht dafür sorgen, daß sich die alten Frauen wohlfühlen. Außerdem ist heute sie für Wärme zuständig. Dafür hat man sie angestellt.

»Oh du fröhliche…«, sie klatscht in die Hände und for-

174

dert die Insassinnen mit Flügelbewegungen ihrer Ellbogen auf, mitzumachen. Sie wiegt die Hüften und lächelt komplizenhaft Alfonso, den beinamputierten Harmonikaspieler, an. Zwinkert einer Frau, die schüchtern mitzuklatschen beginnt, zu. Die Frauen sollen in Stimmung kommen. Sollen das Gefühl haben, daß sie es mit ihr gut getroffen haben. Auch wenn sie nur eine Frau ist. Bei Männern käme sie besser an. Dem eigenen Geschlecht gegenüber fällt ihr gute Laune schwer.

Ausweichende Blicke. Nicht eben viel Halt in diesem kahlen kalten Raum. Ein paar Silberkugeln, ein sparsam geschmückter Weihnachtsbaum, elektrische Kerzen.

Die Sicherheitsnadel an ihrem Rock ist aufgegangen. Unauffällig versucht sie, sie mit ihren kalten Fingern wieder zu schließen. Die Finger sind gekrümmt. Bis vor einem halben Jahr konnte sie noch damit arbeiten, als Näherin, zusammen mit zwei spanischen Freundinnen, dann kamen die Schmerzen.

Vor ihr eine Alte mit Silberblick im Rollstuhl. Sie muß sie gewinnen. Ihr Auftritt unter Frauen ist eine Premiere. Früher wollte sie einmal Sängerin werden, ehe sie heiratete. Rodrigo ist nach Spanien zurückgekehrt. Monatlich schickt er ihr 350 Mark, den Rest muß sie sich selbst verdienen.

Endlich, die Sicherheitsnadel ist zu. Sie hat ihren schönsten Rock angezogen, einen andalusischen Rock mit bunten Blumen, rote Stiefel, eine schwarze Bluse, goldene Ohrringe. Für ihre 56 sieht sie noch ganz gut aus. Ihre Haltung ist gerade, stolz, obwohl sie kein Geld hat. Sie versucht, sich mit Würde mit ihrer Situation zu arrangieren.

Soll sie lauter singen, Volkslieder, Oldies? Schiffbrüchige wie sie, soweit das Auge reicht, gutwillig ihr qualmendes andalusisches Feuerchen mit Klatschen begleitend. 30 Mark für den Abend. Nicht schlecht für eine Frau, die von Obdachlosigkeit bedroht ist. Sing, Nachtigall, sing.

Der Bedarf an Alleinunterhaltern ist mit der Armut der Leute gestiegen. Immer noch besser, als ihren Eisschrank anzusingen. Obwohl, seit Rodrigo fort ist, hat sie zum Singen kaum Anlaß. Vielleicht hätte sie trotzdem nach Spanien mitgehen sollen. Aber dort wäre sie auch erfroren. Das Bett teilen mit einem Mann, der einer Jüngeren seine Wärme gibt.

Wärmflaschenträume. Vielleicht haben die da unten sie auch schon gehabt. Die im Rollstuhl mit dem Kuschelhasen im Arm. Wahrscheinlich betrog er sie auch mit einer Jungen. Sie hat einen Ehering. Wieder überläuft sie ein Frösteln. Bei der Kälte kann sie sich eine Lungenentzündung holen. Die Temperaturen im Land sinken. Die Atmosphäre wird unwirtlicher von Tag zu Tag. Überall Vereisung. Im Zusammenleben. In der Politik.

Die Konkurrenz schläft nicht. In München gibt es 300 professionelle Alleinunterhalter, 100 nichtprofessionelle. Darunter kaum Frauen. Die Männer fast immer ausgebucht. Wäre sie ein Mann, wäre sie längst umbrandet von Applaus. Aber die alten Frauen wollen lieber was Männliches um sich haben.

Sie hat ihre enttäuschten Blicke wohl gesehen.

Hundert lädierte Frauen. Armut ist weiblich. Ein Mann findet immer eine Jüngere, die ihn pflegt. Schnulzen als Lebenselixier. Sie spürt die Absurdität, diese Frauen zum Frohsinn zu zwingen, fast körperlich. Wie sie sie beneidet, diese vorsintflutlichen Komponisten! Die Weihnachtsbäume waren es noch wert, besungen zu werden, mit ihrem Harzgeruch. Die Menschheit noch aufgeschlossen für harmonische Ideale, in der Terz serviert.

Die kaputte Wartesaaluhr steht auf zwölf. Geruch nach lauwarmer Reissuppe und Leibnizkeksen. Platzknappheit. Hundert Alte an zehn Tischen. Sanft abstehende Ohren, das Haar zum Knötchen geringelt. Wasserstau, müde Lider, Körper, verfeindet mit ihrer Fleischlichkeit.

Plötzlich hat sie Angst vor dem, was sie sieht. Angst, so

zu enden. Auch sie bröckelt schon. Sie hält der Wehrlosigkeit dieser Körper auf die Dauer mit ihren Liedern nicht stand. O sole mio. Diese greise Leiblichkeit rundum. Sie lässt sich nicht aus ihrem Gesangsfluß drängen!

Männerlieder. Nur ein weicher Bariton könnte diese Alten noch schmelzen lassen. Diese Ergebenheit und Schutzlosigkeit, schlimm, diese hassenswerte Demut, die eintritt, wenn alles aussichtslos ist. Sie macht sie mürbe, voll Erbitterung. Diese Wut, die in ihr entsteht, wenn man Alte ihrer vernachlässigten Physis, ihrer Sterblichkeit überläßt.

Zögernd singt sie weiter, gewinnt allmählich an Kraft, fordert von neuem die Alten auf, ihre bedrückende Anfälligkeit zu fliehen, sich nicht fröstelnd im Absterben einzurichten. Sonnenwarmes Leben, aber nicht diese Ergebenheit.

Ol' man River... ein Lied mit Vergänglichkeitsgrind. So sehr sie auch die Backen bläht: schwer, das von einer Frauenstimme zu ertragen. Die Tassen sind längst leer. Nach einer Strophe bricht sie ab und geht auf »Schlafe mein Prinzchen« über. Eine Frau vorn hat feuchte Augen. Isabelle fühlt Stolz. Das ist doch positiv. Mit deprimierter Stimmung gute Laune zu verbreiten geht nicht. Ihr Blick hält sich an der Frau fest. Deutsche Kinderlieder, das ist's. Sie wechselt auf Röslein rot. Aber sich bloß nicht anbiedern!

Verfrühter Triumph. Eine Alte ist eingeschlafen. Schlafe Prinzessin! Die Lacher sind auf ihrer Seite, die Alte wacht auf. Singen ist keine Hypnose. Rasch die Liedrichtung ändern und was Flottes angestimmt! Was Flottes ist immer gut. Endlich. Die Dicke mit den schorfverklebten Augen, die ihr niemand gesäubert hat, hakt die Kleine neben sich unter und schunkelt. Schlecht eingeschenkte Gläser mit Südwein werden verteilt. Isabella trinkt. Eine Zwangsmaßnahme, die ihr gar nicht sympathisch ist. Fräulein, dasselbe nochmal!

Applaus. Die Schwester kehrt wieder um und schenkt nach. Herz-Schmerz-Ausgelassenheit. Ein komisches Gefühl, das mit Menschen machen zu können.

Die gute Laune erhalten. Mädel ruck ruck ruck an meine grüne Seite. Alfonso, ihr Mitstreiter in Sachen Fröhlichkeit, kann das alles. Er ist schon 35 Jahre in Deutschland, fünf Jahre länger als sie. Das Bild, wie ihn der Stier auf die Hörner genommen hat, hat ihm mal ein Maler aufs Holzbein gemalt. Wenn er guter Stimmung ist, dürfen es die Frauen später anschauen.

Die Schwester betritt den Saal mit einem Plastikeimer voll Rote-Rüben-Salat mit Hering und Apfel, Bier dazu. Eine Frau fängt mit einer Freundin an zu tanzen. Jetzt ist die Zeit, wo sie ein wenig lockerer werden. Oh du fröhliche. Aber nicht zuviel, sonst werden sie an Weihnachten sentimental.

Die Abwehrmauer ist durchbrochen. Alfonso schleudert seine schmalzige Mähne nach hinten und wirft den Kunstseidenschal hinterher. Das Fest steigt. Schwerarbeit, so lange dabeizubleiben, bis man die Leute unter Kontrolle hat. Ihr ist schwindlig und heiß.

Sinnentleertheit der Fröhlichkeitsphrasen. Im letzten Arbeitsgang: nun die Stimmung vertiefen. Pro Alte zwei Streifen Hering. Erst mal schlucken, übers Verdauen später nachdenken. Überwältigendes Lächeln der Frau mit dem Silberblick. Ein Abschiedswille darin, der ausgewogen und endgültig ist.

Manchmal geht diese Arbeit über ihre Kraft. Sie spürt die Macht der anderen und ihre Sinnlosigkeit, sie zum Frohsinn umzustimmen. Bei keiner anderen Arbeit sonst kann einem die eigene Ohnmacht deutlicher werden.

Letzte Phase. Stille Nacht, dann Ententanz. Sie singt den Text auf spanisch, das klingt weniger dämlich. Die Schwester räumt ab. Eistorte mit Schnaps: donnernder Applaus. Mal kein fader gesüßter Tee. Verharschter Blick der Schwester auf die Uhr.

Isabella schwingt die Hüften. Gleich hat sie es hinter sich. Ihr Publikum auch. Doch was haben die vor sich?

Ihr Blick schweift über die Tische, die zwei Tanzenden, den abgestellten Kübel. Ihr wird flau. Alleinunterhalter sind nichts wert, wenn sie auf eigene Wehwehchen machen. Sie zwingt sich zum Lächeln. Sie will es schaffen zu siegen. Auch über ihre eigenen Träume.

Angst in den Knochen, Krieg im Hirn. Ihre Bedenken wollen nicht kuschen. Sie legt auf etwas wie Freiheit wert. Sie fühlt Bedrängnis. Erst in der Bauchgrube, dann kriecht sie hoch.

Keine Kraft mehr in den Beinen. Man kann von der eigenen Fröhlichkeit hereingelegt werden. Isabella fällt um.

Bodenloses Erschrecken beim Aufwachen : sie liegt unter Alten. Der Dunstkreis der Hinfälligkeit. Sechsbettzimmer. Schwache Bewegungen der Schlafenden. Nacht.

Ihr ist kalt. Da siehst du, wo das hinführt. Dieser Versuch zur Fröhlichkeit. Du hast nichts mit dieser tanzenden Zigeunerschlampe gemein. Merkst du denn nicht, wie albern du bist?

Sie setzt sich auf und schluckt. Zwei Frauen nebenan streiten, wer von ihnen kränker ist.

Laß dich nicht unterkriegen, denkt sie, du warst doch ganz gut!

Isabella zieht einen Bademantel an und steigt auf den Stuhl neben ihrem Bett. Sie breitet die Arme aus, gleich herrscht Stille.

Als sie »Stille Nacht« zu singen anhebt, schluchzt eine Frau in der Nähe.

Es gibt ungeheuren Applaus. Ganz nah bei ihr schluchzt noch jemand. Zuerst denkt sie: wieder diese Frau.

Nein, diesmal war sie es selbst.

Ein milder Stern herniederlacht

An Weihnachten wollte die Domina heiraten. Sie hatte genug gespart, um allen Sklaven für immer ade zu sagen. Nicht ohne Wehmut verschickte sie die Verlobungsanzeige in Form eines Adventskalenders. Der erste Entwurf war ein bei Edeka gekauftes Märchenschloß, das sie mit einem prächtigen Aktfoto unterlegte. Die geöffneten Fenster zeigten auf dezente Weise nur winzige Details ihres Körpers.

Aber sie war nicht zufrieden. In jede Luke kam nun statt dessen ein bunter Präser, der letzte vom vierundzwanzigsten Dezember mit Juckpulver präpariert. Sie verwarf auch das; die Sklaven sollten den Ernst der Situation erfassen. Aus dem Echtermeyer kopierte sie »Sah ein Knab' ein Röslein stehn«, zerschnitt das Blatt in 24 Puzzlestückchen und verteilte sie. Am Heiligabend konnte ein gebildeter Mensch alle Strophen wiedervereinigen. Insider wurden durch die zarte Anspielung der Zeile »Röslein sprach, ich steche dich« an vergangene Qualen erinnert.

Bald begann ein neues Leben. Sie hatte gut eingekauft und konnte umweltbewußt entsorgen: die Ledersachen den Hell Drivers, die Halsbänder dem Rassehund-Verein, die Peitschen und Klammern dem Zirkus überlassen. Statt der hohen schwarzen Stiefel wollte sie zu Hause nur lila Plüschpantoffeln tragen, kuschelig wie kleine Kaninchen. Die engen Latexhosen und starren Lurexblusen schickte sie nach Bethel und ersetzte sie durch einen Hausanzug aus synthetischem Samt, nachgiebig wie Omas Angora-Unterwäsche. Das endgültige Aus für Strapse, dafür handgestrickte Wollsocken in Norwegermuster. Nicht mehr mit lachsfarbenem Satin, sondern mit blauweiß kariertem Biber mit aufgestreuten Trachtenblümchen sollten die Betten locken.

Weihnachtsmann-Striptease von Tomi Ungerer
aus »Weihnachten einmal anders«

Nie wieder frieren, war die Devise, nie wieder hauteng, hart, spitzig, streng, knapp, stramm, scharf, zickig. Dafür weich, gemütlich, labbrig, wattig, wabbelig, schlaff, ausgeleiert. Die Chrom- und Acrylmöbel schleppte ein glücklicher Trödler davon, es entstand ein wohliges Nest mit Chintzgardinen, gediegen, traulich und überheizt. Vor allem der Keller wurde umgerüstet, Haken und Ösen abmontiert, das genagelte Kreuz von der Wand geschlagen, Regale mit Eingemachtem aufgestellt, strenge Gerüche durch gelagerte Boskop und duftende Cox' Orangen vertrieben.

Oliver war eine Seele von einem Mann, der zu allem ja und amen sagte. Er freute sich auf das Kind. Mit siebenunddreißig Jahren und nach zahlreichen Abbrüchen wußte die Domina genau, was sie wollte. Gut, daß er nur eine schwache Ahnung von der Quelle ihres Reichtums hatte.

Sie fand es süß, wie er von Frankreich schwärmte. Vor zwei Jahren war er nach der Gesellenprüfung mit dem Campingwagen in die Provence gefahren. »Die feiern dort Silvester mitten im Sommer!« Die Domina belehrte ihn, daß es sich um den Nationalfeiertag handelte. Sicher gab es Länder, die unsere jahreszeitlichen Feste auf den Kopf stellten, aber europäische Nachbarn gehörten nicht dazu. Oliver fand es praktisch, in lauschiger Sommernacht das Feuerwerk zu genießen und sich nicht regelmäßig die Grippe dabei zu holen. Originellerweise hatte er vorgeschlagen, das Weihnachtsfest dieses einzige Mal auf den Sommer zu verlegen und mit dem frisch geborenen Kind ein ländliches Picknick im Grünen zu veranstalten. Christbaumschmuck und Grillhähnchen im Auto, und ab in die Natur.

Sie hatte diesem reizvollen Angebot widerstanden. Der Schnee mußte leise rieseln, der See still und starr liegen und ein milder Stern herniederlachen.

Picknick im Grünen – eine windige Erinnerung schoß ihr durch den Kopf. Zwei Herren in korrekter, ja warmer Kleidung, zwei Gespielinnen bibbernd vor Kälte. Das ewige Los ihres Berufs: Frieren. Ein Mäzen der frühen Jahre liebte es, impressionistische Bilder nachzustellen – immer noch nobler zwar als die Wünsche späterer Kunden, aber die Gemälde waren stets nach den Kriterien weiblicher Blöße ausgesucht. Ein Frühstück im warmen Bett gefiel ihr allemal besser als auf nassem Moos.

Sie würde sich von nun an gehenlassen, nach Lust und Laune fett werden und nie wieder die vorgegebene stolze Haltung annehmen; Bauch und Buckel durften heraustreten, die Brust von verschränkten Armen beschützt werden, so wie das alle anderen Frauen in ihrem Alter taten.

So wie alle anderen wollte sie jetzt auch kochen und Plätzchen backen; das Resultat waren klebrige Fladen, die sich nicht mit jenen kunstvollen Gebilden messen konnten, die ihre Sklaven im Advent mitbrachten. Es war nicht bloß Neid, der sie plagte, zuweilen war es große Wut auf die selbstgerechten Gattinnen, die das Weihnachtsgebäck so professionell hinkriegten: sie spielten zu Hause die unterwürfige Dienerin und überließen den Dominas die unangenehme Aufgabe, den Haustyrannen zu züchtigen.

Keine wußte, wie anstrengend die Rolle der stets kreativen Gebieterin war, wie müde die Beine nach vier Stunden in engen hochhackigen Stiefeln wurden, wie einengend die Nietengürtel… Aber die Domina ahnte, daß auch ihr neuer Status Probleme mit sich brachte.

Schon die Sache mit der Gans. Fünfmal hatte sie mit ihrer Schwester telefoniert, bevor sie sich daranmachte. Das ebenso große wie fettige Tier mußte gefüllt, wieder zugenäht, mit Majoran eingerieben und drei Stunden lang im Backofen gebraten werden. Erst am Vierundzwanzigsten kam Oliver von der Montage zurück, sie wollte ihn mit Tannenbaum, Plätzchen und Gänsebraten überraschen; wer hätte gedacht, daß das fast so stressig war wie eine Berufsnacht mit fünf Vermögensberatern.

Aber sie hatte Erfolg. Weil sie es nicht mehr aushielt, zündete sie um fünf Uhr schon die Kerzen an und setzte sich mit Oliver zu Tisch. Er war noch zu jung, um einen Anzug zu besitzen, dafür hatte er sich mit funkelnagelneuen Jeans, einem roten Pullover und weiß getünchten Turnschuhen feingemacht; die Domina umhüllte ein Gewand aus goldenem Nickistoff.

Der Rotkohl von Hengstenberg, die Knödel von Pfanni – das sparte viel Arbeit, und er merkte es nicht. Die Gans war tatsächlich braun und knusprig geworden. Oliver aß, wie es sich für ein körperlich arbeitendes Mannsbild gehört, die Domina ließ sich auch nicht lumpen. Als es mitten beim Essen stürmisch schellte, konnte sie – vollgestopft wie die halb verzehrte Gans – nicht verhindern, daß Oliver schneller aufsprang.

Sie lauschte angestrengt. Oliver sprach mit einem Mann, dessen Stimme ihr bekannt war.

»Sie können mich doch nicht für dumm verkaufen«, sagte der Mann namens Dr. Georg Sempf und las auf dem Namenschild: ANGELA UND OLIVER BIRCHER; »hier gab es noch vor wenigen Wochen einen SM-Club…«

»Was war hier?« fragte Oliver freundlich.

Schon kam die Domina an die Tür und warf Georg einen warnenden Blick zu. »SM heißt Schachmeister«, behauptete sie geistesgegenwärtig. Georg lachte.

Sie schickte Oliver in die Küche, um die Gänsereste in den warmen Backofen zu schieben.

»Hast du meinen Brief nicht bekommen?« fragte sie in alter Strenge. »Ich habe vor drei Wochen aufgehört, ich bin jetzt eine verheiratete Frau.«

»Deine Kolleginnen waren das auch«, sagte Georg, »laß mich rein, ich habe dir ein Lackmieder mitgebracht.«

»Lackmieder, Lackmieder! Ich brauche einen Still-BH.« Georg begriff nichts mehr, er war drei Monate im Ausland gewesen und hatte die Post nicht erhalten. Er bestand auf seinen Recht, als Stammkunde auch an Feiertagen bedient zu werden.

Die Domina rang die Hände. »Ich habe alles weggegeben, kein Pranger, keine Ketten, kein Rohrstock, keine Nadeln mehr im Haus… Es geht nicht.«

Oliver kam wieder an die Tür. »Du kennst ihn?« fragte er.

Sie nickte. In diesem Moment flippte Georg aus, wochenlang hatte er sich auf Weihnachten im Folterkeller gefreut.

»Wenn ich nicht reindarf, lege ich mich vor die Tür und heule die ganze Nacht wie ein Wolf!« drohte er.

»Ja, was wollen Sie denn hier bei uns?« fragte Oliver.

»Von Ihnen gar nichts«, sagte Georg, »nur von ihr! Ich will gedemütigt werden! Ich will ihr Sklave sein!«

»Er ist verrückt«, sagte Oliver und schmetterte die Tür zu.

Kaum saß er mit der Domina bei der Rotweincreme von Dr. Oetker, als es draußen in der Tat schauerlich heulte.

Ungerührt packte die Domina Geschenke aus: eine bayerisch karierte Schürze und eine Barbie-Puppe für die erwartete Tochter. Sie war begeistert. Oliver hängte die neue Kuckucksuhr auf. Vor dem Haus heulte der Wolf, die Glocken klangen, das Radio dudelte.

Schließlich war die Domina zu erneuten Verhandlungen bereit. Georg fragte: »Irgend etwas wirst du doch noch haben – wo sind zum Beispiel die Tierfelle geblieben?«

»Behinderten-Werkstatt.«

»Und die Videos?«

»Altersheim.«

»Die Masken?«

»Beim Fastnachtsprinzen.«

»Die Augenklappen?«

»Josephs-Krankenhaus.«

Georg weinte. Sie bekam Mileid.

»Also gut, du sollst am Heiligabend nicht erfrieren. Komm meinetwegen rein, aber nur in die Küche.« Sie drückte ihm die Spülbürste in die Hand. »Kannst schon mal anfangen! Nur keine falschen Hoffnungen bitte!«

Oliver hatte immer noch nicht den richtigen Durchblick. »Woher kennst du den Typ?«

»Ein früherer Kunde.« Ihr Ehemann glaubte, daß sie an einer Bar bedient hatte.

»Beruf?«

»Direktor bei der Volksbank.«

»Dann werde ich sofort zur Sparkasse wechseln!«

»Aber nein«, sagte die Domina, »doch nicht hier bei unserer Bank, ganz woanders natürlich. Außerdem ist er perfekt in seinem Job. Komm, wir schauen mal nach ihm, vielleicht hat er sich beruhigt.«

Das Paar betrat die Küche. Georg schrubbte. Er sah die Domina mit einem hündischen Blick an. »Quäle mich!« jaulte er. Oliver war ratlos.

»Hol die Absperrkette von der Garageneinfahrt!« befahl sie. Irgendwo im Heizungskeller lagen noch die Fußeisen, weil ihr bis jetzt kein geeigneter Abnehmer eingefallen war.

Gemeinsam ketteten sie ihn an die Küchenheizung. Obgleich die Domina erst wenige Plätzchen und eine einzige Gans in ihrem brandneuen Ofen zubereitet hatte, war er schon ziemlich versaut, was vielleicht auf ihre Unerfahrenheit zurückzuführen war. Auch die Backbleche zeigten einen fettig-bräunlichen Belag. Georg bekam Scheuerpulver und eiskaltes Wasser hingestellt und war für die nächste Zeit beschäftigt.

Nach dem Dessert faltete die Domina sorgfältig das Geschenkpapier zusammen, Oliver wickelte die Bändchen auf. So gut es ging, legten sie sich zusammen aufs Sofa und hielten zum x-ten Mal eine Konferenz über den Vornamen ihrer Tochter. Als es zum zweiten Mal klingelte, wollte die Domina ihren Gatten vom Öffnen abhalten. Oliver hatte aber Geschmack an der Sklavenhaltung gefunden. »Ich muß nach den Feiertagen ins Sauerland«, sagte er, »sei so lieb und laß den Neuen die Winterreifen montieren und den Wagen waschen.« Der kluge Junge hatte begriffen, daß die Befehle nicht von ihm ausgehen durften.

Schwerfällig schlurfte die Domina in den neuen Puschen an die Tür. Dort stand Willi Maser, welch ein Glück, denn er war Chef vom größten hiesigen Autohaus. Sein Geschenk war ein scheuernder Lederbikini. Die Domina ließ sich nicht auf lange Diskusssionen ein und wies ihn in die Garage. Damit die Arbeit zur Qual wurde, schüttete sie den Müllsack mit schmierigen Gänseknochen über dem Wagendach aus.

Willi sagte: »Solchen Scheißkram würde ich nicht einmal einem Azubi zumuten!« und wurde mit dem harten Schlag einer abgenagten Gänsekeule bestraft. »Mehr!« verlangte er. »Erst die Arbeit, dann das Vergnügen«, sagte sie, und er legte sofort los.

Danach ketteten sie Georg im Bad an; Klo, Waschbecken und Wanne hatten es nötig. Georg fühlte sich großartig, denn Oliver hatte ihn »Meister Propper« getauft. Mit viel Einfühlungsvermögen überlegte sich die Domina, daß er auch die Stätte seiner früheren Lust – den Keller – ein wenig putzen sollte. Eine Streckbank war noch vorhanden, weil Oliver in Unkenntnis ihres Zweckes einen Gartentisch daraus bauen wollte. Georg durfte sie grün streichen.

»Was machen wir, wenn der nächste kommt?« fragte Oliver fröhlich. In Gedanken gingen sie die einzelnen Zimmer durch. Die Betten konnten frisch bezogen, die Fenster geputzt, die Treppe gekehrt und die Kühltruhe gründlich gereinigt werden.

»Was haben die anderen für Berufe?« fragte Oliver neugierig.

Die Domina konnte stolz berichten, daß es nur Männer in Führungspositionen waren. »Bis auf einen Studenten, der seine Magisterarbeit über mich schreibt. Der Chefkoch hat schon fünf Sterne errungen, der Finanzmann ist ein ganz hohes Tier.«

»Der könnte die Steuererklärung machen, der Koch ein schönes Essen…«

»Nein, das ist keine Sklavenarbeit.«

In Gedanken ließen sie den Koch die blauen Monteur-Overalls bügeln und den Finanzmenschen Schuhe und Silber putzen. Die ihr zugedachte schweißtreibende Gummi-Unterwäsche wollte die Domina sofort in den Rotkreuzsack werfen.

Schließlich hatten sie genug von derartigen Spekulationen und widmeten sich dem beliebten Spielchen »Ich sehe was, das du nicht siehst.« Die Domina suchte nämlich die

Gelegenheit, ihren Mann auf kunstgewerbliche Bijous, Trockenblumensträuße und Keramiken hinzuweisen. Aber Oliver holte die Dominosteine und wollte lieber damit spielen.

Als sie das Personal fast vergessen hatten, traten die beiden Spartakisten plötzlich ins Wohnzimmer, um zu streiken. Willi hatte Meister Propper sowohl losgekettet als auch aufgewiegelt. Sie beschwerten sich. »Wir sind Sex- und nicht Putzsklaven! Wo bleibt die Belohnung?«

»Erst einmal drei Blaue auf den Tisch«, sagte die Domina sanft, »dann könnt ihr euch zur Belohnung ein Plätzchen nehmen.« In diesem Moment sprang der Kuckuck achtmal aus dem Uhrenhaus.

»Um Gottes willen!« rief Willi, »ich habe meiner Frau versprochen, um sieben zur Bescherung wieder da zu sein! Was machen wir jetzt?«

Alle dachten angestrengt über eine Ausrede nach. Dabei fiel Georg ein, daß er mit seiner Mutter die Christmesse besuchen mußte. Seiner Frau gegenüber war er ohne Verpflichtungen; sie hatte nämlich von seinem Hobby Wind bekommen und war entlaufen.

»Am besten wirkt immer ein Unfall«, sagte Oliver, »dann sind die Angehörigen voller Mitleid und denken gar nicht an eine Standpauke…«

»Woher kennst du dich so gut aus?« fragte die Domina spitz, aber nicht ohne Bewunderung.

»Was für ein Unfall?« fragte der nervöse Georg, »soll ich mir etwa ein Bein brechen und im Krankenhaus landen?«

»Nein«, sagte Oliver, »Ihr Auto, nicht Sie!«

Für Autos war Willi zuständig. »Nullo Problemo«, sagte er, »wir beide könnten einen Zusammenstoß arrangieren.«

Oliver rieb sich die Hände.

»Aber nicht direkt vor unserer Haustür«, sagte die vorsichtige Domina.

Georg drehte am Radio herum. »Habt ihr schon Weihnachtslieder gesungen?«

Alle sahen ihn verwundert an.

»Bevor wir auseinandergehen, könnten wir doch noch einen vierstimmigen Satz…«

»Bitte«, sagte die Domina, »die Tochter Zion!«

Georg stimmte an, Willi und die Domina freuten sich und jauchzten laut Jerusalem, Oliver kannte solche Songs weniger. Aber auf die Dauer hatten die beiden Unfallkandidaten keinen Spaß an geistlichen Gesängen. »Wer von uns wird der Verursacher?« fragte der Banker fachmännisch.

»Von mir aus meine Wenigkeit«, sagte Willi, »ich fahre einen Vorführwagen, natürlich Vollkasko. Aber dafür müßten Sie mir schon ein bißchen…«

»Ich bitte Sie, das können Sie doch alles von der Steuer absetzen, aber ich werde Ihnen gern behilflich sein«, sagte Georg.

»Na, dann woll'n wir mal«, sagte Willi und flüsterte Georg ins Ohr: »Das Studio in der Weststadt hat vielleicht noch auf.«

»Leider nicht, ich habe mich schon erkundigt, die machen Betriebsferien!«

Für den großen Crash zogen sich alle warm an, denn es sollte ja nicht direkt vor der Haustür geschehen. Oliver tauschte mit Willi den Mantel, das heißt, er drängte dem Autohändler kurzfristig und spaßeshalber den eigenen Parka auf und zog dafür dessen Büffelfellederjacke an.

»Aber erst die Kohle auf den Tisch«, ermahnte die Domina aus Jux und Gewohnheit. Man wußte leider nicht, was sich gehört, am Ende lagen bloß zwei Kippen unterm Baum, und der Zug setzte sich in Bewegung. Die Duellanten besaßen Nobelkarossen, die sie behutsam auf die einsame Landstraße lenkten. Das Fußvolk zockelte hinterher, die Domina aus Versehen in Pantoffeln. »Gut, daß ich ihnen nur Plätzchen gegeben habe«, sagte sie mütterlich, »als hätte ich's gewußt.«

Oliver zeigte, daß er etwas von Organisation verstand. Wie ein erfahrener Sekundant wies er den beiden Masochisten die Plätze an, stellte sich selbst in die Mitte und blinkte schließlich mit dem Feuerzeug, daß mit Tempo losgefahren werden sollte. Als wahrer Kavalier eilte er aber sofort wieder zur Domina, um sie bei einer möglichen Ohnmacht aufzufangen.

Die Spannung wuchs. Wie in einem gefährlichen Stunt schossen die schweren Wagen voran und krachten schauerlich ineinander. »Die Polizei ist bestimmt in Windeseile da«, sagte Oliver, »schnell weg hier!«

»Sieh erst mal nach«, sagte die Domina, »warum sie nicht aussteigen.«

Flink näherte sich Oliver der Unfallstelle und steckte den Kopf abwechselnd in beide Wagen. Erfolglos sprach er auf Willi und Georg ein, keiner von beiden machte Anstalten auszusteigen. Oliver knipste das Feuerzeug wieder an und gab der Domina Zeichen: Daumen nach unten. Ohne jeden Beistand mußte sie in Ohnmacht fallen. Aber auf Zuspruch öffnete sie die Augen und befahl, sofort zu verschwinden, damit sie nicht als Zeugen aussagen mußten. In einer Minute waren sie wieder in der warmen Stube und pellten sich aus Mantel und Jacke. Dann ließen sie sich am Eßtisch nieder.

»Beide ziemlich hin«, sagte Oliver bedauernd. »Schade«, sagte sie. Kurz darauf hörte man Sirenen.

Wie ein kindlicher Mystiker grübelte Oliver: »Ob sie in den Himmel kommen?«

Die Domina verneinte: »Die sind in der Hölle besser aufgehoben. Stell dir vor: Eine schwarze Teufelin in hohen Stiefeln piesackt sie unaufhörlich mit einer Mistgabel.«

Oliver nickte versonnen: »Wat dem een sin Ul…«

Schließlich zog er seine schwere neue Jacke wieder an, um die Straßenverhältnisse zu inspizieren. Nach fünf Minuten konnte er berichten, daß die Polizisten verschwunden und die Unfallwagen abgeschleppt waren.

Die Domina öffnete die Haustür und trat an die frische Luft: »Kennst du das Gedicht«, sagte sie und sah nach oben: »Vom Himmel in die tiefsten Klüfte ein milder Stern herniederlacht…«

Oliver zuckte die Achseln und zog die Domina an sich. Beide legten den Kopf zurück und blickten zu den Sternen hinauf. »Freu dich doch«, sagte er, »vielleicht sind sie im Paradies bei der schwarzen Teufelin.«

»Mein lieber Schwan, da scheint mir etwas oberfaul«, sagte die Domina, »das waren doch keine betrunkenen Schüler, sondern erfahrene Männer…«

»Sieh mal, was der Auto-Willi in der Tasche hatte«, sagte Oliver und kramte aus der fremden Tasche ein leeres Ölkännchen, »als ich beim Unfall den Einweiser spielen sollte, habe ich zufällig Willis Öl entdeckt und ganz in Gedanken ein wenig gesprengt.«

Die Domina lächelte wie ein milder Stern. »Aber Schatz, warum eigentlich. Die haben dir doch nichts getan, im Gegenteil – stundenlang haben sie sich nützlich gemacht.« Oliver zog die Domina hinein und den Büffel aus. »Weißt du«, sagte er, »ich konnte sie nicht ausstehen. Das sollen Männer sein? Kriechen winselnd vor einer Frau im Staub herum und verlangen nach Haue!«

»Du hast recht«, sagte sie, »mein Geschmack sind sie auch nicht. Aber ich muß zu ihrer Entschuldigung sagen, daß sie tüchtige, erfolgreiche Männer mit einem fast intakten Familienleben sind.«

Oliver nahm seine Frau auf den Schoß und herzte sie. Erleichtert fing die Domina an, ein wenig zu beichten. »Es gibt Frauen, denen macht es Spaß – aber nicht mir! Ich hatte nie Gefallen daran, ehrlich! Aber andererseits – es ist immer noch besser als der lausig kalte Straßenstrich.«

»Ich weiß«, sagte Oliver, »im Grunde willst du lieber die Devote spielen; aber du hast mich belogen!«

»Ein bißchen gemogelt«, sagte sie, »ich war niemals Barfrau. Ist das so schlimm?«

Oliver zog ein längliches, liebevoll verpacktes Gechenk unter dem Sofa hervor und überreichte es der Domina. »Böse Mädchen müssen bestraft werden«, sagte er und sah erwartungsvoll zu, wie seine Frau eine nostalgische Wäscheleine aus Hanf und einen fast antiken, geflochtenen Teppichklopfer aus rot-goldenem Weihnachtspapier schälte, »ich weiß doch, was eine Frau sich wirklich wünscht.«

Er fesselte sie mit der kratzigen Leine und legte sie übers Knie, weil die Streckbank noch nicht getrocknet war. Während er wie ein zorniger Nikolaus den Teppichklopfer handhabte, rief er immer wieder: »Eine anständige Frau bringt an Weihnachten kein Dosenrotkraut auf den Tisch!«

JOSEPH VON WESTPHALEN

Kostbare Küsse
oder Im Bett mit dem Weihnachtsengel

Da sitzt sie. Nicht mein Typ, aber ihretwegen habe ich schon zwei Busse fahren lassen. Jetzt sind die Läden zu. Dabei hatte ich Weihnachtsgeschenke für die Familie kaufen wollen. Letzte Gelegenheit. Nichts. Nur sie da drüben am Fenster in diesem zugigen Café hier. Ich muß ihr auf die Schliche kommen. Ihre Lippen sind es.

Das erste Mal. Da ist man aufgeregt. Ich weiß noch, wie ich vor Jahren zum ersten Mal eine Walkmanhörerin in der U-Bahn sah. Ich wußte nicht, was ein Walkman ist. Machte mich verrückt, wie die lauschte. Ich mußte sie ansprechen. Die ersten grünen Haare, die erste schwarze Lederhose – alles längst gang und gäbe heute, aber der Anfang war kühn, dreist, ein Durchbruch. Die erste Handytelefoniererin. Die erste Rollschuhläuferin. Wann und wo wird erstmals die Begegnung mit einer handytelefonierenden Rollschuhläuferin stattfinden?

Ihre Lippen sind es. Sie ziehen mich nicht an, aber sie stoßen mich auch nicht ab. Ich habe solche Lippen noch nie gesehen. So bemalte Lippen meine ich. Es sind Lippen, die Lippenstift nicht nötig haben. Das ist die Tragik: Jagdbemalungen sehen immer bei den Frauen gut aus, die darauf verzichten könnten.

Es sind keine roten Lippen. Wegen noch so toller roter Lippen allein würde ich nicht Weib und Kind, Heim, Herd und Weihnachtsgeschenke vergessen. Auch keine braunmorbiden. Diese Lippen schillern silbrig-goldbronzen. Oder ist es gar Platin? Metallisch jedenfalls. Heavy. Normalrot angemalte Lippen mag ich nicht so. Sie sagen: Ich bin aus Fleisch und Blut, und oft ist das gelogen. Diese metallenen Lippen hier sagen: Ich bin nicht von dieser Welt. Das klingt gut. Ich bin kalt, sagen sie, aber wer glaubt das.

Außerdem dürften die Lippenstiftspuren an Zigarette und Tassenrand in Gold und Silber appetitlicher aussehen als die im üblichen Rot. Von den verräterischen Spuren ganz zu schweigen. »Lippenstift am Kra-a-gen«, sang einst Conny Francis. Ich werde sie ansprechen. Metallica. Sie sieht nicht aus, als warte sie auf wen.

Am Ende des zweiten Glases Rotwein bin ich sicher: Sie testet die Männer. So hart und kühl wie sie wirkt, kann sie nicht sein. Sie sitzt hier und sagt sich: Der Mann, der es wagt, mich anzusprechen, kann mich haben. Ich werde es tun. Kann dann immer noch sagen, frei nach Schiller: »Den Lohn, Dame, begehr' ich nicht.« Und verlaß sie zur selben Stunde, erschrocken vom silbrigen Munde.

Sie hat etwas. Etwas Utopisches. Aber auch was Jeanned'Arc-haftes. Nur nicht so fromm. Eine Ritterin. Born to be wild. Gerüstet, um besiegt zu werden. Ein Auge bläulich geschminkt übrigens, wie nach einem Kampf. Gefällt mir nach dem dritten Glas Wein plötzlich auch. Keine eiserne Lady. Mal sehn, ob sie lächeln kann. Ein metallisches Lächeln. Nicht ungeil vielleicht. Mal was anderes: »Küssen Sie mich bitte!« werde ich sagen. Wer sich so seltsam schräg zurechtmacht, muß mit schrägen Avancen rechnen. Ich will das Metall zum Schmelzen bringen.

»Wie siehst Du denn aus«, werden Frau und Kinder sagen, wenn ich zerzaust und mit leeren Händen, aber silbrig-goldenen Flecken an Hals und Kragen, nach Hause komme. »Ich war mit einem Weihnachtsengel im Bett«, werde ich sagen. Das glaubt mir keiner.

Alfred Gulden

Poway, Kalifornien

23. Dezember 1967. Meine Lieben, ich sitze hier in kurzen Hosen und leichtem Hemd auf der Veranda. Um mich herum blüht es in allen Farben. Ich döse vor mich hin. Dann bin ich »eingenickt« und war plötzlich auf dem Saargau. Im schweren Wintermantel, dem gestrickten Shawl und der Mütze. Über den Hirnberg fegt ein scharfer, ein schneidender Ostwind. Er treibt die letzten Blätter vor sich her. Die Pfützen auf dem Weg sind festes Eis. Ich schlittere darüber. Der Wind reisst mir die Mütze vom Kopf. Mit den Blättern jagt er sie davon. Es riecht nach Schnee. Ja, ich kann ihn riechen. »Schnee liegt in der Luft«, sagt Vater immer. Bald ist der Hirnberg und die Landschaft drumherum weiß eingepackt. Die Strohballen haben Schneehauben auf. Und das Wegkreuz hat eine Schneedecke über. Der Blick hinunter nach Niedaltdorf wird wie auf ein Bild des flämischen Malers Breughel sein. Und dann bin ich geweckt worden. Wir fahren nach San Diego einkaufen. Es gibt morgen, Heiligabend, eine Christmasparty mit vielen Gästen. Am Haus und um das

Haus herum werden Lämpchen in allen Farben glühen. Von weitem wird das Haus aussehen wie ein buntgeschmückter Weihnachtsbaum. Beim Chirstmasdinner werde ich immer wieder gefragt werden, wie ich mich fühle, hier im ewigen Sommer, in Kalifornien. Und ich werde »okay« und »wonderful« sagen. Aber ich weiß, das stimmt so nicht. Ich brauche alle Jahreszeiten.

Weihnachten mit lieben Gästen, von e. o. plauen

Deutsche Weihnacht

»Wo fahren S' denn um die Zeit noch hin?«

Der Straßenbahnfahrer lenkte seinen hell erleuchteten Wagenzug durch leere, finstere Straßen. Er drehte sich nicht um, setzte sich aber über das Verbot, daß zwischen Wagenführer und Passagieren kein Gespräch stattzufinden habe, hinweg, weil nur der Mann mit dem schwarzen Bart und die dicke Frau im Wagen saßen.

»Endstation«, sagte der Mann.

»So, so«, sagte der Fahrer. »Sie sind nicht von da? Wahrscheinlich?«

»Nein«, sagte der dann, »wir Türk.«

»Ah ja –« sagte der Fahrer, »verstehe. Du Türk. Aha. Ja, dann. Dann feiern Sie ja nicht Weihnachten. Denk' ich mir. Oder?«

»Weihnachten?« fragte der Türke. »Nein, nix Weihnachten.«

»Drum fahren S' an Heilig Abend mit der Straßenbahn. Ich«, sagte der Fahrer, »ich nix Türk. Verstehen? Ich von hier. Ich tät schon Weihnachten feiern, aber ich hab' Dienst. Scheiße.«

»Scheiße. Verstehe«, sagte der Türke.

An der Endstation steigen die Türken aus, erst der Mann, dann die Frau. Die Frau war nicht dick, sondern schwanger. Die Frau konnte kaum aussteigen, der Türke half ihr aber nicht, denn er zündete sich sofort eine Zigarette an und war damit beschäftigt, sein Feuerzeug zu suchen. Auch der Fahrer stieg aus und zündete sich eine Zigarette an. Der Türke trat zu dem Fahrer hin, zog einen Zettel aus der Tasche, auf dem eine Adresse stand. »Du wissen, bitte«, sagte der Türke, »wo das sind?«

Der Fahrer nahm den Zettel, trat in das Licht, das aus der Fahrerkabine fiel, las den Zettel und sagte: »Hm. Leider. Ich fahr normalerweise nicht auf dieser Linie. Ich kenn mich in dieser Gegend nicht aus. Leider.« Er gab den Zettel zurück. Der Türke und seine Frau gingen die Straße, eine breite Allee, hinunter. »Gottverlassene Gegend«, sagte der Fahrer.

Es regnete. Von den Ästen ohne Laub tropfte es. Die Bäume boten keinen Schutz. Die Straße spiegelte schwarz. Die Türkin saß auf der Bank eines Bus-Wartehäuschens – der letzte Bus war aber längst abgefahren – und wimmerte. Der Türke schimpfte. Die Frau wimmerte lauter. Der Türke hörte auf zu schimpfen, zündete sich wieder eine Zigarette an und ging ein paar Schritte auf und ab. Weiter drüben lag eine Reihe Einfamilienhäuser. Aus den Fenstern leuchteten bunte Lichter. Ein Funkstreifenwagen rollte langsam heran. Bevor der Wagen noch ganz angehalten hatte, kurbelte der Beamte, der rechts saß, das Fenster herunter.

»Wer seid's denn nachher ihr?« fragte der Polizist.

»Ich Türk«, sagte der Türke.

»So. Auweh«, sagte der Polizist. »Hast einen Ausweis? Ha?! Du –? Ausweis –? – haben?« Der Polizist blieb in seinem Wagen sitzen. Der Türke knöpfte seinen groben, kurzen Überzieher auf, langte dann darunter in seine Jackentasche und zog den Ausweis heraus. Der Beamte warf einen gelangweilten Blick darauf.

»Naja«, sagte er mehr zu sich selber als zum Türken, »ist schon gut. Kann man eh' nicht lesen. Und schauen alle gleich aus. Wird schon der richtige Ausweis sein.«

»Ha? bitte?« sagte der Türke.

»Nix, nix«, sagte der Polizist, dann warf er einen Blick auf die Frau. »Wird bald soweit sein bei deiner Frau!«

»Ha? bitte?«

»Bei deiner Frau –« schrie der Polizist – merkwürdigerweise neigen alle, nicht nur Polizisten, dazu, mit Leuten, die nicht die eigene Sprache verstehen, zu schreien – »– bald Kind – Baby – ja?«

»Ja«, sagte der Türke dumpf, »Kind nix von mir.«

»Ist das nicht deine Frau?«

»Schon Frau«, der Türke nickte heftig, »nur Kind, was kommen, nix. Frau meine Frau, Kind nix mein Kind.« Auch der Türke schrie.

»Brauchst nicht so schreien«, sagte der Polizist. »Naja – kommt in den besten Familien vor.« Der Polizist kurbelte das Fenster wieder hoch. Vorher sagte er zum Türken: »Frohes Fest, nachher.«

Der Türke wedelte plötzlich mit einem Zettel und lief ein paar Schritte hinter dem schon anfahrenden Wagen her. Der Wagen hielt nochmals, der Polizist kurbelte das Fenster wieder herunter.

»Wo das sind?« schrie der Türke.

Der Polizist las den Zettel und erklärte dann dem Türken mit Hilfe des Stadtplanes, wo das Haus war, dessen Adresse auf dem Zettel geschrieben stand.

Der Fahrer gab Gas. Der Wagen rollte durch die Nacht. »Kommt in den besten Familien vor«, sagte der rechts sitzende Polizist.

»Was?« fragte der Fahrer.

»Daß das Kind nicht vom Ehemann ist.«

»Mhm«, sagte der Fahrer.

Etwas abseits der Straße stand das Wohnhaus, ein langgestreckter Bau. Weiter vorn, vom Wohnhaus durch einen großen Hof getrennt, der mit rautenförmigen Betonziegeln bepflastert war, lagen die beiden Wirtschaftsgebäude, das heißt die Werkstätte und das Lager. Arbeitsmaschinen und ein Lastwagen standen seitlich in der Dunkelheit. Das Tor war weit offen. Das signalisierte dem Türken, daß kein Hund da war. Es war aber doch ein Hund da, ein Deutscher Schäferhund. Er schoß aus seiner Hütte und kläffte. Die Türkin schrie auf, aber der Hund hing an einer Kette. Das fette Vieh raste, bis die Kette spannte und es zwang, auf den Hinterbeinen zu tänzeln. Es kläffte und röchelte gleichzeitig. Vor der Hundehütte lag ein großer

Knochen, der stank. Auf der Hütte stand ein kleiner Christbaum mit drei Kugeln und etwas Lametta, aber ohne Kerzen. Der Türke und die Türkin machten einen Bogen um den Deutschen Schäferhund. Der Hund folgte ihnen, soweit der Radius der Kette, die ihn immer noch aufrecht zurrte, es erlaubte.

Sie brauchten nicht mehr zu läuten. Im ersten Stock des Wohnhauses ging ein Fenster auf. Ein Mann schrie herunter: »Ist wer da?«

»Bitte −« sagte der Türke, »Kollege Nihad?« Was der Türke sagte, ging im Gekläff des Hundes unter.

»Was?« schrie der Mann oben.

»Bitte −!« wiederholte der Türke schreiend, »Kollege Nihad?!«

»Platz! Pascha!« schrie der Mann oben. Der Hund wich etwas zurück und kläffte weniger laut. »Was ist jetzt? Wer sind Sie denn? Sie können doch nicht am Heilig Abend daherkommen. Wir sind mitten in der Bescherung.«

»Bitte −«, sagte der Türke. »Kollege Nihad?« Der Türke hob seinen Zettel hoch.

»Was willst denn vom Kollegen Nihad − der ist doch schon längst weggefahren.«

»Bitte nix verstehen?« sagte der Türke.

»Weg!« schrie der Mann oben. Nihad weg! Fort − weg. In Türkei. Verstehst mich jetzt? Weg in Türkei. Heim.«

»Ah«, sagte der Türke. »Wirklich?«

»Natürlich wirklich. Weg. Fort. Heim fort.«

Der Türke steckte seinen Zettel ein.

»Ja − tut mir leid. Am ersten Februar kommt er wieder. Du verstehen? Erster Februar! Capito?« Der Mann oben machte das Fenster zu, machte es gleich wieder auf und sagte: »Frohe Weihnachten.«

»Ein Augenblick«, sagte der Türke und lief näher ans Haus hin, was den Deutschen Köterhund Pascha veranlaßte, sofort wieder lauter zu kläffen.

»Bist still, Pascha. Braver Burli −.« Der fette Hund legte

199

sich nun hin und röchelte nur noch durch die Zähne. »Was ist denn jetzt noch?« sagte der Mann zum Türken.

»Kann Möglichkeit – bitte Frau hier und ich – im Zimmer von Nihad schlafen? Nur eine Nacht? Vielleicht?«

»Was wollt's ihr? Im Zimmer vom Nihad übernachten?«

»Nihad – zuhause, dann Zimmer frei – vielleicht? Frau hier… bald kleine Kind habe – gehabt – gekriegt…«

»Ja – also… ja – nein…«, sagte der Mann, »aber… das ist ja das Zimmer vom Nihad – das geht ja nicht so ohne weiteres, da könnt' ja jeder kommen. Ich weiß ja gar nicht, wer ihr seid's.«

»Ich –! Kollege von Nihad. Gut Kollege!«

»Nein, nein, alles was recht ist. Also: Frohe Feiertage dann.« Der Mann machte das Fenster zu. Er wandte sich ins Zimmer. Sein jüngerer Sohn weinte, weil er einen Electronic-Baukasten A 606 auf den Wunschzettel geschrieben, aber nur einen A 604 bekommen hatte. Die Frau sagte: »Läßt du noch lang das Fenster offen? Heizen wir den Hof draußen?«

»Natürlich ist es schlimm für die Leut' – ausgerechnet am Heilig Abend«, sagte der Mann später auf dem Weg zur Christmette. »Aber – ich kenn' s' doch gar nicht. Wer weiß, wer das ist. Zwei Wildfremde – am Heilig Abend.«

»Wenn's Türken waren«, sagte die Frau, die den neuen Persianer trug, »dann bedeutet der Heilige Abend sowieso nichts für sie.«

»Die Frau war in andere Umständ'.«

»Mir wär's genug – dank' schön. Womöglich hättst' dann mitten in der Nacht den Notarzt holen dürfen.«

Sie fanden den Weg zurück zur Endstation der Straßenbahn nicht mehr. Es hätte auch nichts geholfen, denn die letzte Straßenbahn war schon abgefahren. Es hörte auf zu regnen und wurde kälter.

Die Frau hielt sich den Bauch und jammerte. Der Mann redete auf sie ein. Die Frau setzte sich auf eine jener länglichen Kisten mit Griffen, in denen die Straßenverwaltung

Streusand aufbewahrt. Der Mann gestikulierte und zeigte mehrfach in eine bestimmte Richtung. Offenbar meinte er, daß dort die Endstation der Straßenbahn sei. Die Frau jammerte lauter und versuchte, sich auf die Kiste zu legen, deren Deckel war aber abschüssig, so daß die Frau herunterrollte. Der Mann fing sie grad noch auf. Dann gingen sie in die entgegengesetzte Richtung als die, in die der Mann gezeigt hatte.

Nachdem sie ein kleines Waldstück durchquert hatten, kamen sie an ein großes Gebäude. Der Mann entzifferte in der Dunkelheit eine Aufschrift; es handelte sich um ein Waldgasthaus. Die Frau setzte sich auf eine der Bänke, die im Sommer im Gastgarten unter den Kastanien standen, jetzt aber zusammengeschoben an der Wand der Garage. Die Frau wimmerte stoßweise in regelmäßigen Abständen. Der Mann ging um das Haus herum. Er fand insgesamt sechs Türen, zwei große, doppelflügelige und vier kleine. An keiner war eine Klingel. Der Mann ging zurück, dorthin wo die Frau saß. Er klopfte an der einen der großen, doppelflügeligen Türen. Obwohl oben im ersten Stock hinter einigen Fenstern Licht brannte, rührte sich auf das Klopfen niemand. Ein Tonbandgerät war da oben weit aufgedreht. Es ertönte das Lied: »Stille Nacht, heilige Nacht«. Der Türke rüttelte an der Klinke der Garagentür. Zu seinem Erstaunen war sie offen. Die Garage war für drei Wägen berechnet, es standen aber nur zwei darin. Aus vier Autoreifen schob der Mann eine Liegegelegenheit zusammen und legte einige Säcke drauf, die er hinter dem einen Auto fand. Die Frau brachte einen Knaben zur Welt. Es wurde noch kälter, die Sterne kamen heraus. Im Haus wurde ein Fenster aufgemacht. Das Tonbandgerät war jetzt noch deutlicher zu hören. »Gloria in Excelsis Deo«. Der Türke deckte die Frau, die das Kind im Arm hielt, mit seinem sperrig-steifen Überzieher zu und setzte sich auf den Kotflügel des einen Autos.

Das Kind starb noch in der selben Nacht.

Zweimal Weihnachten in Kurdistan
Fast eine Liebesgeschichte

»Hast du's schon gehört?« hatte Sonja gefragt, wir waren uns im Treppenhaus begegnet, »er ist tot, deinen Kurdenführer haben sie in Wien erschossen«, ein mitleidig-neugieriger Blick, »kam eben auf Videotext.«

»Meinen Kurdenführer« hatten sie erschossen. Abdul Rahman Gassemlu, der Generalsekretär der Demokratischen Partei Kurdistans im Iran, war tot. Einfach so, während er versucht hatte, mit den Mullahs über Frieden und Autonomie in Kurdistan zu verhandeln. »Regelrecht hingerichtet«, hatte die Presse geschrieben. Ziemlich klar war, dass der Geheimdienst der Islamischen Republik dahintersteckte, wie er später auch hinter den Morden am Nachfolger Gassemlus und seinen Freunden im Berliner »Mykonos«-Restaurant stecken sollte.

Rahman tot, ich konnte es nicht fassen.

»Mein« Kurdenführer war er eigentlich nicht gewesen. Oder nur für kurze Zeit und viele bunte Träume lang. Als er mir diese Widmung ins Heft geschrieben hatte. Weihnachten 1979 war das, in Mahabad, einem kleinen Städtchen am Rand des Zagrosgebirges, das noch vom Ruhm zehrte, 1946/1947 die Hauptstadt des einzigen kurdischen Staates gewesen zu sein. Wenn auch nur elf Monate lang. Ghazi Mohammed, der Präsident, und 25 weitere Kurden waren im März 1947 dort hingerichtet worden.

Ob Kurdenführer – 1999 war Abdullah Öcalan, der Generalsekretär der PKK, der kurdischen Arbeiterpartei der Türkei, entführt und zum Tod verurteilt worden – überhaupt jemals im Bett sterben dürfen?

Zum Recherchieren war ich im Sommer 1979 das erste Mal nach Kurdistan gereist, in den iranischen Teil, nach Mahabad. Ayatollah Chomeini war bereits drei Monate an der Macht und hatte die bürgerlichen Freiheiten schon erheblich beschnitten.

In der Nacht vor dem Flug hatten mir in München Kurden viele Ratschläge erteilt, die mit dem Hinweis endeten, ich müsse unbedingt den Doktor Gassemlu treffen, der sei mit Abstand der klügste, geschickteste, im Volk am meisten akzeptierte Führer der kurdischen Partei. »Schade, dass es nur einen Gassemlu gibt«, hatten sie geseufzt und waren gegangen, als der Morgenhimmel sich zu verfärben begann.

»Wen wollen Sie jetzt sprechen, die Partei oder Ihren Sekretär?« fragte der Herr in Kurdentracht im kahlen Parteibüro von Mahabad mit den gelbgrün-gekringelten Tapeten kokett: Abdul Rahman Gassemlu, Kurdenturban über seinem schmalen Gesicht mit Schnauzbart, wuchtiger Nase und schwarzen Augen, die, wiewohl nicht ganz ebenmäßig, von eigenartiger Strahlkraft waren. Der Generalsekretär.

»Ehem«, antwortete ich auf französisch, wer mir eben mehr Informationen zu geben gewillt sei. »Dann bin ich es«, sagte er und lachte, mich interessiere zweifellos der Fortgang der Verhandlungen mit Teheran über die kurdische Autonomie.

Der jetzige Regierungschef, Ayatollah Chomeini, mit dem er am selben Ort bei Paris im Exil gewesen sei, habe ihm Autonomie für Kurdistan und Demokratie für den Iran versprochen. »Mal sehen, ob er sein Wort hält. Aber schauen Sie sich ruhig genau in Kurdistan um! So frei wie heute waren wir noch nie.«

Durchs freie Kurdistan, denke ich, durchs wilde Kurdistan, er würde mich beneiden: Kara Ben Nemsi, alias Karl May.

Deshalb, erzählt Gassemlu, habe er auch seine Professuren in Prag und Paris aufgegeben, weil er glaube, hier nützlicher sein zu können.

»Wenn Sie Fragen haben, stehe ich Ihnen jederzeit zur

Verfügung«, sagte er, als er sich erhob und mich hinausbegleiten ließ, »à votre entière disposition« – und das war so eine Sache.

Fragen stellten sich haufenweise jeden Tag, doch wo ihn finden, den Generalsekretär, wo er fast jede Nacht woanders verbrachte, wo Boten verspätet ankamen und Telefone nur selten funktionierten? So waren Aktivitäten von meiner Seite stark beschränkt, »à votre entière disposition«, dass ich nicht lachte! Dafür fand *er* mich, ließ mich von seinen Pesch-Merga, den kurdischen Kämpfern, den Tod-Geweihten, wie ihr Name hieß, auf Straßen und in Häusern einsammeln, zu sich bringen. »Fragen Sie, Madame!«

Als ich nach drei Monaten im Sommerhochland Kurdistans wieder in München war, stellte ich voll Erstaunen fest, dass ich dem Thema Kurdistan verfallen war, dass ich immer ratloser vor der Frage stand: Wie kann die Geschichte nur einem Volk soviel Leid antun und keiner fühlt sich berufen, dagegen anzugehen?

Hatten Kurden tatsächlich keine Freunde, wie ein kurdisches Sprichwort meinte, oder nur einfach keine Lobby?

Dem nachzugehen, fand ich mich im Dezember 1979 wieder in Mahabad ein: Schneeregen, Matsch und ägyptische Finsternis. Stromausfall. Mit der Taschenlampe machte ich mich auf die Suche nach »meinem« Generalsekretär, während der seine Mannen nach mir ausschwärmen ließ. Zwischen uns beiden der Hoteldirektor des »Mahabad-Inn«, der immer wieder am Empfang versichern, ja schwören ließ, ich sei noch nicht angekommen, vielleicht unterwegs im Schnee stecken geblieben, man wisse ja nie. Dann begab er sich mit Orangen und Salz – wie Bayern salzen auch Kurden die Mahlzeiten gern, bevor sie überhaupt probiert haben – zu mir aufs Zimmer, artikulierte seine Wünsche: »Such a nice lady« dürfe doch einen »little kiss« nicht verweigern. Er wisse genau, wie das in Europa so vor sich gehe.

Khalid, der Schüchterne, Leibwächter Gassemlus, stand plötzlich in der Tür, würdigte den Direktor keines Blickes, ergriff meine Tasche und rannte hinunter zu einem dieser nummernlosen Jeeps, der mit laufendem Motor in der finsteren Straße wartete.

»Willkommen Madame«, sagte eine bekannte Stimme neben mir, »Sie werden jetzt entführt und ermordet. Sie sind in unserer Macht. Man reist nicht einfach so zu den Söhnen des Teufels!«

Ich lachte auf, erleichtert, die drei Pesch-Merga lachten mit, ich war wieder daheim in Kurdistan und neben mir saß »mein« Generalsekretär, den sie hier alle »Duttur« nannten.

Als »Söhne des Teufels« hatte der weißbärtige Ayatollah seine kurdischen Verhandlungspartner inzwischen bezeichnet, was kein gutes Licht auf das Ende der Autonomiegespräche warf.

Mir waren in Kurdistan alle Türen geöffnet, ich stand unter dem Schutz Abdul Rahman Gassemlus: ich konnte sprechen, mit wem ich wollte, reisen, wohin ich wollte, sogar zu den Pesch-Merga-Camps der verschiedenen kurdischen Gruppierungen im Niemandsland zwischen Iran und Irak, dem sogenannten »Tal der Parteien«.

Neben ihm fielen die anderen Kurdenführer erheblich ab. Was immer sie gegen Gassemlu vorbrachten, »Feudaler, Großgrundbesitzer« oder gar »Kommunist«, sie hatten entweder selber Dreck am Stecken oder waren vom »Verräter-Virus« befallen, witterten in jedem, auch in mir, einen »Verräter an der Sache des kurdischen Volkes«.

Welcher Sache? Der Autonomie, dem eigenen Staat?

Eines Morgens: Mahabad hatte sich verwandelt: vom zugigen, dreckstarrenden Bergnest in einen überzuckerten Luftkurort. Schnee war gefallen, der Himmel knallblau, der Stausee metallisch schimmernd, die Berge dahinter in reinem Weiß strahlend, eine Luft – prickelnd und leichtsinnig. Die bronzenen Rehe und Adler im Stadtpark trugen Schneehäubchen.

Auf dem »Bulvar« mit seinen kleinen Geschäften, langsam fahrenden Autos und plaudernden Männergrüppchen – es war schließlich das Zentrum der Stadt, von dem sich den ganzen Tag über Neuigkeiten abholen ließen – wurde ich freundlich gegrüßt, auch wenn ich allein war. Ich gehörte inzwischen dazu, war ihre »chabernigara«, jemand, der über sie schreiben würde, schon zum zweiten Mal in Kurdistan und unter dem Schutz des »Duttur«.

Ein Landrover hielt: »Was machst du denn an Weihnachten?« Ali Ghazi, der einzige Sohn des einzigen Präsidenten der einzigen Kurdenrepublik, soeben nach siebzehn Jahren aus Deutschland heimgekehrt, lehnte sich aus dem Fenster. Ich war zur Zeit Gast bei seiner Familie. »Wieso, wird hier denn gefeiert?« – »Nein, eigentlich nicht. Wir feiern für dich. Kommst du?« –

»Gern«, sagte ich, »danke«. Er müsse dann noch die Schwestern informieren, dass sie etwas vorbereiteten. Damit entfernte er sich, neugeschneiderte Kurdentracht samt Pelzmütze auf spätrömischem Cäsarenschädel.

»Und was haben Madame an Weihnachten vor?« Ein Jeep hatte gehalten und ich war hineingezogen worden. »Was Ihr bloß alle mit Weihnachten habt!« – »Nur die, die in Europa waren. Und ich denke, außer Weihnachten fehlt es Ihnen doch in Kurdistan an nichts. Sie werden auf Händen getragen. Wollen Sie eigentlich überhaupt noch zurück?« Ich traute mich nicht, ihn anzusehen. Wenn er gefragt hätte, ob ich nicht bleiben wolle, wer weiß. Er könne sich eigentlich keiner Frau zumuten, hatte er einmal gesagt, aber eine »copine« brauche er. Einen Kumpel, eine echte Freundin. Ob ich mir das vorstellen könne? Aber das sei ich doch bereits. Schon als ich ihn das erste Mal im Parteibüro besucht hatte, habe er Lust gehabt, mich auf die Augen zu küssen.

»Also bis morgen Abend«, sagte er, und ich könne mit

Hadji ja schon die Dekoration vorbereiten. »Das wird das total andere Weihnachten«, versprach Abdul Rahman Gassemlu.

Was sollte ich eigentlich hier in Kurdistan mit Weihnachten? Mir ging es gut, ich fühlte mich sicher, wieso also ein Fest importieren? Andererseits braucht in Kurdistan ein Fest keinen Anlass. Kurden lachen gern, Kurden tanzen gern, Kurden feiern gern. Auch wenn es Feste am Rande eines Vulkans wären. Feste der Liebe allemal.

»Träumen Sie schön von mir«, flüsterte er und er werde mich dann morgen abholen lassen. »Ich finde Sie überall.«

»Träumen Sie...« Hatte ich doch exakt diese Nacht einen Traum gehabt, in dem wir beide im Fonds eines Autos saßen und Abdul Rahman mir unsere gemeinsame Zukunft in den rosigsten Farben ausmalte und hinzufügte: »Das ist aber jetzt kein Traum!« Und doch war es einer. Ceci n'est pas une pipe, vielleicht war die Wirklichkeit ja der Traum? Ob Verliebte den gleichen Traum haben können?

Weihnachten Nummer eins bei den Ghazis. Alis Schwestern Fosijeh und Munir hatten gemeinsam mit den Kinderdienern außergewöhnliche Festgerichte zubereitet: Hirn von Schafen in zerteilten Köpfen, Mägen von Rindern mit grünem, fetttriefenden Reis gefüllt, dazu Joghurt, Fladenbrot, Eiswasser und Melonensaft. Aber nicht nur, weil Ali mit mir feiern wollte, nein, seine Mutter, die Witwe jenes Präsidenten, war aus Teheran gekommen.

Sie schlug das Familienalbum auf, zeigte auf ein Foto mit drei Gehängten: »Mein Mann, sein Bruder, sein Vetter«, und meinte, dass ich auf mich achtgeben solle, Kurdistan sei ein gefährliches Pflaster. Sie strich mir über die Haare: eine weißhaarige Dame mit schwarzem Spitzenschleier und brokatenen Gewändern. Wenn sie sprach, schwiegen die anderen.

Jetzt saßen wir im Salon, Ali Ghazi und seine Mannen in beiger Kurdentracht mit den schwarz-weißen sogenannten Palästinensertüchern um den Kopf. Der Präsidentensohn öffnete eine Flasche Whiskey. »Frohe Weihnachten!« hieß es auf deutsch, »und auf ein freies Kurdistan!«

Und dass er sich mit dem Gedanken trage, hier eine junge Kurdin zu heiraten, sagte er, weil es eine deutsche Frau hier wohl nicht aushielte. »Was meinst du?« Was meinte ich? Hatte er nicht in Deutschland eine Frau? Und gefiel es nicht auch mir hier ausnehmend gut?

»Den ganzen Tag in der Küche? Ob sie das brächte?« Weil, setzte der Präsidentensohn hinzu, er würde hier natürlich ein offenes Haus führen, das sei er schließlich seiner Familie schuldig.

»Mein Vater war Richter, bevor er Präsident wurde. Außerdem schrieb er. Sein letztes Werk war ein Stück über Sultan Saladin, den Kurden, den du aus Lessings »Nathan der Weise« kennst. Als sie ihn hängten, da drüben am Platz mit den vier roten Löwen hat er gerufen: ›Ich habe mein Wort gehalten, jetzt haltet ihr eures auch!‹«

»Was war das eigentlich für ein Staat, diese Republik von Mahabad?«

»Eine Demokratie mit feudalen Einschlüssen. Etwas, was die Kurden in keinem Teil Kurdistans je hatten.«

»Und wie hat das dein Leben bestimmt?«

»Stark!« sagte er und »Prosit!« Und: »Meine Mutter bat den Schah...«

»Den Mörder deines Vaters?«

»Ja, – doch ihren einzigen Sohn zu schonen.«

»Dich?«

»Ja, mich.«

»Und dann hielt er die Hand über dich?«

»Ja, und finanzierte meine Ausbildung, brachte mich zur Diplomatie. Ich wurde Handelsattaché in der Bundesrepublik.«

»Stimmt das mit den Jubelpersern, dass du der Anführer der Leute warst, die unseren Studentenprotest damals mit Knüppeln niederschlagen wollten?«

»Das stimmt«, sagt er und scheint es gar nicht zu bedauern.

»Frohe Weihnachten, und da ist dein Geschenk!«

In Zeitungspapier eingewickelt überreicht er mir die Kurdentracht der Männer: Jacke und Pumphose aus festem, beigem Stoff, Bauchschärpe und Turbanstoff.

»Zur Erinnerung und für deine Ausflüge über Land!«

Der Präsidentensohn hatte mich eingekleidet. Als ich in der Tracht erschien, klatschte die Truppe und Ali erhob sich. War ich jetzt Teil des Ghazi-Clans?

»Wieso trägst du sowas?« Die in weiten Glitzerkleidern am Boden kauernden Frauen schauten kritisch. »Frauenkleider sind doch viel schöner!«

Und für dich schicklicher, dachten sie wohl, die würden meine Eskapaden schon von selber beschneiden. Diese Alleingänge, diese unweiblichen.

Weihnachten Nummer zwei, einen Tag später mit Generalsekretär Gassemlu.

Hadji, einer von Gassemlus Assistenten, läutete bei den Ghazis. Der Doktor habe gemeint, wir sollten die Weihnachtsdekoration besorgen. Auch Hadji hatte eine Frau in Deutschland, diesmal war es Ost-Berlin, auch er war zurückgekommen, weil sich nach der islamischen Revolution eine Lösung für Kurdistan abzuzeichnen begann. Die aber bereits etwas von einem Menetekel an sich hatte.

Über dem »Bulvar« Wäscheleinen mit den Posterhits der Saison: Chomeini, Gassemlu und weinende Kinder in aufdringlichen Pastelltönen.

»Das ist Hemn«, Hadji bleibt ehrfürchtig stehen, »unser kurdischer Goethe!« Ein kleiner, schmaler Mann in einer Hirtenweste mit abstehenden Schultern, begleitet von zwei Pesch-Merga, nähert sich uns. »Sertschao«, sagt er, ,bei meinem Kopf, bei meinen Augen' heiße das, erklärt

Hadji und sei ehrlich gemeint. »Sertschao«, sagen wir, und Hadschi fügt ein »Mamwasta« dazu, die ehrfürchtige Anrede für einen Lehrer.

»Lasst uns einen Tee trinken!« sagt der Dichter, und das wird schwieriger als zunächst angenommen. Denn jedes Geschäft am »Bulvar« will den Dichter bewirten und Hadji und die Deutsche. Schließlich siegt die Apotheke. Wir schlürfen unsere drei Tschaiss auf der Bank an der Wand, einen nach dem anderen. Weniger wäre unhöflich.

»Wo bist du heute abend, Mamwasta?« fragt Hadji. »Bei euch wahrscheinlich«, sagt der Dichter schnell, »muss den Dutter sowieso sprechen.« – »Also bei Babanzades«, sagt Hadji, »bis später!« Man umarmt sich. Woher er bloß wusste, dass und wo wir mit dem Duttur das »absolut andere« Weihnachten feiern würden?

Im Teehaus sitzen drei Soldaten in Moosgrün. »Was sind das für welche?« – »Iranische«, sagt Hadji, »sie sind hier stationiert. Wir lassen sie ohne Waffen in der Stadt herumlaufen. Wir haben hier schließlich die Macht. Die Padaran, die fanatischen Revolutionswächter, die halten wir in ihren Kasernen fest.«

»Ist aber auch keine Lösung für immer.«

»Wir sind auch in einer Zwischensituation, einer ungeklärten.« Was wir denn in einer solchen Zwischensituation an Weihnachtsdekoration bräuchten, fragte ich mich. Baum? Gab's nicht. Also Glitzerzeug, Kerzen und Kekse. Bunte Tücher würde es bei den Babanzades genügend geben, Frauentücher natürlich.

Im Empfangsraum der Babanzades sah es denn auch aus wie auf einem tibetischen Markt. Weiße, gelbe, bunte Tücher gebetsfahnenartig an der Decke gespannt, flackernde Kerzen auf Holzbrettern an den Fenstern, Staubkekse in Glasschalen auf dem Boden. Zwanzig Mann in Socken im Halbkreis auf dem Teppich hockend, an der Stirnseite Abdul Rahman Gassemlu, neben ihm Hemn, der Dichter und Mamle, der Sänger. Irgendwo dazwischen ich.

Das Essen war vorbei, es hatte Tomatensuppe gegeben mit Nudeln, Kartoffeln und Erbsen, danach Fleischspieße mit einer Art selbst eingelegter Mixed Pickles und essbarem Gras.

Zum Schluss bröckeligen Schafskäse mit Oliven und Fladenbrot. Eine Delikatesse! Ich aß inzwischen alles, was es gab in Kurdistan, außer diesem Schafshirn vom ersten Weihnachtsessen und den Rindermägen. Wo immer ich mit Hadji auf den langen Überlandreisen zum Essen eingeladen war, hatte es das Beste gegeben, was die Gastgeber hatten. Und das Beste war immer dasselbe: Hühnchen, gesotten, gebraten, gegrillt.

Aber heute und hier gab es auch noch Kultur: Mamle, der bekannteste Sänger der Kurden aus dem Iran erhob seine Stimme. Dunkel, voll, atemlos oder wehmütig trug er Balladen vor. Der Generalsekretär flüsterte mir die Übersetzung ins Ohr. Es ging immer wieder um zwei Dinge: Kampf und Liebe. Unerfüllte Liebe, trotz Tapferkeit verlorener Kampf.

»Leben ist konzentrierte Liebe«, übersetzte Abdul Rahman und hörte nicht auf mich anzuschauen. »Schon«, sagte ich, und »schön wär's«. Und immer wieder hindert europäische Ironie am rückhaltlosen Genießen.

Hemn setzte sich in Positur, begann Gedichte zu deklamieren. Hadji saß plötzlich hinter mir und flüsterte mir die Übersetzung ins andere Ohr. Der Generalsekretär streifte ihn mit einem raschen Blick. Hadji übersetzte: wie ihn, den Dichter, die baumelnden Ohrringe seiner Geliebten an die Gehängten der Republik von Mahabad erinnerten. Mir wurde ganz blümerant. Dann ein Liebesgedicht: »Ich bin verliebt in die verwehten Locken einer kurdischen Schönen/ Wisst Ihr, wozu mich das gemacht hat?/Ich bin zum Sklaven einer Sklavin geworden.« Die Zuhörer seufzten ergriffen auf.

»Zum Sklaven einer Sklavin«, flüsterte Hadji mit leuchtenden Augen, ob das nicht ganz große Poesie sei und dass er vorhabe, Hemn ins Deutsche zu übertragen. Der Generalsekretär unterbrach ihn mit einer Kopfbewegung.

»Frohe Weihnachten«, sagte er, »joyeux Noël« und ich sei sicher schon ganz gespannt auf mein Geschenk.

Ach ja, richtig, es war Weihnachten! Wir hoben das Glas mit Whiskey, Alkohol, den der Ayatollah gebrannt hatte und dessen Genuss unter allerstrengste Strafen gestellt worden war. Aber hier waren wir in Kurdistan. Teheran und besonders Ghom, die heilige Stadt, waren weit. Wir stießen an. Mit allen Kurden in der Runde, deren Schuhe vor der Tür und deren Gewehre an der Wand standen.

Die Frauen der Familie, die ich auch dazu gebeten hatte, ließen sich entschuldigen: das seien sie nicht gewöhnt, mit so vielen Männern, fremden noch dazu, zusammenzusitzen, und dann wüssten sie nicht, was sie reden sollten. Das nächste Mal vielleicht.

»Prost!« hieß es, »auf die kurdische Selbstbestimmung!« ,Chodmuchtari' nannten sie das, als plötzlich Khalid etwas Lila-Durchsichtiges in der Luft schwenkte und vor mir auf dem Boden ausbreitete. Ein kurdisches Frauengewand.

Durch und durch Synthetik mit gelben und roten Blümchen bestickt, unförmig und lang, unpraktisch und heiß, kurz: entschieden scheußlich.

Die Runde starrte mich an, niemand sprach, alle warteten auf meine Reaktion. »Wie schön«, sagte ich, ergriffen, wie ich meinte, »das hätte es aber nicht gebraucht!«

Das hätte ich wirklich nicht gebraucht, ein Ringlein hätte es doch auch getan, und wenn es dann zersprungen wäre, hätte ich gewusst, woran ich war. Nun aber dieses Ding da!

»So etwas Schönes aber auch«, ich schüttelte den Kopf, umarmte den Generalsekretär, die Mannen klatschten. So war es richtig, spürte ich. »Stundenlang hat Khalid im Basar gesucht, bis er dieses Kleid gefunden hat« sagte der

Generalsekretär und strahlte. »Dann hat er also deinen Geschmack getroffen.«

Jetzt sollte ein Lied gesungen werden. Wer konnte was? Schließlich einigten wir uns auf »Avanti popolo« – das hatte so was Erfrischendes –, auf »Guantanamera« und auf »Adelita«.

Damit war dann unser gemeinsamer revolutionärer Liederschatz erschöpft.

Hadji warf den Kassettenrekorder an, wir tanzten, tranken, redeten, bis der Generalsekretär nach meinem Heft verlangte, »ich muss dir was schreiben.«

Wieso schreiben, wieso nicht sagen?

Was wollte er verewigen?

Er hielt die Hand vor den Text, damit ich nichts sah, dann gab er das Heft zurück.

»Je t'aime pour toutes les femmes que je n'ai pas aimées, je t'aime pour toutes les femmes que je n'ai pas connues«, er liebe mich für alle Frauen, die er nicht geliebt, für alle, die er nicht gekannt habe. Stellvertretend, sozusagen. Schrieb der Herr Generalsekretär, und ich schwamm in Seligkeit, obwohl... Galt das jetzt mir oder der Frau im allgemeinen? Egal!

Als die Verhandlungen mit Teheran und den Ayatollahs endgültig geplatzt waren, als es überall hieß, der Kampf beginne wieder und es sei besser, wenn ich zurückführe, tat ich es mit Ali Ghazi. Zu Fuß übers schneeverwehte Hochland, auf einem Muli über Grenzpässe, alles in Kurdentracht. Das Frauenkleid zusammengerollt im Rucksack.

»Im Frühjahr komme ich nach Europa«, hatte der Generalsekretär versprochen, »ich melde mich.«

Ein Frühjahr verging, zwei Frühjahre, zehn.

Dann 1989 die Nachricht vom Mord in der Bahnhofstraße in Wien.

Ich trauerte. Um »meinen« Kurdenführer und seine Liebe, stellvertretend.

Ach ja, er hatte das Zitat nicht als das seinige ausgegeben, er hatte brav »Louis Aragon« druntergeschrieben,
Wissenschaftler, der er war. Als »Mann des Friedens und
des Dialogs« sollte er in die Geschichte eingehen.

KLAUS VOSWINCKEL

Normans Engel

Einmal, in den achtziger Jahren, als wir nach einer langen
Fahrt durch Italien bei Norman in Spigolizzi ankamen,
stand er auf dem Feld – es war kurz vor Weihnachten, der
Wind pfiff über das Dach der alten, auf einen Hügel ge-
bauten Masseria hinweg, und so, wie er uns entgegen-
schaute, mit einer Hacke in der Hand, das Haar in wirr-
hellen Locken in den Abendhimmel ragend, nicht weit
von einer seiner großen Marmorskulpturen entfernt, die
er »Pazzo« nannte, sah er wie Apollon im Winter aus. Für
mich hatte Norman jedenfalls nichts mit Weihnachten zu
tun, im Gegenteil, er brachte die frühen, archaischen My-
then Griechenlands in die Landschaft zurück, Norman,
der Nordmann, der Bildhauer aus Belgien, den es über
England, Naxos und Carrara nach Südapulien geführt
hatte, er holte das vorsokratische Denken aus den Steinen
der Macchia hervor, aus den Mauern und Kuppeln der
Trulli, aus dem Geruch von wildem Thymian, und das um
so mehr, als er sich in der Welt des Pythagoras auskannte
wie sonst keiner und seinen Tageslauf zusammen mit
Patience, seiner Frau, nach Sonne und Mond ausrichtete.
    »Dieses Jahr gibt es ein Presepio vivo bei Presicce«,
sagte er, »eine lebendige Weihnachtskrippe – mit Maria
und Joseph in einer Felsenhöhle. Auch einen richtigen
Ochsen und einen Esel gibt es da. Die sind schließlich selten geworden in Apulien. Ich habe einen Engel beigesteu-
ert. Ihr müsst unbedingt hingehen.«

Als wir fragten, wo wir sie finden könnten, deutete Norman vom Hügel herab über das Land des südlichen Salento, in dem die Olivenbäume mit in Schlaf verfallenen Weinfeldern abwechselten, und sagte, wir müssten nur dem Stern folgen, der dort hinten zwischen den zwei großen Pinien zu sehen sei (tatsächlich leuchtete da ein Stern am Horizont, ob echt oder elektrisch, war schwer zu entscheiden). Das sei der Stern über dem Presepio.

Seit dem Golfkrieg hatte Norman sich einen Bart stehen lassen. Es war sein persönlicher Protest. Er wollte den Bart erst wieder abnehmen, wenn sich die Weltzustände gebessert hätten. Also begann er zu wachsen, er wurde voller und immer eindrucksvoller, von Woche zu Woche breitete er sich um das Kinn und um die Backen aus, und wenn Norman nach Presicce kam, geschah es fast regelmäßig, dass die Freunde in den Bart griffen, um zu sehen, wie er sich inzwischen anfühlte. Es kamen auch Kinder zu Besuch, die rote und blaue Blumen hineinflochten, wenn er im Schatten des Feigenbaums bei einem Glas Wein saß. Norman genoss es, sich in eine Blumenwiese verwandeln zu sehen, und es war ihm auch recht, dass sich die Spuren der Jugendlichkeit aus seinem Gesicht verloren. Schwer zu sagen, ob er mehr an Tolstoi, Botticelli oder den Moses von Michelangelo erinnerte. Bis Mitte des Sommers hatte sein Bart jedenfalls so biblische Ausmaße angenommen, dass es zu Verwirrungen kam. Einmal fuhr eine Gang von Jugendlichen, die auf dem Rückweg vom Strand war, mit nackten Oberkörpern an seinem Landrover vorbei und bekreuzigte sich erschrocken, als sie ihn am Steuer sahen. Sie glaubten, Gottvater sei ihnen erschienen.

»Vielleicht sollten wir den Bart doch wieder abnehmen«, meinte Patience, aber er sträubte sich, und als sie ihn schließlich um ein paar Zentimeter kürzte, beklagte sich Norman, er fühle sich unangenehm windschlüpfrig an.

»Aerodinamico«, sagte er.

Binnen kurzem hatte er ohnehin soviel Fülle zurückge-
wonnen, dass ein Kind im überfüllten Postamt an Normans Hose zupfte und fragte: »Babbo natale?« – Bist du
der Weihnachtsmann?

»Si«, antwortete er, »in vacanza«. Er war hier der
Weihnachtsmann auf Urlaub, weil Sommer war.

Im Jahr des Jahrtausendwechsels war Normans Bart
ganz weiß geworden. Er war jetzt an die Achtzig. Anfang
Dezember, während die meisten schon an eine rauschende
Millenniumsfeier dachten, mit Sektkorken und Knallkör-
pern, fuhr er durch die Einsamkeit der Olivenbäume zu
seinen Freunden, den Ragazzi von Presicce, und erklärte
ihnen, er wolle Engel für die Vorweihnachtstage entwer-
fen.

»Wie wäre es – eine Anzahl von großen Engeln, die für
ein paar Tage auf der Piazza stehen? Noch sind sie nicht
gemacht, wir müssten das zusammen tun«, sagte er. Und
man muss wissen: für die Ragazzi, die allesamt Kinder von
Bauern und von Handwerkern aus Presicce waren, bedeutete Norman nicht nur ein Freund, er war auch mit den
Jahren ein Lehrmeister und ein Wegweiser ihres Lebens
geworden. Wenn sie anfangs noch manchmal dachten, von
Apulien weg zu gehen, weil sie hier keine Arbeit und
keine Perspektiven für ihr Leben fanden, dann war er es,
der ihnen klar machte, dass sie an einem ganz besonderen
Punkt der Erde lebten, dass sie nur ihre Augen neu öffnen
und andere Zugänge zu ihrem Land finden müssten. Tatsächlich führte der Austausch mit ihnen (und vielleicht
auch seine Fähigkeit, Wünsche und Sehnsüchte in ihnen
wachzurufen) mehr und mehr dazu, dass ihr Dorf zu einem heimlichen kulturellen Zentrum des Südens wurde.
Die Ragazzi schlossen sich zu einer Schauspielertruppe
zusammen, sie schrieben und erprobten Stücke, die sie
unter freiem Sternenhimmel aufführten, zwei von ihnen,
Rolando und Gigi, gründeten eine Druckerei, in der
schon bald die ersten selbst gesetzten Bücher erschienen,

Ada, die nachts an Geschichten schrieb, richtete tagsüber die Bibliothek der Commune wieder ein und veranstaltete Lesungen, zusammen mit Silvia, Assunta und Adele organisierte sie ein Sommer-Festival, zu dem sie andere Theatergruppen einluden, jedes Jahr im September gingen sie zur Weinernte nach Spigolizzi hinauf, sie pressten die Trauben und tanzten im Mondschein zum Tamburin die Pizzica-pizzica, und als sie längst über fünfundzwanzig waren, hießen sie immer noch die Ragazzi.

Die Idee von den Engeln, jetzt plötzlich in der Kälte des Tramontanawinds aufgetaucht, löste binnen kurzem ein regelrechtes Engelsfieber aus, ein inneres Feuer kam da in Gang, von dem keiner wusste, woher und für wen es so heftig brannte. Schon am nächsten Tag hatte Norman die Grundform der Engel auf ein Stück Papier gezeichnet – vielleicht hatte er sie geträumt, denn er nahm viele seiner Formen aus dem Traum. Es war ein stehender oder vielmehr eben noch den Boden berührender Engel, der griechische Sandalen trug und seine Hände vor den Schultern erhoben hatte. Die Flügel stießen oberhalb des Kopfes aneinander, und eine Spur von Lächeln lag in seinem Gesicht. Es gab wenig Zweifel, dass er eine weibliche Gestalt hatte.

»Jetzt muss er nur noch die richtige Größe bekommen«, sagte Norman. Viel Zeit war nicht zu verlieren. Rolando hatte inzwischen den Bürgermeister von Presicce überredet, die Piazza für die Engel frei zu geben, und während die einen schon daran gingen, die zwei Meter zwanzig hohe Grundform aus Sperrholzplatten auszuschneiden, besorgten die anderen sich Farbe und Pinsel – Norman, zwischen ihnen, sah zu, wie sie anfingen, die Engel zu bemalen, jeder entwickelte seine eigene Farbigkeit, Adas rot leuchtender Engel, der Engel von Assunta und Fabrizio, Rolandos und Annas Engel. Gigi und Gilberto hatten ihm als erste eine schwarze Gesichtsfarbe gegeben, es sollte ein schwarzer Engel werden, so wie es schwarze Madonnen in der Welt gab. Dahinter stand Paolas Engel, Nachdenklichkeit im Gesicht. Die Frage war doch: Wer war hier eigentlich der heimliche, schützende Begleiter von wem? Wer gab das Vorbild und das Nachbild ab? War wirklich ausgemacht, wer wessen Engel war? Und wenn er Schutz gab – wovor?

Draußen hatte es zu regnen begonnen. Das Wasser rauschte von den Dächern auf die Straße herab. Sie verbrachten die Nachmittage in einem zugigen Raum und malten in Windjacken und dicken Pullovern an den Engeln weiter, nachts, noch als sie einschliefen, hatten sie den Geruch der Farbe in ihren Träumen, und sie erwachten mit dem Gefühl von Pinselstrichen. Die Farben waren noch nicht richtig getrocknet, da trugen sie die Engel aus dem Haus und brachten sie im Landrover zur Piazza, wo pünktlich kurz vor Einbruch der Dunkelheit, wie um ihnen Respekt zu bezeugen, der Himmel über Presicce aufriss. Gilberto, der nicht umsonst bei einem Elektriker in die Lehre gegangen war (ehe er dann als Bühnenbildner zum Film ging), hatte kurzerhand die komplette Nachtbeleuchtung des Zentrums außer Kraft gesetzt. Er hatte die Neonlampen abgeschaltet, hatte die Birnen der Starkstrahler in den Gassen herausgedreht und an ihre Stelle kleine, eigens für diesen Zweck gebastelte Lampen angebracht, die nun ein schimmerndes, warmes Licht auf die Engel warfen. Für zwei Tage war Presicce so schön wie lange nicht. Sogar aus den Nachbardörfern kamen die Leute, um zwischen den weißen, ineinandergebauten Häusern hindurch zu schlendern und sich die »Angeli« anzusehen. Manche sagen, es seien zwölf gewesen, andere sagen, es waren dreizehn... Sie überragten die Menschen um ein Stück und schauten sie auf ihren Zehenspitzen an, als sei es ein Leichtes, wegzuschweben.

Dann war schon Weihnachten und Silvester, die Feuerwerkskörper flogen über den Dächern von Presicce auf, das Jahr 2000 hatte begonnen, und die Ragazzi, denen die

Engel seltsam ans Herz gewachsen waren, brachten sie gleich Anfang Januar zu Norman nach Spigolizzi, um sie dort auf dem Feld aufzustellen – demselben Feld, wo wir ihn vor Jahren getroffen hatten. Es gab da eine Aia, einen Steinkreis, auf dem früher ein Esel zum Dreschen des Getreides gegangen war und in dessen Mitte jetzt der »Pazzo«, der aus Marmor gehauene große Narr stand. Um ihn herum gruppierten sie die Engel in einem weiten Bogen, und sie machten Fotos von ihnen, mit Norman und Patience zwischen ihnen im Abendlicht. Über dem Meer ging die Sonne unter, man konnte an diesem Abend bis nach Crotone hinübersehen, dem Ort von Pythagoras. Wenn Engel Botschaften bringen, was war ihre Botschaft? War es dieser Augenblick und dieser Blick übers Meer?

Kurze Zeit später stürzte Norman im Haus von einer Treppe herunter. Es geschah am Morgen. Er war die Treppe hunderte Male in seinem Leben gegangen, sie führte neben der Weinkantine zu seinem Bett hinauf, wo er im Halbschlaf das Brodeln der Fässer hören konnte, acht schmale Stufen, die an der offenen Seite kein Geländer hatten. Patience hörte den Aufprall. Er lag am Boden, einen Moment bewusstlos, dann sagte er, sie solle versuchen, ihm aufzuhelfen. In diesem Moment war er noch ganz sprachmächtig. Als Patience ihn durch den Raum in die Kaminkammer geschleppt hatte, wo er sich ins Dunkel auf die Decken und Kissen legte, begann die Sprache sich ihm zu verwirren.

Sie brachten ihn ins Krankenhaus nach Tricase, das auf der Seite der Adria lag, und als dort die dringend nötigen Kopfdurchleuchtungsgeräte nicht verfügbar waren, fuhren sie ihn gleich weiter nach Taranto, wo ein Verwandter der Ragazzi Oberarzt in der neurologischen Abteilung war. Im Kopf war ein Hämatom, das stellte man fest. Das Blut drohte weiter ins Gehirn einzudringen, es drückte tief drinnen aufs Zentrum. Man bohrte ein Loch hinten links in den Schädel, um es ablaufen zu lasssen. Und zwei oder drei Tage später tat man es noch eimal. Norman lag in einem Raum mit vier anderen Männern aus Taranto zusammen. Viel Worte hat er in diesen Tagen nicht gesprochen, anfangs probierte er es wohl noch öfters, aber als er merkte, dass ihm die Zunge nicht gehorchte und andere Ausdrücke herauskamen, als er sagen wollte, ließ er es mehr und mehr bleiben. Manchmal hielt er sich die Hand lange über den Kopf und sagte »Aiaiai«. Aber kein einziges Mal hat er einen Vorwurf aus seinem Schmerz gemacht oder Verzweiflung gezeigt.

Patience, ganz und gar unbedingt und eigenwillig, wie sie in ihrer Liebe zu ihm war, kam nicht ins Krankenhaus. Sie blieb in Spigolizzi, um aus der Magie des zentralen Ortes auf ihn zu wirken. Aber tatsächlich blieb Norman all diese Tage keinen Augenblick allein. Die Ragazzi wechselten sich bei Tag und Nacht ab, ihn im Krankenhaus zu besuchen. Sie fuhren täglich die zwei langen Autostunden von Presicce nach Taranto und zurück, sie machten ein nomadisches Königslager aus seinem Bett, umgaben es mit Tüchern, hängten Plakate und andere Gegenstände an die Wand, brachten ihm auch die Fotos von den Engeln mit, die sie inzwischen entwickelt hatten. Als er sie sah, lächelte er.

Immer zwei oder drei Ragazzi waren bei seinem Bett, und sie tauschten sich heimlich die Besucherscheine aus oder stahlen sich mit abgewandtem Gesicht am Pförtner vorbei, um zu ihm zu kommen. Sie wuschen und massierten ihn, pflegten seine Wunden (denn er hatte Wunden nicht nur am Kopf). Dass ihm die Ärzte den Bart abrasierten und auch rund um die Kopfwunde einen Teil der Haare wegnahmen, muss ihn gestört haben. Aber er äußerte sich nicht mehr dazu. Er reagierte nur noch mit den Augen und winzigen Veränderungen des Gesichts, das nach Adas Worten unglaublich schön war.

»Er liegt da wie ein Engel«, sagte sie spät am Abend am Telefon (wir telefonierten jetzt täglich und mehrmals täglich, und überhaupt waren alle plötzlich auf ihr Handtelefon verwiesen, um sich abzustimmen und zu verständigen, die Nachrichten und Neuigkeiten gingen durch den Salento und von da weiter durch die Welt, E-Mails nach San Francisco und Boston, wo ein langjähriger Freund von Norman und Patience wohnte, der ebenfalls Norman hieß und Rabbi war, Telefonate nach London und Cambridge zu Patiences Tochter, es gab Rückfragen, Korrespondenzen und Querverbindungen von England nach München und von München nach Oakland, wo ein Plakat der Engel schon an der Wand hing, man wollte ihm nah sein, so nah, wie die Ragazzi ihm waren, und wollte teilhaben an ihren Kurierdiensten, ihrer dauernden, wechselnden Anwesenheit bei seinem Bett, so dass die Zimmernachbarn schon unwillig nachfragten, ob er vielleicht ein Dalai Lama sei oder warum all diese jungen Leute bei ihm auftauchten, Gilberto nachts von Cisternino herüberkommend, nachdem er den ganzen Tag gearbeitet hatte, Rolando am Abend, Adele und Paola, Assunta, auch Antonio aus Casarano.

Nach dem zweiten Eingriff schien sich sein Zustand ein paar Stunden lang zu bessern, Funken der Hoffnung tauchten auf und verstärkten sich zu einem Strom von Zuversicht, dann fiel er ins Koma. Der Arzt sagte, jetzt gäbe es nur noch die Chance, einen Teil des Gehirns herauszunehmen. Natürlich könne man nicht garantieren, dass er nachher der selbe Norman sei wie vorher. Patience hatte genau zwanzig Minuten Zeit, um sich am Telefon zu entscheiden, was geschehen sollte. Entweder Hirnoperation oder Lebensverlängerungsmaschine, hieß es. Sie entschied sich gegen beides.

»Bringt ihn zu mir nach Hause«, sagte sie.

So wurde Norman nach Spigolizzi zurückgebracht. Noch ehe er ankam, hatten seine über die Welt verstreuten Freunde das Bild vom Krankenwagen vor Augen, wie er über die verlassene Straße Apuliens gefahren kam und ihn durch die Macchia den Hügel hinauf zur Masseria brachte, vorbei an Thymian, Rosmarinbüschen und wildem Fenchel. »Le roi retourne au palais«, stand in einem nächtlichen E-Mail, das von München nach Boston ging. Der König kehrt in seinen Palast zurück. Rolando und Gigi hatten inzwischen ein Bett mit einer besonders weichen Matratze hergerichtet, Mirjam hatte das Zimmer geweißelt, Enzo hatte einen eisernen Ofen in die Ecke gebaut, damit er es warm hatte. Durchs Fenster konnte man auf das Feld mit dem »Pazzo« sehen. Und als der Wagen vorm Haus hielt und er von ihnen aufs Bett gelegt wurde, entspannte sich sein ganzer Körper. Die Arme, die er im Krankenhaus am Schluss zusammengezogen hatte, ließ er jetzt beiseite sinken, und auch im Gesicht war eine Erleichterung zu sehen.

Sie blieben die Nacht und den nächsten Tag bei ihm, rings um das Bett sitzend und immer noch hoffend, dass etwas Wunderbares passieren würde. Dann, gegen fünf Uhr nachmittags, war Norman tot. Die Wolken zogen an diesem Tag von Süden über das Dach hinweg. Man hörte die Glocken einer Schafherde. Zwei von den Engeln standen bei der Messe neben dem Sarg. Aus dem Hintergrund, wie durch Wände, wurde ein hebräisches Lied gesungen. Alessandro spielte die Gitarre, der halbe Salento war anwesend. Patience wunderte sich manchmal zwischendurch, wieso der Pater immer nach oben in die Empore schaute, als würde er dort oben Engel sehen, während sie doch hier ganz in der Nähe waren. Um Normans Kopf lagen gelbe Mimosen. Wenn man jetzt durch Presicce ging, sah man überall ein Plakat an den Wänden, auf der Piazza, neben dem Caffè die Straße zur Bahnstation hinauf (gedruckt in der Tipografia der Ragazzi), darauf stand: »La famiglia e gli amici annunciano che NORMAN è tra gli Angeli«. Und das soll heißen: Die Familie und die Freunde geben bekannt, dass Norman bei den Engeln ist.

Ludwig Thoma – Einsamkeit allüberall

Winter 1915 –
Ludwig Thoma schreibt die »Heilige Nacht«

Dezember, Advent, gleich ist Weihnachten. Und allüber-all durch die Festsaalritzen sieht man nun Vortragskünst-ler flitzen. Wie andernorts die Büttenredner und Fa-schingsprinzen, so jagen sie dieser Tage von Auftritt zu Auftritt, aus der Altenbetreuung zur frei verkauften Stadthalle, wo die Tannenzweige bereits am Pult stecken und nun rasch ein paar Kerzen entflammt werden, denn schon stürzt der Rezitator (»bekannt von Funk und Fern-sehen«) aus dem Tannengrün, und nun nichts wie her mit der Besinnlichkeit, aber schnell! Das Taxi draußen wartet so lang.

Solch eine Hektik berufsmäßiger Gemütsproduzenten hatte Ludwig Thoma ganz und gar nicht erahnt, als er im Winter 1915 die »Heilige Nacht« dichtete, er hätte zu der Zeit wahrscheinlich nicht mal den satirischen Aspekt da-bei ertragen und ihn spöttisch gegeißelt. Nein, im Kriegs-winter 1915/16 war Thoma nur noch wund.

Verstört, weil seine »braven Deutschen« statt dreinzu-hauen nun selber zerschossen wurden und in dreckigen Schützengräben verreckten; voll Selbstmitleid, weil ihn seine Frau Marion betrogen und endgültig verlassen hatte; bitter geworden, weil seine liebsten Freunde alle gestor-ben waren (bloß Ganghofer war noch da und besichtigte mit dem Kaiser zusammen den Krieg).

So hockte der Thoma Ludwig, die lange Gesteckpfeife im Mund, 49jährig am Kachelofen auf seiner Tuften, die-sem Prachtbauernhof überm Tegernsee, und schaute hin-aus in die tiefverschneite Einsamkeit um ihn her. Eigent-lich war alles schiefgegangen für ihn (vom Ruhm einmal abgesehen, aber von dem konnte man jetzt im Krieg und allein da heroben auch nicht abbeißen).

Was hatte er sich über den Krieg gefreut und über seine tapferen, sauberen Burschen! Was hatte er, als Chef des Satireblatts »Simplicissimus«, nicht alles getan, um jeden Spott ins Vaterländische umzubiegen: den totalen Kurswechsel erzwang er, beschimpfte im Kasinoton die widerstrebenden Kollegen der Redaktion und peitschte in eigenen Kommentaren auf zum Dreinschlagen, spie heißes Eisen, schnaubte Blut und brachte Extra-Flugblätter gegen den Feind heraus und wollte wenigstens als Sanitäter dabei sein, im Osten: »*Unter mir das brennende Gorlice. Herrgott ist das schön! (...) Wieviele tausend gefangene Russen wurden an mir vorbeigetrieben. Tiere mit bösartigen, dummen Gesichtern.*«

Nun aber schienen sie gar die Stärkeren zu sein. Hunderttausende sind schon krepiert am Isonzo, an der Marne, in Galizien, oder sie kommen von Senfgas erblindet nach Haus. Es ist alles so ganz anders als zu Beginn, im strahlenden ersten Kriegsjahr, als Thoma die Szene »Christnacht 1914« gereimt hatte, die »in einem Schützengraben in Frankreich« spielte und zwei Bauern als Landwehrmänner bayrisch drauflosverseln ließ von den dummen französischen Kriegshetzern und von der so tapfer bewachten alldeutschen Heimat, mitten in der Christnacht: »*Na, Kinder, kommt!*« sagt jetzt der Hauptmann, »*Indes ihr schlieft,/Im Traum wohl nach dem Christkind rieft,/Kam's aus der Heimat da herein/Und bringt uns Baum und Lichterschein/Und einen Gruß vom Vaterland*«, dann gibt's Punsch und alle singen »*Stille Nacht, Heilige Nacht!*« dazu von fern Kanonenschläge. Vorhang.

Und jetzt 1915, gab's statt Punsch bloß noch Ersatzkaffee mit Steckrüben. Den Bauern hatten sie nach den Söhnen und Knechten auch noch die Rösser genommen – es war zum Verzweifeln.

Und Thoma hatte nicht mal mehr eine Frau, keine Kinder waren da, keine Kollegen, keine Zuhörer. So träumte er sich jetzt zurück in die stille Kindheit, drunten in der Vorderriß, wo der stattliche Vater Max königlicher Oberförster war und seine Mutter, die Wirtstochter aus Oberammergau, nebenher den spärlichen Gastbetrieb leitete.

»Meine ersten Erinnerungen knüpfen sich an das einsame Forsthaus, an den geheimnisreichen Wald, an die kleine Kapelle, deren Decke ein blauer mit vergoldeten Sternen übersäter Himmel war«, so notierte er jetzt auf seiner Tuften für die »Erinnerungen«: *»Dazu gehörten Pfeife und duftender Kaffee und ein Kreis von Menschen, die gewillt waren, alles wohlwollend aufzunehmen, die Nachrichten aus einer fernen Welt mit Interesse zu hören und sich dabei in ihrem Winkel erst recht wohl zu fühlen.«* Einsam – aber nie allein war man da. Ganz anders als jetzt.

Das alles fiel ihm nun wieder ein, die Kindheit, die Geborgenheit. Er hatte ja sein trautes Zuhause verlassen, hatte Paris besucht (und sich besoffen an den dortigen »Weibern«), war mit Lackschuhen nach Berlin gereist (und außer sich vor Begeisterung); klein und quadratisch war er – seine Sehnsucht galt allem Großen und war dabei ständig von der Angst, nicht standhalten zu können, überdeckt. Von Literatenkreisen und von Intellektuellen hielt er sich strikt fern.

Aus der schlagenden Verbindung war er wegen »Muckens« rausgeschmissen worden, seine Doktorarbeit hat er nie abgegeben (den Titel also erschwindelt), als Rechtsnwalt in Dachau hatte er schrecklich versagt, dafür aber als deutschnationaler Festredner Eindruck gemacht und es trotzdem hernach auch in München als Jurist zu nichts gebracht.

Frauen sind ihm eh bloß »Weiberfleisch«, grad tauglich zum »Kopulieren« – und zum Renommieren. So schnappt er sich, gegen stattliche Ablöse, die Frau eines Berliner Kollegen, eine ausländische Cabarettänzerin, groß, schön und dunkel: Marietta di Rigardo, genannt Marion. Ein

Rassepferd sozusagen für den Pfeifennuckler Thoma. Die holt er sich jetzt in sein Haus überm Tegernsee, zu den Rehgwichterln, Eisstöcken und Bauern. Einen Tennisplatz legt er für sie an, kauft sich Schläger und weißen Dress, aber eigentlich zieht er Kaffee und Jagerstutzen vor. So brennt sie ihm durch. In seinen »Erinnerungen« gönnt er ihr kein Wort (dafür in seinen Dichtungen, wo sie Cora ist und Lola Montez, Magdalena und Hausdrachen im »Waldfrieden«).

Waldfrieden! Aus und vorbei. Totenstarre liegt über den Wäldern ringsum, bittere Einsamkeit, verbittertes Verlassensein und keine Zukunft. O du lieber Augustin! Und wie schön war's doch damals, in der weichbeflockten Vorderriß zu Weihnachten: der Kaffee, Zimtsterne, die Eltern, das Gesinde und die Geschwister, die Tiere im Wald und im Stall. Zum Weinen könnt einem sein.

Im Wald is so staad,
Alle Weg san vawaht,
Alle Weg san vaschnieb'n,
Is koa Steigl net bliebn.

Ja, so war das wohl. Und Maria und Joseph haben zusammengehört und einander vertraut.

Ganz Nazareth sagt, wia de leb'n,
So friedli und brav und so staad! –
Dös muaß's wohl net glei wieda gebn!
Waar schö', bal's as öfta gebn tat.

Schön, ja schön wärs gewesen. Ist es aber nicht, weil diese Weiber heut bloß ans Vergnügen denken. Anders als die Maria.

Sehgt's, Leuteln, so tapfa is s' g'wen,
Koan Aug'nblick hat sie net greint,
Da kunnt'n de Weiba – was denn? –
A Beispiel dro hamm, wia's ma scheint.

Ein Kind haben die beiden auch gekriegt. Und er, der Ludwig Thoma, hat gar nichts gehabt. Nur das Alleinsein.

GERT HEIDENREICH

Leiser konnte Gott nicht

Ich bin all das, was man jedem Esel nachsagt: fleißig, klug und neugierig. Freilich bin ich nicht irgendein Esel, sondern eben jener. Jener gewisse neben dem Ochsen. An der Krippe, in der nicht mehr unser Futter lag, sondern, wie man weiß, das vielversprechende Bündelchen Mensch. Hätte man mir damals gesagt, daß ich bald darauf seine Mutter samt ihm bis nach Ägypten tragen müßte und noch später den halbgaren jungen Mann nach Jerusalem, ich hätte es mir im Stall zu Bethlehem überlegt, ob ich dieser Familie helfen sollte, eine Weltreligion zu gründen. Mit all den Eseln, die durch die biblische Geschichte laufen, bin ja immer ich gemeint. Wir werden ziemlich alt. Ich bin ein sehr alter Esel.

Aber zum Anfang. Es war kalt. Es regnete, der Wind blies, und man mußte froh sein, seine Eselshaut in einem Bretterverschlag trocken halten zu dürfen. Nur darum hab ich mich mit dem Ochsen neben mir abgefunden. Üblicherweise verachten wir Esel die Rinder aus unterschiedlichen Gründen, vor allem aber, weil ihre Ohren zu klein sind. Eine Frage der Intellektualität, sonst würden lesende Menschen den Erinnerungsknick an einer Buchseite Ochsenohr nennen – er heißt aber Eselsohr.

Doch zurück. Wir ahnten beide nichts, als in jener denkwürdigen, eisigen Nacht der alte Mann mit seiner jungen Frau in den Stall kam, unser Stroh wegzog und daraus ein Bett zu schütten versuchte. Dann ging das Gejammer los. Gesehen habe ich nichts, es war stockfinster, nur gehört, wie die junge Frau sich quälte und der Alte hilflos vor sich hin murmelte, dann das Krähen des Neugeborenen, die Mutter sagte: »Joseph, ein Sohn«, der Alte sagte: »Gut, Maria«, dann war es still, bis auf das Schmatzen des Kindes, den schweren Atem der Frau und das

Schnarchen des alten Mannes, der gleich nach der anstrengenden Geburt eingeschlafen sein muß, wie übrigens auch der Ochse neben mir. Ein Rind ohne jedes Sentiment. Träumte vermutlich davon, viel weiter östlich zu leben und dort heilig zu werden. Ein Esel wird niemals heilig. Mit uns kann man alles machen, bedenken Sie nur, was Lukian und Apuleius uns angedichtet haben, kein Tierschutzverein ist je dagegen aufgetreten, unsereins muß froh sein, wenn der Sack an unserer Stelle geschlagen wird. Aber zurück nach Bethlehem.

Es war also Nacht und kalt. Der Alte, den die junge Frau Joseph genannt hatte, röchelte beim Einatmen und pfiff beim Ausatmen, Maria schlummerte vielleicht, und das Würmchen war still, als ob es schon wüßte, daß es in eine fremde, unheimliche Welt geschlüpft war. Das wird, dachte ich jetzt, eine ruhige Nacht werden. Und eben wollte ich mich neben dem Ochsen ins Stroh legen, da sah ich das Licht. Viel zu früh. Mitten in der Nacht ist es hell geworden, taghell! Durch die Ritzen zwischen den Brettern fielen Strahlen in die Hütte, dann riß das Dach auf und hob sich, vom Himmel senkte sich eine Lichtsäule herab, blendend, daß ich die Augen schließen mußte und darum nicht genau erkennen konnte, was sich da im Innern des Lichts auf und ab bewegte.

Die Tür brach nach außen auf, und eine Flut aus Licht schwamm von den Hügeln herab, wir alle waren wach und schrien aus vollen Kehlen, Joseph, Maria, Ochs, ich und sogar das Wickelbübchen, denn diese Helligkeit war schrecklicher als das Dunkel zuvor. Dann hörte ich die Hirten draußen rufen, die Schafe blökten, es war ein gräßliches Durcheinander, und niemand behielt die Nerven – außer dem Kind. Das hatte sich von der allgemeinen Hysterie ab- und der mütterlichen Brust zugewandt, stieß dieselbe mit seinen Fäustchen und nuckelte unter kleinen Kopfstößen wie ein Zicklein.

Jetzt kamen zum Licht auch noch Posaunentöne, stellen Sie sich vor, auf freiem Felde in der Nacht Posaunen! Die Hirten warfen sich auf die Erde, die Schafe sprangen davon und flüchteten in schattige Mulden, Joseph hielt sich die Ohren zu, der Ochse neben mir röhrte, daß ich dachte, er müsse jeden Augenblick sterben. Ich hatte freilich, als das Licht einbrach, sofort auch an Blasinstrumente gedacht. Es gibt seit Urzeiten eine Dramaturgie des Göttlichen, die man als Esel natürlich kennt. Und zu dieser Dramaturgie gehören Bläser. Es war ein Getöse, unfaßbar, später würde man es lieblich nennen, es war aber eigentlich eine Art Alarm. Leiser konnte Gott nicht.

Doch dies enttäuschte nur meine Erwartung einer stillen Nacht. Erst was dann kam, war wirklich erschreckend.

Alles Erdverhaftete nämlich, auch ich, wurde mit einemmal leicht. Nun mögen schwerleibige Menschen und Tiere es für ein Glück halten, ihres Gewichtes enthoben zu sein. Aber ich, Haut und Knochen, war entsetzt, als ich den Druck in meinen Hufen schwinden fühlte. Mein Kopf, den ich seiner Gedankenfülle wegen immer gesenkt hielt, hob sich zu waghalsig optimistischem Aufbruch, mein Schwanz stellte sich senkrecht, neben mir stieg der Ochs bereits mit himmelwärts gerichteten Ohren und schweigend in der Lichtsäule empor, während Maria mit dem Säugling an der Brust sich in der Hocke und mit angewinkelten Beinen vom Boden abhob und, ohne um ihr Gleichgewicht auch nur im geringsten bemüht zu sein, durch das offene Dach schwebte, gefolgt von ihrem zappelnden Gatten, dem sich der schneller steigende Mantel wie eine Blüte um den Kopf aufgestellt hatte.

Ich war in dem wie vom Sturm aufgewirbelten Stroh das langsamste Lebewesen auf dieser Reise zu den Sternen, und fassungslos sah ich die beinüber in der Luft treibenden Hirten und Schafe gen Himmel trudeln, wir alle im gleißenden Licht mitten in der uns am Horizont umschließenden tiefschwarzen Nacht.

Weiter oben wurde es kalt. Wir näherten uns, langsamer steigend, den Sternen und sanken allmählich, nach ängstlich erwartetem Scheitelpunkt in der Höhe, zurück zur Erde von Bethlehem, sanft mit dem sehr langsam schwindenden Licht zu Boden, bis endlich Tier und Mensch zum Ursprung heimgekehrt und sogar das Dach über der Hütte sich wieder geschlossen hatte.

Auf dem Boden zog sich die Lichtflut zu ihrem Ursprung zurück, als ob sie rasend vertrocknete, und die Hirten lagerten sich vor der Tür. Die Schafe kehrten wieder, der Ochs fiel, kaum im Stall, wieder in Schlaf, ich stand wie betäubt neben der Krippe, in die ein Rest Licht sich gerettet hatte. Die Säule der Helligkeit mit ihrem inneren Geflatter entschwand nach oben. Doch der Neugeborene wollte vom Leuchten nicht lassen.

Mir glitten die Lider über die Augen. Was für eine Nacht aber auch. Man denkt an nichts Böses, und auf einmal steht man in der Kulisse der Geschichte. Gerade als ich einschlafen wollte, gingen draußen die Gebete los. Hirten sind, wenn es um ihre Lämmer und den Glauben geht, hartnäckige Menschen. Wie sie beteten! Wie sie auf Knie und Antlitz fielen vor dem Säugling! Der leuchtete mit den Sternen um die Wette! Wie die armen Männer draußen statt um ihre versprungenen Schafe um die eigene Seele besorgt waren und mit ihren Gesichtern durch den Sand schürften!

Zum zweitenmal geweckt, betrachtete ich das Frischgeborene mit Ärger und Interesse. Die überlegene Ruhe im Gesicht gefiel mir nicht. Das, dachte ich, wird in der hektischen Zeit, in der wir leben, nicht gut ausgehen. Man wird das Bürschchen für hochmütig halten. Und Licht hin oder her, sein alter Vater wird ihn kaum erziehen, die Mutter zu stolz auf ihn sein, und am Ende wird er wie so viele behaupten, ein Göttersohn zu sein. Er bemühte sich jetzt schon auszusehen, als ob er alles wisse.

Ich war seinerzeit in der Hütte der einzige, der wußte,

was aufkam. Der einzige, der hätte warnen können. Aber Esel, die warnen, gelten bei den Menschen als Störenfriede und werden geprügelt; die aber schweigen, gelten als weise. Ich habe mich für die Weisheit entschieden. Wenn man die Tragödie betrachtet, die seither im Namen jenes nächtlichen Lichtes über die Menschheit gekommen ist – und all die anderen Tragödien im Namen anderer Erleuchtungen –, dann hätte ich wohl damals protestieren müssen, wie Esel zu protestieren pflegen, wenn sie eine schludrige Philosophie als Heilslehre ausgegeben sehen: »I. A.« Was nichts anderes heißt als »Ille Asinus – Jener Esel«, womit wir Tragtiere unsere Verachtung gegenüber Menschen zum Ausdruck bringen, die nicht zu Ende denken.

Ich wußte in jener Nacht schon, daß dieses Lichtspiel mit einer weiteren Verwirrung bereinigt werden würde, einer zweiten und dann ungebremsten Himmelfahrt – eine der üblichen Religionslösungen, wenn ihre Stifter beim Erzählen nicht mehr recht weiterwissen und sich flugs darauf besinnen, daß im Bereich der Hoffnung das Unwahrscheinlichste am glaubwürdigsten ist. Glauben Sie mir, Esel waren immer gefeit dagegen. Alle Lasttiere. Wir waren ebenso wenig Christen wie Hinduisten oder Mosleme oder Buddhisten, wir hatten auch mit Erlösungsclubs wie der Kommunistischen Partei nichts im Sinn. Lasttiere haben dafür zu gute Ohren. Und einen zu geprüften Rücken. Fragen Sie mal Dromedare, was die von Weltbildern halten...

Der junge Mann, der aus dem Säugling jener unruhigen Nacht wurde, fand, wie wir wissen, ein mühsames und qualvolles Ende. Bevor er sich als Taube erwies, sollte der Junge nach dem Willen seines Vaters die Folter kennenlernen, weil ihm das helfe, nach dem Tod ein besserer Mensch zu werden. Dieser Vater, der seinen zweiten Abrahamtest, diesmal mit sich selbst und erfolgreich, durchgeführt hat, ist vermutlich derselbe, der uns, Joseph,

Ochs, Maria, das Kindchen und mich, seinerzeit um den Schlaf gebracht hat. Die Inszenierung war nicht schlecht und hat sich bis heute weltweit als Lightandsoundshow erhalten.

Manchmal sehne ich mich nach dem Ochsen, der seinerzeit neben mir stand und offenbar nicht viel mitbekam. Ich weiß noch, daß er, als das Spektakel losging, nur ein Auge geöffnet hat, und das auch nur kurz. Und daß er dann, als alles zu schweben anfing, ungerührt durch die Luft gondelte, als ob er gewußt hätte, daß alles nur ein Traum war. Alles. Nur daß niemand von uns sagen konnte, wer damals wen geträumt hat – Maria ihren Sohn, Joseph seine junge Frau, der Ochs mich und ich den Ochsen. Wir alle aber jene Nacht, die später in die bethlehemitische Zeitrechnung einging – als Nullpunkt.

Urs Widmer

Weihnachten

Es sprach der Ochs zum Es:
wie lieb er trinkt, der Jes.
Auch wir woll bißchen prostern
so bis so gegen Ostern.

Die Tier im heilig Stall
griff froh zur Flaschen all.
Wed Es noch Ochs warn schüchtern.
Mar, Jos und Jes blieb nüchtern.

Jes schlief, Mar träumt, doch Jos
schaut auf sein Frau ziem bos.
Der Es sagt: Jos, übs Jahr
hast du vergess wies war.
Dann weihnacht es schon wieder
und du sing Weihnachtslieder.

Die Autoren
und Quellennachweise

Gabriele Bondy. Geb. 1947 in Weimar. Seit Kindheit in Westdeutschland. Theaterarbeit in Bremen und München. Psychologin, Therapeutin. Regisseurin, Autorin und Rundfunkpublizistin mit Themenschwerpunkten »Psychologie« und »Deutschland nach der Wende«.
Ein Weihnachtsgeschenk von Väterchen Frost, Erstveröffentlichung

Barbara Bronnen. 1938 in Berlin geb., Tochter des Schriftstellers Arnolt Bronnen, seit über 40 Jahren in München. Promovierte Germanistin, Publizistin, freie Schriftstellerin. Romane, u. a: *Die Tochter* (1980), *Die Überzählige* (1984), *Liebe um Liebe* (1988), *Leas siebter Brief* (1998), *Das Monokel* (2000). Schreibt auch Biographisches sowie themenbezogene Prosa, u. a. *Meine Toskana* (1995), *Die Stadt der Tagebücher* (1996). Preise u. a.: Tukan-Pr. 1981, Max-von-der-Grün-Pr. 1987, Ernst-Hoferichter-Pr. 1990.
Die Alleinunterhalterin, Erstveröffentlichung

Sarah Camp. (eig. Dr. Elisabeth Pflanz) 1946 in Rosenheim geb., lebt in München. Seit 1977 schreibt, inszeniert und/oder spielt sie ihre Soloprogramme und satirischen Volkstheaterstücke (u.a.: Baukasten, 1977, Das rasende Kirchenjahr, 1979, Kreuzweg, 1980, Baumgrenze, 1983, MAAMMA!, 1994, Das Leben auf dem Mars, 1998). Autorin, Schauspielerin und Regisseurin für Theater, Film- und Fernsehen. 1977 Stern des Jahres für Satire der AZ und Rose des Jahres der tz, Ernst-Hoferichter-Pr. 1981.
Baukasten – eine bayerische Satire auf das Weihnachtsgeschäft. Modernes Theater, München 1977; *gekürzte Fassung* 2000, Erstveröffentlichung

Regina Carstensen. Jahrgang 1958. Redakteurin bei der Zeitschrift »Cosmopolitan«, schrieb vor dieser Tätigkeit Artikel und Essays über Mode und Design für den Spiegel, die Zeit und das Kursbuch. Lebt in München.
Im Kreise der Lieben, Erstveröffentlichung

Doris Dörrie. 1955 in Hannover geboren, Wahlmünchnerin. Filmemacherin (u. a. *Männer* 1986), Prosa-Autorin, u. a.: *Liebe, Schmerz und das ganze verdammte Zeug* (1987), *Samsara* (1996), *Bin ich schön?* (1994, dazu der Film 1998), *Was machen wir jetzt?* (2000, dazu der Film: *Erleuchtung garantiert*).Ernst Hoferichter-Pr. 1995, Bettina-von-Arnim-Pr. 1996.
Die Weihnachtsgans, aus: Samsara, © 1996 by Diogenes Verlag AG Zürich

Bernd Eilert. Geb. 1949 in Oldenburg, wohnhaft in Frankfurt; u. a. *Kurt, oder das Fest der Liebe* (1996). Quelle s. Gernhardt, Robert.

Robert Gernhardt. 1937 in Reval geboren, Studium der Germanistik und der Malerei. Lebt seit 1966 in Frankfurt a. M. Satirische Gedichte (u.a. *Körper in Cafés*, 1987), Prosahumoresken (*Es gibt kein richtiges Leben im valschen*, 1987), Romane (*Ich Ich Ich*, 1982), ein Schauspiel (*Toscana-Therapie*, 1986) dazu seine *Bildergeschichten* (1983) und *Bildergedichte* (1985) sowie zahlreiche Kinderbücher. Deutscher Kinderbuchpr. 1983, Kasseler Lit.pr. für grotesken Humor 1991.
Gedicht, unterm Weihnachtsbaum zu sprechen, gemeinsam mit Bernd Eilert und Peter Knorr, aus »Es ist ein Has' entsprungen«, Haffmans Verlag, Zürich 1999.

Alfred Gulden. 1944 in Saarlouis geb., Schriftsteller, Filmer, Drehbuch- und Hörspielautor, lebt in München und Saarlouis. Gedichte, Mundartlieder, Theaterstücke, Essays, Erzählungen. Romane: *Greyhound* (1982), *Die Leidinger Hochzeit* (1984), *Ohnehaus* (1991). Preise u.a.: Staatlicher Förderpr. für Literatur 1982, Deutsch-französischer Journalistenpr. 1983; Ehrengast der Villa Massimo 1997, Chevalier de l´Ordre des Arts et des Lettres 1999.
Poway, Kalifornien, 23. Dezember 1967, aus: Der Saargau. Die wiederentdeckte Nähe, Ed. Karlsberg 1996

Axel Hacke. Gebürtiger Braunschweiger (1956), wohnhaft in München. Seit 1981 bei der Süddeutschen Zeitung als Reporter, Redakteur, Streiflicht-Autor, Kolumnist des SZ-Magazins. Freier Schriftsteller, u.a.: *Nächte mit Bosch* (1991), *Der kleine Erziehungsberater* (1992), *Der kleine König Dezember* (1993*), Hackes Tierleben* (1995), *Ich hab´s euch immer schon gesagt* (1998), *Auf mich hört ja keiner (1999)*. Joseph-Roth-Pr. 1987, Egon-Erwin-Kisch-Pr. 1987&1990, Theodor-Wolff-Pr. 1990, Ernst-Hoferichter-Pr. 1997.
Wenn es weihnachtet, aus: Ich sag's euch jetzt zum letzten Mal, Verlag Antje Kunstmann GmbH, München, 2000.

Gert Heidenreich. 1944 in Eberswalde geb., seit 1945 in Westdeutschland. Lebt bei München. Autor, Dramaturg, Theater-und Literaturkritiker für Zeitungen und Rundfunk. Theaterstücke (u.a. *Strafmündig*, 1981), Romane (u. a. *Die Steinesammlerin*, 1984), Erzählungen, (*Die Gnade der späten Geburt*,1986) Gedichte (*Eisenväter*, 1987). Preise u.a: Adolf-Grimme-Pr. 1986, Literaturförd.pr. der Stadt München 1989, Stern des Jahres der AZ 1990, Marie-Luise-Fleißer-Pr. 1998.
Leiser konnte Gott nicht, Rechte beim Autor

Anne Rose Katz. 1923 in Schöneck bei Magdeburg geb., Abitur in Stuttgart, lebt als Journalistin, Fernsehkritikerin (seit 1957), Autorin in München. Initiatorin des Münchner LiteraVision-Preises. Schreibt Biographisches (*Ich mach mir mein eigenes Licht* - Josef Seidl-Seitz, 1983), Essayistisches (*Palaver*, 1997), Autobiographisches (*Die Freiheit der späten Jahre,* 1995) und frech- erotische Gedichte (*Lachend flieg ich davon*, 1991). Ernst-Hoferichter-Pr. 1992.
Réunion an Weihnachten 1945, aus: Weihnachten nach dem Krieg, ECON Verlag, Düsseldorf, 1995

Sarah Kirsch. Geb. 1935 in Limlingerode, Biologin, Literaturwissenschaftlerin, dann freie Schriftstellerin in Halle, Ost-Berlin, seit 1977 in West-Berlin, seit 1985 in Schleswig-Holstein. Schwerpunkte: Lyrik und lyrische Prosa. *Landaufenthalt* (1967), *Rückenwind* (1976), *Erdreich* (1982), *Erlkönigs Tochter* (1992). Preise u.a.: Heinrich-Heine-Pr. 1973, Petrarca-Pr. 1976, Stip. Villa Massimo 1978, Friedrich-Hölderlin-Pr. 1984, Georg-Büchner-Preis 1996.
Punschverkäuferinnen, aus: Werke in fünf Bänden; Band III: Gedichte; © 1999 Deutsche Verlags-Anstalt GmbH, Stuttgart

Peter Knorr. 1939 in Salzburg geboren, lebt in Frankfurt; u. a.: *»Erna, der Baum nadelt«* (1998). Quelle s. Gernhardt, Robert.

Alma Larsen. 1945 in Kyritz geb:, aufgewachsen in Berlin, lebt seit 1967 in München. Studium der Politikwissenschaften. Seit 1980 freischaffende Fotografin und Autorin. Lyrik, Kurzprosa und Essays. Stip. Münchner Literaturjahr 1989 (Lyrikband). 2000: *Kunst am Bein*; *Des Kaisers neue Kleider* (Gedichte).
Himmel und Hölle, Erstveröffentlichung

Erik Liebermann. 1942 in München geb., Industrie-Designer. Produktgestaltung in Designbüros. 1969 erste Cartoon-Veröffentlichungen, darüber hinaus Fotograf und Aquarellist. Zeichnet für Zeitungen, Zeitschriften, Buch-Verlage, Behörden, Verbände, Betriebe, Werbung. Zahlreiche Einzelausstellungen. Bücher u. a.: in der Reihe »Fröhliches Wörterbuch«: *Architektur, Management, Marathon.*
Cartoons S. 28, 59, 85, 110, 140

Ingrid Noll. 1935 in Shanghai geb., seit 1949 in Deutschland, Studium Germanistik und Kunstgeschichte, lebt in Weinheim. Begann erst spät zu schreiben, zuerst Kindergeschichten, dann humorvolle Psychokrimis, u. a.: *Der Hahn ist tot* (1993*), Die Häupter meiner Lieben* (1993), *Die Apothekerin* (1994, verfilmt von Rainer Kaufmann 1997), *Kalt ist der Abendhauch* (1996), *Röslein rot* (1998).
Ein milder Stern hernniederlacht, aus: Stich für Stich. Fünf schlimme Geschichten, Diogenes Verlag, Zürich 1997

Georg M. Oswald. 1963 in München geb., Jurist und Autor. *Das Loch* (95), *Lichtenbergs Fall* (1997), *Party Boy* (1998), *Alles was zählt* (2000). Stip. der Landeshauptstadt München 1993, Bayerischer Förderpr. für Literatur 1995.
Große Bescherung, aus: Das Loch, © Albrecht Knaus Verlag, München, in der Verlagsgruppe Bertelsmann GmbH 1995

Fabienne Pakleppa. 1950 in Lausanne geb., seit 1972 in Deutschland, seit 1977 in München. Studierte Germanistik, Romanistik und Philosophie. Übersetzerin, Lektorin, u. a. in der Filmbranche, publiziert in Zeitungen und Zeitschriften. Muttersprachliche Französin, schreibt in deutsch Erzählungen und Romane. *Die Himmelsjäger* (1993), *Die Aufsässigen* (1995), *Schließ die Augen* (1997), *Die Birke* (1999), *Mein unverschämter Liebhaber* (2000). Literaturstip. der Stadt München 1991, Gratwanderpr. 1997.
Alle Jahre wieder, Erstveröffentlichung

Maria Peschek. 1953 bei Landshut geb., lebt in Bayern. Schauspielerin (Falckenberg-Schülerin), seit 1986 Kabarettistin mit eigenen Texten. 5 Jahre lang gemeinsame Auftritte mit den »Wellküren«, seit 1994 kabarettistische Soloprogramme mit deftig-satirischen Monologen. Ernst-Hoferichter-Pr. 1999.
Der sibirische Streifenhamster, Erstveröffentlichung

e. o. plauen (1903–1944). 1903 geb. in Untergettengrün als Erich Ohser, Zeichner und Kabarettist, bekannt durch seine *Vater-und-Sohn-Bildergeschichten*, starb 1944 durch Selbstmord in nationalsozialistischer Haft.
Aus: e. o. plauen, »Vater und Sohn«, Gesamtausgabe © Südverlag GmbH, Konstanz, 1982 (ren.) mit Genehmigung der Gesellschaft für Verlagswerte GmbH, Kreuzlingen/Schweiz.

Gerhard Polt. 1942 in München geb., lebt am Schliersee. Skandinavist, Autor, Schauspieler, Kabarettist, Drehbuchautor, Regisseur, Filmemacher. Bücher u. a.: *Das Beste von Gerhard Polt* (1982), *Fast wia im richtigen Leben* (1990), *Tschurangrati* (1993), *Nikolausi* (1995*), Im Schatten der Gans* (1995, *Menschenfresser und andere Delikatessen* (1997). U. a. Kulturförderungspr. der Stadt München 1978, Ernst-Hoferichter-Pr. 1980, Grimme-Pr. 1982.
Single Bell, aus: Im Schatten der Gans, Haffmans Verlag, Zürich, 1995

Brigitta Rambeck. 1942 in Pernitz geb., seit Kindheit in München. Promovierte Literaturwissenschaftlerin, Journalistin, Autorin, Malerin. Bücher u.a.: *Henri Bosco, Dichter, Erzähler, Philosoph und Christ* (1973), *Schwabing, ein abenteuerlicher Weltteil* (1980, Illustrationen), *Meisterschule Hinterglasmalerei* (1993).
Die Weihnachtsüberraschung, Erstveröffentlichung.
Abb.: S. 2, 9, 68, 169

Hubert von Ranke (1902–1978). In München geboren, seit 1922 als Flugleiter in München und Berlin. Emigration nach Paris 1933 wegen antinazistischer Betätigung. 1936 Teilnahme am Spanischen Bürgerkrieg. Aktive Mitarbeit in der Résistance-Bewegung in Paris, schreibt für die Revue Esprit, die Neue Zeitung und die Weltwoche. Seit 1952 Frankreich-Korrespondent des Bayerischen Rundfunks. Seit 1960 wieder in München , wo er 1978 stirbt.
Weihnachten, Ausschnitt aus: »Zwischen Traum und Wirklichkeit«, Erstveröffentlichung

Zé do Rock. 1956 in Sao Paulo geb., freier Schriftsteller, kreierte sein eigenes Deutsch in den Varianten »Wunschdeutsch« bzw. »Ultradeutsch«. Eine Kostprobe: »kurzbiografi: Zé do rock is vor verdammt langer zeit geboren, hat nix studiert aber dafür die bücher FOM WINDE FERFEELT (1995) und UFO IN DER KÜCHE (1998) geschriben. Er lebt noch heute, meistens in München«. Stip. der Landeshauptstadt München 1996.
Weihnachten, Erstveröffentlichung

Herbert Rosendorfer. 1934 in Bozen geb., ab 1939 in München, Jurist, Schriftsteller, Violoncellist, Komponist, Zeichner, lebt in Girlan, Südtirol. Theaterstücke, Drehbücher, Hörspiele, Romane, Erzählungen, u.a.: *Briefe in die chinesische Vergangenheit* (1983)*, Der Ruinenbaumeister* (1969), *Eichkatzlried* (1979), *Deutsche Suite* (1992), in Vorbereitung : 2.Bd. seiner »Deutschen Geschichte«.U.a. Förderungspr. für Lit. der Stadt München 1971, Tukan-Preis 1977, Ernst-Hoferichter-Pr. 1991, Oberbayer. Kulturpreis 1992.
Deutsche Weihnacht, Vorabdruck, mit Genehmigung des Verlags Kiepenheuer und Witsch, Köln

Hardy Scharf. 1939 in Petersweiler geb., Studium der Germanistik, Zeitungswissenschaften und Theologie. Lebt als Studiendirektor, Autor satirischer Texte und Kabarettist in München. Schreibt für Zeitungen (SZ, NZZ, Rheinischer Merkur, Frankfurter Rundschau, Die Weltwoche), Rundfunk und Fernsehen. Zentraler Fachberater für Dramatisches Gestalten. Bücher: *Spötterspeise und Konfekt* (1979), *Sei lachsam* (1984)*.*
Weihnachten heute, aus: Spötterspeise und Konfekt, Verlag Friedl Brehm, Feldafing (1979)
Frohe Weihnachten, Erstveröffentlichung

Asta Scheib. 1939 in Bergneustadt geboren, lebt in München. Zunächst Redakteurin, dann freischaffende Journalistin und Autorin, auch für Rundfunk und Fernsehen. Romane, Biographien, Kurzgeschichten, u. a.: *Angst vor der Angst* (1974 verfilmt von Rainer Werner Fassbinder), *Langsame Tage* (1981*), Kinder des Ungehorsams* (1985)*, Beschütz mein Herz vor Liebe* (1992), *Eine Zierde in ihrem Hause* (1998). Preise u.a.:

Ernst-Hoferichter-Pr. 1993. Bundesverdienstkreuz 1998, Bayer.Verdienstorden 2000.
Weiße Weihnacht, Rechte bei der Autorin

Werner Schlierf. 1936 in München geboren, Optiker, Weltreisender, Autor. Gedichte, Prosa, Theaterstücke, Hör- und Fernsehspiele, u. a.: *Mond über der Isar* (1988), *Joe und Marianne und alle meine Stücke* (1993), *Am Kaminfeuer* (1993), *Geschichten aus einer schadhaften Zeit* (1980, 1993). Bayer. Romanpreis 1983, Bayer. Poetentaler 1986.
Eine seltsame Weihnachtsgeschichte, aus: Geschichten aus einer schadhaften Zeit, Lorgnon-Verlag, Kirchheim 1993

Hella Schlumberger. 1943 in Pommern geboren, lebt in München. Promovierte Literaturwissenschaftlerin, engagierte Dokumentaristin in Wort und Bild (Filme, Fotos, Feature), Journalistin, freie Autorin. Bücher u. a.: *Bolivien, schwankende Wiege der Freiheit...* (1985), *Durchs freie Kurdistan, Erlebnisse in einem vertrauten Land* (1980), *Der brennende Dornbusch ...* (1991), *Türkenstraße, Vorstadt und Hinterhof* (1998). Ernst-Hoferichter-Preis 1999.
Zweimal Weihnachten in Kurdistan, Erstveröffentlichung

Klaus-Peter Schreiner. 1930 in Zweibrücken geb., Hausautor der Schwabinger Lach- und Schießgesellschaft von Anfang an (1956). Autor und Darsteller bei Hörfunk, Film und Fernsehen (*Notizen aus der Provinz, Scheibenwischer, Klimbim*). Bücher u. a.: *Ins Schwarze geschrieben* (1988), *Null Bock und die 7 Geißlein* (1993), *Krisen-Slalom* (1999).
Ernst-Hoferichter-Preis 1986.
Presse oder Häcksler – eine weihnachtliche Werbeveranstaltung
Der Weihnachtsbaum spricht, Erstveröffentlichungen

Michael Skasa. 1942 in Köln geboren, lebt seit 1943 in Grafing bzw. München. Theaterkritiker, Hörfunkpublizist, produziert im BR seit rund drei Jahrzehnten seine literarisch-weltanschauliche »Sonntagsbeilage« sowie Hörfunkporträts von Dichtern und historischen Persönlichkeiten und schreibt daneben u. a. für SZ, Theater heute, die Zeit und den Spiegel. Ernst-Hoferichter-Preis 1988, TZ-Rosenstrauß 1991, Schwabinger Kunstpreis 1994.
Frohe Weihnacht 1947, Erstveröffentlichung
Einsamkeit allüberall, Winter 1915 - Ludwig Thoma schreibt die »Heilige Nacht«, Charivari, Nr. 12, Dezember 1996, 22.Jhrg.

Eugen Skasa-Weiß (1905 -1977). In Nürnberg geboren, lebte zunächst in Köln, von 1943 an in Grafing bei München. Feuilletonist, Essayist, Autor zahlreicher Bücher, u. a.: *Mütter – Schicksal großer Söhne* (1966), *Selbst in den besten Tierkreisen* (1968), *Auch Deutsche lachen* (1969). Tukan-Preis 1966, Theodor-Wolff-Preis 1969, Schwabinger Kunstpreis 1971.

Der knallbunte Christbaum, aus: Vier in Lederhosen, Herderbücherei, Freiburg/Basel/Wien, 1977

Christian Ude. 1947 in München geboren, arbeitete als Journalist bei der SZ (1967 – 1969), dann als Rechtsanwalt. Seit 1990 Bürgermeister, seit 1993 Oberbürgermeister der Landeshauptstadt München. Herausgeber von Sachbüchern über Stadtentwicklung und Wohnungspolitik. Bücher satirisch-essayistischen Inhalts: *Meine verfrühten Memoiren* (1993), *Chefsache* (1999), *Stadtradeln* (2000).
Stille Nacht, aus: Meine verfrühten Memoiren, © Piper Verlag GmbH, München, 1993

Tomi Ungerer. 1931 in Straßburg geboren. Erste Zeichnungen für den »Simplicissimus«. 1956 Übersiedlung nach New York. Zeichner , Maler, Illustrator und Werbegrafiker. Rund 50 Kinderbücher, viele mit eigenem Text. Einige Titel: *Fornicon* (1971), *Allumette*,(1974), *Das Biest des Monsieur Racine* (1983) *Heute hier, morgen fort* (1998), *Die Gedanken sind frei. Meine Kindheit im Elsaß* (1999) Über 50 Auszeichnungen, darunter »The Society of Illustrators' Gold Medal«. Lebt in Irland.
Eine genaue Untersuchung, Rechte beim Autor
Abb. S. 18, 181 und Umschlag vorne aus: *Weihnachten einmal anders*, Tomi Ungerer/ Gérard Cardonne, Salem Edition-MSM Marketing GMBH 1999

Birgit Vanderbeke. 1956 in Dahme in der Mark Brandenburg geboren, lebt überwiegend in Südfrankreich. *Das Muschelessen* (1990), *Fehlende Teile* (1992), *Gut genug* (1993), *Ich will meinen Mord* (1995), *Friedliche Zeiten (1996), Alberta empfängt einen Liebhaber (1997)*. Ingeborg-Bachmann-Pr. 1990, Lit.pr. Kranich mit dem Stein 1997.
Zweimal Weihnachten aus: Gut genug, © Rotbuch Verlag, Berlin 1993

Klaus Voswinckel. Schriftsteller und Filmemacher. Geb. 1943 in Hamburg, lebt in München. Promotion über Paul Celan. Bücher u.a.: *Stein und Meer* (1989), *Jerusalem – eine Reise in die Schrift* (1991*), Helen – Mediterrane Botschaften* (1999). Förderpreis »Literaturjahr« der Stadt München 1980, Förderung Literaturfonds 1992, Wilhelm-Hausenstein-Pr. der Bayer. Ak. der Schönen Künste 2000.
Normans Engel, Erstveröffentlichung

Konstantin Wecker. 1947 in München in eine Musikerfamilie hineingeboren. Studium an der Musikhochschule und der Universität München. Liedermacher, Sänger, Komponist, Schauspieler, Autor. Bücher u.a.: *Ich will noch eine ganze Menge leben* (1978), *Lieder und Gedichte* (1981), *Uferlos* (92, Roman), *Es gibt kein Leben ohne Tod* (99), *Es lebte ein Kind auf den Bäumen* (99).
Es weihnachtet sehr, aus: Schon Schweigen ist Betrug, Palmyra Verlag, Heidelberg 1994

Joseph von Westphalen. Geboren 1945 in Schwandorf, Dr. phil., lebt als Journalist und Schriftsteller in München. Romane, Essays, Erzählungen, u.a.: *Warum ich Monarchist geworden bin* (1985), *Warum ich trotzdem Seitensprünge mache* (1987), *Von deutscher Bulimie* (1993), *Die Geschäfte der Liebe* (1995), *Die bösen Frauen* (1996), *Im diplomatischen Dienst* (1991). Ernst-Hoferichter-Pr. 1992.
Kostbare Küsse oder Im Bett mit dem Weihnachtsengel aus: Die Liebeskopie und andere Herzensergießungen eines sehnsüchtigen Schreibwarenhändlers, © 1997 Deutscher Taschenbuch Verlag, München

Hanne Wickop. 1939 in Hamburg geboren, weitgehend in Heimen aufgewachsen. Schneiderlehre. Seit 1964 in München. Schauspielerin, Puppenspielerin. Malt seit 1979, schreibt seit 1989. Bücher: *Inselrot* (Gedichte und Bilder, 1995), Erzähltrilogie: *Hitze* (1997), *Sturz* (1998), *Durst* (1999). Preise u. a.: Lyrischer Oktober Bayreuth 1989, Literaturstip. der Landeshauptstadt München 1993, »Eugen Viehof-Ehrengabe« Deutsche Schillerstiftung, Weimar 1999.
Allein, Erstveröffentlichung

Urs Widmer. 1938 in Basel geboren. Promovierter Literaturwissenschaftler, Verlagslektor, dann freier Autor, Literaturkritiker und Dozent. Gedichte, Erzählungen, Essays, Romane und Theaterstücke, u.a. *Alois* (1968), *Über Irritation* (1973), *Schweizer Geschichten* (1975), *Das enge Land* (1981), *Die gestohlene Schöpfung* (1984). Preise u.a.: Hörspielpr. der Kriegsblinden 1976, Pr. der Schweizerischen Schiller-Stiftung 1985, Literaturpr. der Bestenliste des Südwestfunks 1992.
Weihnachten, Rechte beim Autor

Winfried Zehetmeier. 1933 in München geb., Dr. phil., Oberstudiendirektor a. D., 12 Jahre Bürgermeister der Landeshauptstadt München, Maler, Autor. *Gegenzauber* (1979, Gedichte), *Taubenjagd* (1984, Erzählungen). Arbeiten zur Germanistik, Politikwissenschaft und Phonetik.
Der charakteristische Christbaum, Erstveröffentlichung